CARREFOUR DES LETTRES MODERNES

COMITÉ DE DIRECTION

12

Traduction et Transmédialité (XIXe-XXIe siècles)

Actes du séminaire de recherche « Traduction et transmédialité », organisé les 11 juin, 19 octobre et 22 novembre 2018 à l'université Clermont Auvergne, publiés avec le soutien du Centre de recherches sur les littératures et la sociopoétique (CELIS, EA 4280) de l'université Clermont Auvergne et de la Société des amis de l'équipe Lumières et romantismes

Centre de Recherches sur les Littératures et la Sociopoétique CELIS Clermont Ferrand

Société des Amis de l'Équipe Lumières & Romantismes

Traduction et Transmédialité

(XIXe-XXIe siècles)

Sous la direction de Gaëlle Loisel
et Fanny Platelle

PARIS
LETTRES MODERNES MINARD
2021

Gaëlle Loisel est maîtresse de conférences en littératures comparées à l'université Clermont Auvergne. Ses recherches portent sur l'histoire et les théories des romantismes, et sur les rapports entre littérature et musique. Elle est l'autrice de *La Musique au défi du drame. Berlioz et Shakespeare* et a codirigé *Les Comédies de Shakespeare à l'opéra*.

Fanny Platelle est maîtresse de conférences en études germaniques à l'université Clermont Auvergne. Ses recherches concernent le théâtre viennois du XIXe siècle et les transferts culturels entre Paris et Vienne. Elle est l'autrice de *Ferdinand Raimund et le renouvellement de la féerie viennoise* et a dirigé *L'Autriche, entre centre(s) et marges*, *Austriaca*, n° 81.

ISBN 978-2-406-11442-0
ISSN 2494-6109

INTRODUCTION

Ce volume rassemble les contributions présentées dans le cadre d'un séminaire de recherche au Centre de Recherches sur les Littératures et la Sociopoétique de l'Université Clermont Auvergne, complétées par plusieurs études de spécialistes des questions de traduction et de transmédialité. Il se propose d'interroger la « frontière » entre l'acte de traduire et la transmédialité : par ce terme, nous désignons le processus de transfert d'un *medium* à un autre. Il diffère de l'interartialité, à l'acception plus étroite, qui, selon la définition de Walter Moser[1], concerne exclusivement l'interaction entre les pratiques artistiques, et de l'intermédialité, qui renvoie à une pluralité d'approches théoriques[2] ayant en commun la primauté donnée à la relation entre les *media*[3], l'attention à la matérialité de la médiation et l'anti-essentialisme (les frontières médiatiques ayant tendance à être considérées comme poreuses et mouvantes), et dont la « transposition intermédiale » peut apparaître comme une forme[4].

---

1 Walter Moser, « L'interartialité : pour une archéologie de l'intermédialité », p. 69-92, *in* Marion Froger et Jürgen E. Müller (dir.), *Intermédialité et socialité. Histoire et géographie d'un concept*, Münster, Nodus Publikationen, 2007, p. 70 : « l'interartialité [...] réfère à l'ensemble des interactions possibles entre les arts que la tradition occidentale a distingués et différenciés et dont les principaux sont la peinture, la musique, la danse, la sculpture, la littérature et l'architecture ».

2 Ce qui a conduit Irina Rajewsky à le qualifier de « terme-parapluie ». Irina Rajewsky, « Le terme d'intermédialité en ébullition : 25 ans de débat », p. 19-54, *in* Caroline Fischer et Anne Debrosse (dir.), *Intermédialités*, Paris, SFLGC, Lucie éditions, « Poétiques comparatistes », 2015, p. 29.

3 Comme le soulignait déjà Éric Méchoulan dans « Intermédialités : Le temps des illusions perdues », *Intermédialités*, n° 1, printemps 2003, p. 9-27.

4 Irina Rajewsky propose la formalisation typologique suivante : la « transposition intermédiale », correspondant à un changement de *medium* (*Medienwechsel*) ; la « multimédialité » (ou plurimédialité), consistant en une « combinaison de médias » (*Medienkombination*) ; les « références intermédiales » (*intermediale Bezüge*) ; la « transmédialité », qui rassemble des « phénomènes nomades » (*Wanderphänomene*) pouvant être observés *à travers* les *media*. Rajewsky, « Le terme d'intermédialité en ébullition : 25 ans de débat », *op. cit.*, p. 35-36.

Le rapprochement conceptuel entre traduction et transmédialité a été suggéré par Roman Jakobson, qui envisage l'adaptation comme une modalité de la traduction (une « traduction intersémiotique[5] ») et par Étienne Souriau qui affirme, dans *La Correspondance des arts*, que « *Les différents arts sont comme des langues différentes*, entre lesquelles l'imitation exige traduction, repensement dans un matériel expressif tout autre, invention d'effets artistiques parallèles plutôt que littéralement semblables[6] ». Dans son essai intitulé *Dire presque la même chose*, Umberto Eco s'est efforcé de prolonger la réflexion de Jakobson en interrogeant la relation entre la « traduction entre langues naturelles » et l'« adaptation ou transmutation ». Selon lui, dès lors qu'il y a « mutation de matière », on s'écarte du champ de la traduction proprement dite, dans la mesure où « la transmutation de matière *ajoute* des signifiés, ou rend négligeables des connotations qui ne l'étaient pas à l'origine[7] ». À ses yeux, elle « constitue toujours *une prise de position critique* – fût-elle inconsciente[8] ». Il observe cependant que la traduction comme l'adaptation appartiennent toutes deux à l'univers des interprétations et qu'elles relèvent de « l'interprétation intersystémique[9] ».

Depuis lors, peu d'études ont été consacrées à cette question. Les ouvrages collectifs récents *Intermédialités* (2015) et *Formes et (en)jeux de l'intertextualité dans l'espace européen*[10] (2020) se focalisent, malgré le choix du contexte européen pour le second, sur l'intermédialité, sans aborder spécifiquement la question de la traduction. Or, la pratique de la traduction comme celle

5 Roman Jakobson distingue trois formes de traduction : la reformulation dans une langue (« *intralingual translation* » ou « *rewording* »), la traduction dans une autre langue (« *interlingual translation* » ou « *translation proper* ») et la traduction « intersémiotique » (« *intersemiotic translation* » ou « *transmutation* »), qui permet de passer de signes verbaux à un système de signes non-verbaux. Roman Jakobson, « On Linguistic Aspects of Translation », p. 232-239, *in* Reuben Arthur Brower (dir.), *On Translation*, Cambridge, Mass., Harvard University Press, 1959, p. 233.

6 Étienne Souriau, *La Correspondance des arts. Éléments d'esthétique comparée*, Paris, Flammarion, 1947, p. 16.

7 Umberto Eco, *Dire presque la même chose. Expériences de traduction* [2003], Myriem Bouzaher (trad.), Paris, Grasset, 2003, p. 385.

8 *Id.*, p. 399.

9 *Id.*, p. 279. Dans son essai, U. Eco établit une « classification des diverses formes d'interprétation où les modalités infinies de traduction proprement dite se réunissent sous un item comprenant plusieurs éléments – et c'est ce qui se produit pour les possibilités infinies de traduction intersémiotique ». *Id.*, p. 278.

10 Patricia Viallet (dir.), *Formes et (en)jeux de l'intermédialité dans l'espace européen. D'hier à aujourd'hui*, Würzburg, Königshausen & Neumann, 2020.

du passage d'un *medium* à un autre supposent à la fois une relation et un transfert. Analysant le processus de traduction, Paul Ricœur parle ainsi d'une relation entre « l'étranger – terme couvrant l'œuvre, l'auteur et sa langue – et le lecteur destinataire de l'ouvrage traduit », par le biais du « traducteur qui transmet, fait passer le message entier d'un idiome dans l'autre[11] », jouant ainsi le rôle de « médiateur » entre l'auteur et le lecteur. La transmédialité pose elle aussi le problème du passage d'un langage à un autre, et vient parfois redoubler le geste de traduction, lorsqu'un artiste choisit de transposer une œuvre étrangère dans un autre *medium*. Le cas de Berlioz, qui déclare « traduire en langue instrumentale[12] » les pièces de Shakespeare invite ainsi à penser le lien entre traduction, réception et création, le compositeur s'assimilant en quelque sorte à un traducteur second, redoublant le geste du traducteur par la création musicale.

De fait, traducteurs, compositeurs, peintres ou cinéastes sont confrontés à des problèmes similaires, à partir du moment où ils envisagent de proposer la « traduction » (comprise au sens large) d'une œuvre littéraire. George Steiner rappelle ainsi dans *Après Babel* que « le compositeur qui met un texte en musique est pris dans l'enchaînement même de mouvements intuitifs et techniques qui règlent la traduction. Son élan de confiance initial dans la signification du système de signes verbaux est suivi d'une interprétation-annexion, d'un "coulage" dans la matrice musicale et, en dernier lieu, de l'élaboration d'un nouveau tout qui ne dévalue ni n'éclipse la source linguistique. [...] Les outils dont dispose le compositeur : clé, registre, mesure, rythme, mode, instrumentation sont l'équivalent des choix stylistiques offerts au traducteur[13] ». Et les questions posées par les deux pratiques sont les mêmes : le traducteur « a-t-il saisi le raisonnement, le registre affectif, les particularités formelles, les conventions de l'époque, les ambiguïtés possibles de l'original ? A-t-il su trouver l'objet par lequel représenter totalement et expliciter tous ces éléments[14] ? » La presse du XIXe siècle et les commentaires des critiques de l'époque montrent que

11 Paul Ricœur, « Défi et bonheur de la traduction », *in* Paul Ricœur, *Sur la traduction*, Paris, Bayard, 2004, p. 8-9.

12 Hector Berlioz, Lettre à Estelle Fornier, 4 novembre 1865, *in* Hector Berlioz, *Correspondance générale*, Pierre Citron (éd.), Paris, Flammarion, 1972-2003, 8 vol., vol. 7, p. 325.

13 George Steiner, *Après Babel. Une poétique du dire et de la traduction* [*After Babel. Aspects of Language and Translation*, 1975], Lucienne Lotringer (trad.), Paris, Albin Michel, 1978, p. 383-384.

14 *Id.*, p. 384.

traduction et transmédialité soulèvent des débats similaires, qu'elles soient perçues comme appropriations de l'altérité ou altération.

Il s'agit, dans ce volume, de penser, d'un point de vue théorique, les rapports entre traduction et transmédialité, en confrontant discours critiques et création. Les onze contributions qu'il réunit sont réparties en trois domaines : littérature et musique (vocale et instrumentale, opéra), littérature et arts de la scène (théâtre, pantomime, arts du cirque, danse, performance), littérature et arts visuels (illustration, cinéma, numérique).

Comme le rappelle Violaine Anger, la question de la « traduction » d'un *medium* à un autre devient plus fréquente dans la seconde moitié du XIXe siècle. Elle fait suite à la pratique de l'*ekphrasis*, qui consiste à mettre sous les yeux du lecteur une description rappelant un autre art que la littérature : peinture, sculpture, voire musique. Mais l'idée d'un exercice de traduction d'un *medium* à l'autre (telle que la conçoivent les peintres Paul Klee et Wassily Kandinsky), avec toute la précision et la conception implicite du langage qu'elle suppose, paraît plus tardive. Comme le montre la contribution, la question de la traduction d'un art par un autre doit être replacée dans une histoire qui associe l'histoire du sujet, l'histoire de la signification et l'histoire des conceptions du langage verbal. Et elle est toujours liée à une réflexion sur les spécificités, possibilités et limites, des *media* concernés par le transfert.

Les traductions et les adaptations étudiées dans le volume sont, dans la majorité des cas, l'œuvre d'artistes : écrivains (s'illustrant aussi en tant que traducteurs comme Isabelle de Montolieu, Élise Voïart, Alexandre Dumas, Jamel Eddine Bencheikh), auteurs dramatiques, librettistes, chorégraphes, metteurs en scène, compositeurs, peintres, cinéastes, à côté de savants spécialisés aux XVIIIe et XIXe siècles (les orientalistes Antoine Galland et Charles-Joseph Mardrus), de journalistes et de critiques musicaux ou d'art. Par ses conceptions (esthétiques, morales, idéologiques etc.), sa subjectivité, ses objectifs, chaque auteur a un impact sur la traduction.

En dehors du cas particulier des exercices d'école, cadre des recherches de Klee et Kandinsky sur la traduction de la musique en peinture, les auteurs doivent prendre en compte, lors de l'adaptation, le contexte et le public-cible : le « champ littéraire » de l'art moderne, différent en France et en Belgique (Debussy), les conditions théâtrales parisiennes (pour la mise en scène française d'*Elektra* de Hofmannsthal), la censure (dans l'Angleterre victorienne pour les frères Hanlon-Lees), le seuil de tolérance (notamment morale : sexualité, pour les traductions des *Mille et une Nuits*), le type de public (jeunesse dans le cas des adaptations du *Robinson suisse* ou de *Casse-noisette* par les studios Disney), son horizon culturel (la vision de l'Orient, la conception du rapport entre l'homme et la nature, des relations humaines ou extra-humaines), ses attentes (pédagogie, exotisme, divertissement, etc.). Certaines différences interculturelles apparaissent, par exemple dans la conception et la pratique de la pantomime en France et en Angleterre, dans la fidélité plus ou moins grande à l'original (pour *Casse-noisette* : entre les chorégraphes russes d'un côté, francophones et anglophones de l'autre). Les caractéristiques socio-culturelles du contexte sont ainsi révélées.

La traduction et le passage d'un art à un autre imposent des changements de code et une prise en compte nouvelle du récepteur. Elles entraînent des modifications de fond et de forme[15]. Ces changements concernent les personnages (nom, sexe/genre, voire nature : (dés)humanisation ; suppression ou valorisation), le lieu (possible rapprochement du public), le temps (actualisation) et l'histoire (sélection ou ajout de parties, transformation de l'intrigue) ; la structure (présence ou absence du récit-cadre dans les traductions des *Mille et une Nuits* ; ajout d'un prologue et d'un épilogue dans les adaptations filmiques de *Solaris* par Tarkovski et Soderbergh), l'énonciation (présence ou absence de la conteuse Shahrâzâd, transfert d'un locuteur aventurier à un locuteur paternel ou féminisation de l'énonciation dans les adaptations de *Robinson*) et les aspects génériques (comment traduire et adapter au cinéma la poésie ou les développements épistémologiques textuels ?). Les scènes jugées choquantes sont écartées, remplacées ou transposées sur un autre plan (des gestes au discours par Antoine Galland), les aspects appréciés du public accentués. Les thématiques et les visées sont souvent réorientées (absence de reprise des questions sociales et accent mis, suivant l'interprétation d'Éric Lysøe, sur Golaud dans *Pelléas et Mélisande* de Debussy ; disparition de la critique hoffmannienne de la bourgeoisie et de la société, ainsi que de la représentation des profondeurs inquiétantes

15 Selon la terminologie de Genette, transformations formelles (quantitatives et non quantitatives) : réduction, augmentation, substitution, traduction, transstylisation, transmodalisation ; et thématiques (sémantiques : touchant à la signification de l'hypotexte) : transposition diégétique, transposition pragmatique (modification des événements et des conduites constitutives de l'action), transmotivation (substitution de motif), transvalorisation (substitution de valeur). *Cf.* Gérard Genette, *Palimpsestes. La littérature au second degré*, Paris, Éditions du Seuil, « Poétique », 1982, p. 238-427.

de l'inconscient dans le ballet *Casse-noisette* de Petipa et Ivanov ; affranchissement de la visée didactique, moralisatrice et religieuse du *Robinson suisse* dans les films de Stewart Raffill et de Michael Dudok de Wit).

Sans nier l'hétérogénéité des *media*, les auteurs peuvent rechercher des procédés (au cinéma : le « montage », les *flash-backs*, la « focalisation ») et des effets équivalents (pour Klee et Kandinsky grâce à un travail très fin sur la métaphore) dans un autre *medium*, ou au contraire différents (l'utilisation du *leitmotiv* par Debussy, au lieu du symbole dans le drame de Maeterlinck). Ils peuvent également associer plusieurs *media* (« pluri- » ou « multimédialité ») notamment audiovisuels et numériques dans la performance théâtrale ou le cinéma.

La traduction et la transmédialité tiennent et rendent compte de la spécificité des *media* (au XIXe siècle, la musique est considérée comme étant plus vague, mais aussi potentiellement plus significative que le *medium* verbal ; le film *Her* de Spike Jonze révèle les limites de l'intégration du numérique au cinéma). Mais le travail de Klee et Kandinsky montre aussi que la « traduction » d'un art à un autre (qui ne relève pas ici du « transfert intersémiotique ») est possible grâce à la capacité métaphorique y compris des langages non verbaux. Hofmannsthal voit quant à lui dans le jeu mimique et la pantomime des formes de médiation plus universelles et immédiates, pouvant suppléer aux faiblesses de la traduction par les mots.

Pour les auteurs, les enjeux sont divers : à côté de l'exploitation du succès d'une œuvre, l'adaptation est l'occasion de traiter des thématiques biographiques (le *Casse-noisette* de Maurice Béjart) et personnelles (le refus du conformisme et de l'oppression, la contradiction entre « le sexe et le sacré » pour Pasolini dans *Il Fiore delle Mille e Una Notte* ; le lien indéfectible avec la nature terrestre et le rapport père-fils dans *Solaris* de Tarkovski). Elle permet d'illustrer, de défendre ou de préparer de nouvelles conceptions esthétiques et artistiques (la musique absolue dans les romans de George Sand ; la vision française de l'art moderne dans le cas de Debussy ; un art dramatique moderne, intermédial, représenté par *Elektra* de Hofmannsthal ; la voie de « l'abstraction » pour Klee et Kandinsky). Elle vise aussi à questionner les valeurs et les évolutions de la société contemporaine (érotisme et libération sexuelle pour Pasolini ; relation homme-machine (robot, système d'exploitation) dans les transpositions filmiques de *Solaris* et dans *Her* ; société consumériste, corruption, écologie et sens de la vie dans les adaptations du *Robinson suisse* ; processus de deuil, acceptation du vieillissement et de la mort dans la performance théâtrale de Susanne Kennedy, *The Virgin Suicides / Die Selbstmord-Schwestern*).

Convoquées dans un même espace, des œuvres issues d'arts différents peuvent entrer en confrontation (le scandale suscité par *Pelléas et Mélisande* de Debussy ; les réticences de Hofmannsthal devant la mise en musique de ses drames par Richard Strauss) ou en dialogue (les différentes « versions » de *Solaris*, l'adaptation théâtrale de *The Virgin Suicides* par Susanne Kennedy), soit pour se démarquer (autonomie de la musique par rapport au langage, au sentiment et au programme dans les romans de George Sand), soit pour se compléter (rôle des illustrations du *Robinson suisse* pour la *captatio* et l'apprentissage) et même faire surgir de nouveaux effets (grâce à l'expressivité du jeu mimique et de la danse d'Elektra dans la pièce éponyme de Hofmannsthal). Il peut en résulter une discontinuité ou des phénomènes d'hybridation et de polymédialité.

Finalement, la traduction et la transmédialité permettent d'élargir la diffusion d'une œuvre, de la maintenir vivante, de la pérenniser par les réécritures, mais aussi de redonner accès au texte premier (*Solaris*) ; d'ouvrir l'œuvre originale à de nouvelles interprétations et d'en actualiser la signification (problématiques contemporaines du genre, du posthumain, du numérique dans *Her* de Spike Jonze et *Die Selbstmord-Schwestern* de Susanne Kennedy) ; de réfléchir à un niveau méta-artistique aux possibilités et aux limites des *media* concernés, de préparer la voie à de nouvelles conceptions et approches artistiques (l'évolution du jeu dramatique vers une forme de modernité et l'élaboration d'une « poétique de la mimique » chez Hofmannsthal, « l'abstraction » picturale pour Klee et Kandinsky ; la question du « post-cinéma » dans *Her* de Spike Jonze).

Gaëlle LOISEL et Fanny PLATELLE
Université Clermont Auvergne, CELIS

Nous remercions pour leur soutien le CELIS de l'Université Clermont Auvergne, les Amis de l'équipe Lumières et Romantismes, et tout particulièrement Philippe Antoine, le directeur de cette équipe.

PREMIÈRE PARTIE

LITTÉRATURE ET MUSIQUE

DEBUSSY,
LECTEUR DE *PELLÉAS*

L'histoire est bien connue : quinze jours avant la création de l'œuvre à la salle Favart, *Pelléas et Mélisande*, l'opéra de Debussy, reçut une condamnation sans appel de la part de Maurice Maeterlinck. Après avoir rappelé les circonstances dans lesquelles sa maîtresse, Georgette Leblanc, s'était vu retirer le premier rôle féminin, le dramaturge déplorait d'avoir été évincé de la transposition musicale de sa pièce :

> On parvint ainsi à m'exclure de mon œuvre, et dès lors elle fut traitée en pays conquis. On y pratiqua d'arbitraires et absurdes coupures qui la rendent incompréhensible. On y maintint ce que j'avais l'intention de supprimer ou d'améliorer [...]. En un mot, le *Pelléas* en question est une pièce qui m'est devenue étrangère et presque ennemie ; et dépouillé de tout contrôle sur mon œuvre, j'en suis réduit à souhaiter que sa chute soit prompte et retentissante[1].

En réponse à ce désaveu cinglant, la générale du 27 avril fut accueillie par un chahut dont on dit qu'il fut, au moins en partie, orchestré par Maeterlinck. Il est peu probable toutefois que le dramaturge ait été directement à l'origine de la cabale. Il ne fut évidemment pas le plaisantin qui, par voie d'annonce, informa le lecteur du *Figaro*, des noces de « Monsieur P. Léas et Méli Zandt », pas plus qu'il ne dut cautionner les plaisanteries graveleuses au sujet d'un couple dénommé « Pédéraste et Médisante », ou encore ces singuliers « Pelléastres » stigmatisés par Jean Lorrain[2]. Il n'était pas le seul à être hermétique au langage de ce qui nous apparaît aujourd'hui comme l'un des plus grands opéras du XXe siècle ; même si, à en croire le compositeur Gabriel Fabre, il était particulièrement réfractaire à la musique, à tout le moins à la musique de son temps :

---

1 Maurice Maeterlinck, « Lettre », 13 avril 1902, dans Serge Basset, « Courrier des théâtres », *Le Figaro*, 14 avril 1902, p. 4.

2 Jean Lorrain, *Pelléastres*, Paris, Méricant, 1910.

> Maeterlinck a toujours peur que je mette trop de musique sur ses vers. Dès qu'il entend une note un peu trop haute, il fronce le sourcil. D'ailleurs, en écrivant, il se chante des airs insignifiants de nourrice et de petit soldat[3].

Il reste que la colère de Maeterlinck ne fut certainement pas que de façade. On a sans doute un peu trop tendance à en réduire les causes à la seule éviction de Georgette Leblanc. Le texte de la pièce, que par ailleurs Debussy suit presque toujours à la lettre, a effectivement subi des coupes et certains amendements apportés par Maeterlinck à son texte de 1892 n'ont pas été pris en considération. L'objectif de ma contribution est précisément de montrer que, malgré l'apparente fidélité de l'adaptation musicale, ces quelques variantes font système et conduisent à voir l'opéra de Debussy comme une véritable traduction, c'est-à-dire la transformation d'une œuvre subordonnée à un contexte source et son adaptation à un contexte cible.

On me permettra pour ce faire de m'appuyer sur des travaux antérieurs[4]. J'ai pu montrer voici déjà vingt ans que, contrairement à ce que prétend trop souvent la critique, l'analyse des champs littéraires à la fin du XIXe siècle révèle d'importantes disparités entre les systèmes belges et français. Résumons mes conclusions en quelques phrases. En France, on est finalement assez peu sensible aux oppositions de type chronologique entre les anciens et les modernes. Violemment polarisé, l'ensemble de la vie littéraire joue pour l'essentiel de contrastes entre les genres poétiques et romanesques. C'est ainsi que s'affrontent d'un côté les Parnassiens et les symbolistes, de l'autre les naturalistes et leurs successeurs. À l'inverse, en Belgique, ce sont les querelles de génération qui prédominent. Après avoir été naturalistes-parnassiens, les partisans de *L'Art moderne* s'allient aux tout nouveaux symbolistes pour lutter contre le Parnasse. Les conséquences de ce comportement spécifique sont multiples. On n'en retiendra ici que les plus saillantes. En premier lieu, les poètes belges refusent de s'enfermer dans leur tour d'ivoire. Ils marquent des réserves à l'égard de l'hermétisme et se montrent plus sensibles que leurs confrères français aux questions sociales. Pendant que Verhaeren

3 Jules Renard, « 14 janvier 1898 », *Journal* [1925], Paris, Laffont, 1990, p. 363.

4 Éric Lysøe, « Pour une approche systémique du symbolisme belge », *Littérature et nation*, Nouvelle série, [Tours], n° 18, 1996, p. 19-34 ; « Le fantastique belge : centralité d'un genre périphérique », *in* Dirck De Geest et Reine Meylaerts (dir.), *Littératures en Belgique / Literaturen in België*, Berne, P. Lang, 2004, p. 195-212.

emprunte aux naturalistes leur vision de la ville ou de la campagne, il n'est pas jusqu'à Albert Mockel qui ne reproche à Mallarmé, pourtant son idole, de frayer trop souvent avec l'impénétrable :

> [Le] grand reproche [...], c'est que l'art de Stéphane Mallarmé est obscur. Je n'y puis contredire : cette obscurité est certaine[5]...

À ces discours par trop savants et alambiqués des Français, d'aucuns comme Max Elskamp préféreront de loin les chansons idiotes. Cette innocence voulue conduit les Belges à promouvoir, et c'est la deuxième différence importante, une conception plus radicale du symbole. Là où les Français étudient leurs poses et jouent volontiers de l'allégorie, les Belges – en tout cas Maeterlinck et quelques autres – puisent dans les ressources de ce que, avant Freud, Eduard von Hartman nomme déjà l'Inconscient :

> [Les Parnassiens] opèrent au milieu d'un système d'alambics multicolores et très savants, l'éclairage est sagacement réglé, et le feu est placé dans un coin, entouré de précautions [...] ; mais je crois que la conscience ici est l'indice du mensonge et de la mort[6]...

Ce sont ces caractéristiques qui échappent à Debussy, disciple avéré de Mallarmé, et qui conduisent Maeterlinck à ne pas reconnaître son texte dans la version musicale qu'en donne le compositeur français au printemps 1902. Voilà en tout cas l'hypothèse qu'on voudrait développer ici. On s'attachera tout d'abord à la façon qu'a Debussy d'écarter le petit peuple de la scène. Puis on s'intéressera à la lumière projetée par l'innocence chez Maeterlinck avant de terminer sur l'incompatibilité absolue qui s'établit entre le leitmotiv et le symbole.

---

5 Albert Mockel, *Stéphane Mallarmé. Un héros* [1898], *in* Albert Mockel, *Esthétique du symbolisme*, Michel Otten (éd.), Bruxelles, Palais des académies, 1962, p. 177-207.

6 Maurice Maeterlinck, « Confession de Poète », *L'Art moderne*, 25 février 1890, p. 60-61.

BOUTER LE PETIT PEUPLE HORS DE SCÈNE

Commençons par la volonté affichée par Debussy d'exclure les humbles et les sans-grades de la pièce. Cette tendance se trouve illustrée dès les premières mesures de l'ouvrage. Peut-être cependant faut-il rappeler, avant d'en venir aux faits, que la vision de *Pelléas* que développe Debussy n'est pas entièrement vierge. Le compositeur a assisté à la création de la pièce le 17 mai 1893 aux Bouffes-Parisiens. S'il est profondément troublé par le texte de Maeterlinck, il l'est également par la mise en scène de Lugné-Poe qui, par divers artifices : lumières plongeantes, rideau de gaze traversant la scène, a cherché à éliminer tous les aspects réalistes de la pièce pour plonger le spectateur dans une atmosphère de rêve. Précisément, l'opération décisive que Debussy va pratiquer sur le texte original consiste à supprimer la première scène imaginée par Maeterlinck, pour nous entraîner d'emblée dans la forêt des origines, quitte à reprendre les *topoï* de la rencontre, tels que les romans médiévaux en ont multiplié les occurrences. Voici donc le chasseur égaré par sa proie et la vierge à sa toilette près de la fontaine.

Ce faisant, Debussy renonce à l'idée d'une ouverture et surtout à la scène de genre qui ferait intervenir un chœur, donnant à l'opéra toute sa dimension spectaculaire. On le comprend. Il veut faire œuvre originale. Mais c'est précisément en censurant la parole des humbles, ces trois servantes et ce portier qui, chez Maeterlinck, *ouvrent* la pièce :

> LES SERVANTES, *à l'intérieur.* – Ouvrez la porte ! Ouvrez la porte !
> LE PORTIER. – Qui est là ? Pourquoi venez-vous m'éveiller ? Sortez par les petites portes ; sortez par les petites portes ; il y en a assez !...
> UNE SERVANTE, *à l'intérieur.* – Nous venons laver le seuil, la porte et le perron ; ouvrez donc ! ouvrez donc !
> UNE AUTRE SERVANTE, *à l'intérieur.* – Il y aura de grands événements[7] !

7 Tous les emprunts au drame de Maeterlinck sont tirés de Maurice Maeterlinck, *Théâtre*, II [1902], Genève, Slatkine Reprints, 1979. Voir ici p. 5. Par la suite, les références à cette édition apparaîtront directement dans le corps du texte, entre parenthèses.

Cette présence du peuple, de la foule que Debussy néglige a pourtant chez Maeterlinck une importance capitale. Les servantes ne font pas qu'ouvrir, comme on l'a dit, la pièce. Non seulement elles jouent le rôle du chœur antique en annonçant qu'il y aura « de grands événements », mais elles s'entêtent à laver le seuil, comme pour effacer de façon prémonitoire la marque sanglante qui le tachera bientôt. Elles disent donc la circularité du drame et c'est en toute logique qu'on les retrouve à la première scène de l'acte V, dans un passage également censuré par Debussy :

> LA VIEILLE SERVANTE. – [...] j'ouvre la porte comme si c'était une porte ordinaire... Mon Dieu ! Mon Dieu ! Qu'est-ce que je vois ! Devinez un peu ce que je vois !...
> PREMIÈRE SERVANTE. – Ils étaient devant la porte ?
> LA VIEILLE SERVANTE. – Ils étaient étendus tous les deux devant la porte !... Tout à fait comme des pauvres qui ont faim... Ils étaient serrés l'un contre l'autre comme des petits enfants qui ont peur... La petite princesse était presque morte, et le grand Golaud avait encore son épée dans le côté... Il y avait du sang sur le seuil... (p. 95-96)

Le musicien ne perçoit pas la symétrie de la construction originelle parce qu'il entend se concentrer sur les protagonistes. Mais cette intention lui fait supprimer presque toutes les mentions au monde extérieur, à la société, à cette présence qu'alliés aux troupes de *L'Art moderne*, les jeunes symbolistes refusaient précisément de négliger. C'est, par exemple, en disciple de Mallarmé que le compositeur supprime le monologue d'Arkel, à la scène 4 de l'acte II. « Du fait de sa longueur », disent les critiques (français) de l'opéra. Peut-être. Mais n'est-ce pas également parce que les propos du vieux roi évoquent « l'heure [...] où le peuple meurt de faim et murmure autour de nous » (p. 41) ? C'est en tout cas la même stratégie de remaniement que le compositeur parachève un peu plus loin. Après les avoir mis en musique, il supprime en effet certains vers de la scène 4 de l'acte III, allusions trop évidentes au destin des peuples menés par leurs monarques :

> GOLAUD. – [...] Qu'est-ce que je vois là sur la route du côté de la forêt ?...
> PELLÉAS. – Ce sont des troupeaux qu'on mène vers la ville...
> GOLAUD. – Ils pleurent comme des enfants perdus ; on dirait qu'ils sentent déjà le boucher. – Quelle belle journée ! Quelle admirable journée pour la moisson !... (p. 59-60)

Comme le confirme David A. Grayson, cette nouvelle censure s'explique bien par le besoin d'éviter toute allusion à un autre monde que celui du domaine royal :

> À l'origine, Debussy mit en musique ces répliques (NEC Ms), mais il renonça par la suite à cette intrusion symbolique du monde extérieur[8].

On objectera néanmoins que Debussy reprend l'image à la scène 3 de l'acte IV, mais c'est, on le verra, pour en modifier profondément la symbolique. De même, le compositeur maintient une allusion à la misère du peuple dans la scène 2 de l'acte IV, lorsque Golaud constate qu'« on vient encore de trouver un paysan mort de faim, le long de la mer » (p. 77). Mais c'est parce qu'à cet endroit, l'époux de Mélisande s'impose comme une figure de la mort, capable d'exterminer dans un accès de jalousie tout ce qui l'entoure. Il cherche des yeux son épée comme s'il se préparait à massacrer les innocents : sa femme, comme les autres. Tout est ainsi confondu dans le mouvement de la colère.

LA LUMIÈRE DES SAINTS INNOCENTS

L'emportement de Golaud contre ces victimes innocentes est particulièrement révélateur. N'oublions pas que l'un des thèmes traités par les premiers auteurs belges – parmi lesquels Maeterlinck – fut précisément le massacre des saints Innocents. C'est dire à quel point, pour les Belges, les remarques des simples – celles de la foule comme celles des naïfs – permettent d'accéder à des enseignements profonds. Dans la pièce de Maerterlinck, cette parole originelle s'incarne évidemment dans Mélisande, mais aussi tout particulièrement dans le petit Yniold. Or ce dernier rôle est sans doute celui qui subit chez Debussy le plus grand nombre de modifications. On explique souvent le phénomène par les difficultés que la partition originale pouvait poser à un jeune

8 « *Debussy originally set these lines (NEC Ms) but later removed this symbolic intrusion of the external world.* », David A. Grayson, « The Libretto of Debussy's *Pelléas et Melisande* », *Music and Letters*, LXVI, n° 1, 1985, p. 45. (Traduction de l'auteur de la contribution).

chanteur. De fait, les scènes confiées au premier interprète du rôle ont été particulièrement sifflées lors de la générale en 1902. De sorte que Debussy dut finalement se résoudre à faire remplacer l'enfant par une chanteuse. Il reste que, même lorsqu'une femme endosse ce rôle, l'opéra en réduit singulièrement les interventions. Ainsi la scène 1 de l'acte III, telle que l'imagine Maeterlinck disparaît entièrement chez Debussy. On y voit Pelléas et Mélisande s'entretenir dans le noir, alors qu'Yniold tout en « lutt[ant] contre le sommeil », puis, selon Pelléas, tout en « s'endor[mant] tout à fait », découvre des choses que, dirait-on, nul autre que lui ne saurait voir. Le voilà d'ailleurs qui, tel un somnambule, une lampe à la main, vient éclairer l'indicible : le visage de Mélisande puis celui de Pelléas inondés de pleurs. Mais bien vite, Golaud interdit au jeune garçon de poursuivre son travail de révélation : « Ne leur mets pas ainsi la lumière sous les yeux », lance-t-il (p. 45-47).

Cette scène supprimée, Debussy fait s'ouvrir l'acte central sur une image tout aussi « médiévale » que celle qui servait de prélude au premier acte. C'est une nouvelle scène de « toilette ». Mélisande est « à la fenêtre tandis qu'elle peigne ses cheveux dénoués ». Reprenant la scène 2 de l'acte III telle que Maeterlinck l'avait écrite pour l'édition de la pièce en 1892, le compositeur offre ainsi à l'interprète du rôle de Mélisande ce qu'on considère généralement comme l'un des passages les plus réussis de l'opéra. On ne niera pas qu'on touche ici effectivement, dans un dépouillement extrême, à une exceptionnelle réussite. Pour autant, la scène s'écarte sensiblement de ce que Maeterlinck avait voulu en faire. Très tôt en effet, le dramaturge a modifié ce passage qu'il estimait trop convenu. Il a préféré l'une de ces chansons idiotes à la Elskamp, un de ces « airs insignifiants de nourrices » visiblement calqués sur la comptine anglaise des « Three blind mice », et c'est bien cette version qui fut utilisée en 1893, cette version que Debussy entendit sur une musique de Gabriel Fabre, lors de la création de la pièce à Paris, presque dix ans avant la première de l'opéra :

> Les trois sœurs aveugles,
> (Espérons encore).
> Les trois sœurs aveugles,
> Ont leurs lampes d'or.

Montent à la tour,
(Elles, vous et nous).
Montent à la tour,
Attendent sept jours… (p. 48)

Debussy est donc un peu comme Golaud, il n'aime guère les saints Innocents, surtout lorsqu'ils jettent une lumière inattendue sur les choses. Il s'emploie donc à infléchir largement la symbolique de leur propos. Parfois la modification est fort subtile et, comme bien souvent, justifiée par des considérations extérieures. Elle n'en est pas moins révélatrice. De la sorte, on retrouve dans l'opéra un écho à ce massacre des moutons que Debussy, on l'a vu, a dans un premier temps renoncé à intégrer à son œuvre. Comme chez Maeterlinck en effet, la scène 3 de l'acte IV revient sur l'image des moutons conduits à l'abattoir. Afin de récupérer une balle d'or, le petit Yniold s'efforce de soulever une pierre « plus lourde que toute la maison » et dont on dirait « qu'elle a des racines dans la terre ». Il ne faut pas être grand clerc pour comprendre que le jeune héritier se plaint finalement de ne pouvoir renverser la « maison » que représente cette pierre, c'est-à-dire la famille, une famille royale dont l'arbre (généalogique) est si profondément planté. Aussitôt après cette tentative vaine d'ailleurs, l'attention d'Yniold se porte sur les moutons qui, malgré leur douleur, malgré leur volonté de s'écarter de la route qu'on leur impose, finissent par cesser de se rebeller :

> LE PETIT YNIOLD. – Oh ! oh ! j'entends pleurer les moutons… (*Il va voir au bord de la terrasse.*) Tiens ! il n'y a plus de soleil… Ils arrivent, les petits moutons ; ils arrivent… Il y en a !… Il y en a !… Ils ont peur du noir… Ils se pressent !… Ils ne peuvent presque plus marcher… Ils pleurent ! ils pleurent ! et ils vont vite !… Ils sont déjà au grand carrefour. Ah ! ah ! Ils ne savent plus par où ils doivent aller… Ils ne pleurent plus… Ils attendent… Il y en a qui voudraient prendre à droite… Ils voudraient tous aller à droite… Ils ne peuvent pas !… Le berger leur jette de la terre… (p. 80)

Debussy supprime l'allusion à la pierre « plus lourde que la maison ». Mais s'il réduit considérablement les propos de l'enfant, il en maintient l'essentiel. Assiste-t-on dès lors à l'intrusion du monde extérieur dans le drame ? Pas exactement. Car, par une touche presque insensible, le compositeur modifie la symbolique du passage. Chez Maeterlinck, nous sommes sur « Une terrasse du château ». Le jeune Yniold se pose clairement en héritier et sa balle d'or est évidemment à l'image du soleil. C'est l'agent du temps qui passe, c'est l'agent du changement : « Tiens, il n'y a plus de soleil », commente d'ailleurs bientôt l'enfant qui semble partager la terreur des moutons, soudain plongés dans le noir. Parce qu'elle est métaphore du soleil, cette balle d'or fait en outre d'Yniold une figure christique. Frère de l'Agneau de Dieu, l'enfant entre en résonance troublante avec ces « petits moutons » que l'on va sacrifier. Bien sûr, Debussy n'écarte pas entièrement cette interprétation du passage, mais il en réduit considérablement le champ. La scène, écourtée, ne fait plus référence au château ou à la maison. Elle se déroule dans un tout autre décor : « une fontaine dans le parc[9] ». Ce faisant, le compositeur renforce le lien entre les pauvres bêtes qu'on mène à la mort et Mélisande – Mélisande que Golaud a rencontrée près d'une fontaine ; Mélisande qui a perdu son anneau d'or dans la fontaine des aveugles. Une fois de plus, la question sociale cède le pas devant ce qui se réduit finalement à un drame familial[10].

DU SYMBOLE AU LEITMOTIV

Certes, on a voulu expliquer ce choix de Debussy, par la nécessité de ne pas multiplier les changements de décor. C'est possible. Il reste que cette altération du texte original impose une réorientation symbolique du propos, réorientation qui se manifeste par ailleurs dans le choix que

9 Tous les emprunts à la partition de Debussy sont reproduits d'après Claude Debussy, *Pelléas et Mélisande*, réduction pour piano et chant, Paris, Durand, 1907. Voir ici p. 223.

10 Il faut noter en outre que cette scène est souvent coupée à la représentation. Selon Maurice Emmanuel, tout se passe en effet « comme si l'on redoutait que l'excessive clarté de ce passage n'offusquât l'auditeur ». Cité par Annie Labussière, « Du schème au mode, du jeu au silence : le traitement mélodique dans la "Scène des moutons" (Claude Debussy, *Pelléas et Mélisande*, Acte IV, scène 3) », *Musurgia*, VIII, n° 2, 2001, p. 10. Cette scène des moutons est d'ailleurs celle qui engendra un des nombreux chahuts de la générale et elle fut retirée des premières représentations. On donna alors comme justification à sa suppression le fait que le jeune chanteur interprétant le rôle d'Yniold était particulièrement inexpérimenté (voir Labussière, *ibid.*)

fait le compositeur de recourir au principe du leitmotiv. Cette technique d'écriture le conduit bien souvent à clarifier ou à fixer ce que Maeterlinck entendait au contraire laisser obscur et mouvant. En effet, la poétique du dramaturge se fonde largement non point sur l'hermétisme, mais sur le refus de l'explication didactique. Comme il l'écrit dans *Le Trésor des humbles*, dès 1896 :

> On peut [...] affirmer que le poème se rapproche de la beauté et d'une vérité supérieure dans la mesure où il élimine les paroles qui expliquent les actes pour les remplacer par des paroles qui expliquent non pas ce qu'on appelle un « état d'âme », mais je ne sais quels efforts insaisissables et incessants des âmes vers leur beauté et vers leur vérité[11].

La vérité et la beauté ne s'atteignent donc qu'à travers une parole tout entière dynamisée, une parole fondée sur l'implicite et le mouvement. Or ce sont ces deux dimensions que combat le leitmotiv. En premier lieu, il fige le personnage dans un état d'esprit, dans une couleur. Debussy le reconnaît lui-même, lorsqu'il écrit :

> Remarquez que le motif qui accompagne Mélisande ne se transforme jamais, il revient en tout point semblable au Ve acte, parce qu'en réalité, Mélisande est toujours pareille à elle-même et meurt sans que personne – peut-être le vieil Arkel ? – ne l'ait jamais comprise[12]...

Prenons donc, pour mieux saisir le phénomène, le leitmotiv de Golaud :

FIG. 1 – Extrait 1 : Leitmotiv de Golaud, partition, p. 1.

11 Maurice Maeterlinck, *Le Trésor des humbles* [1896], Bruxelles, Espace Nord, p. 107-108.

12 Claude Debussy, *Correspondance* (1872-1918), François Lesure et Denis Herlin (éd.), Paris, Gallimard, 2005, p. 1170.

Le premier trait qui se dégage et qui va marquer l'ensemble de l'opéra est le caractère sombre, noir du personnage, caractère qui se manifeste à travers un large intertexte musical. En associant rythmes ternaires et binaires, Debussy se souvient du principe même du *Nocturne* tel que Field l'a mis au point : une certaine instabilité obtenue par l'apparition d'un rythme de marche au milieu d'une série de triolets. Tel est le principe que Chopin reprendra par la suite pour le porter à son ultime degré de perfection. On comprend dès lors que Golaud, annoncé par le rythme caractéristique de son leitmotiv, apparaisse à la scène 1 de l'acte III, une fois que Pelléas a pu déplorer qu'il fasse noir :

FIG. 2 – Extrait 2 : Golaud nocturne, partition, p. 138.

Un second trait du leitmotiv de Golaud vient connoter cette obscurité et enfermer définitivement le mari de Mélisande dans son rôle. Il s'agit de la gamme par ton. Alors que l'opéra commence par des accords épurés, parfois en quintes creuses, et jouant de la modalité comme d'une référence médiévale, l'intrusion du leitmotiv de Golaud dès la cinquième mesure nous installe dans une ambiance presque satanique. Confié aux bois – et faisant de Golaud un double de la bête qu'il traque – le motif recourt à la gamme par ton et à une écriture dense, épaisse qui évoque d'autant plus le mal qu'elle permet de faire résonner en *pizzicati* aux contrebasses l'intervalle ré-la bémol, caractéristique du *diabolus in musica* (voir extrait 1, ci-dessus).

D'entrée de jeu, et pour ainsi dire avant même de paraître, le personnage de Golaud est figé. Nocturne et quasi démoniaque, il n'évoluera plus. L'épisode des souterrains, à la scène 2 de l'acte III de l'opéra, montre à quel point l'époux de Mélisande s'enferme dans son rôle (voir ci-après extrait 3). Le voilà, comme un nouveau Charon faussement protecteur, qui entraîne son demi-frère dans un au-delà infernal. Tout commence aux cordes graves, par une série d'accords parallèles (repère A). Puis les bassons égrènent cinq des six degrés de la gamme par ton (repère B). C'est cette gamme, égrenée sous sa forme ascendante, que reprennent un peu plus loin les hautbois et les altos, tandis que les contrebasses, sur la même gamme, mais cette fois descendante, font entendre l'alternance de rythmes binaire et ternaire, caractéristique à la fois du nocturne et du leitmotiv de Golaud (repère C). Il ne reste plus qu'à laisser le sombre personnage entonner l'ironique et caverneux : « Prenez garde » (repère D) :

FIG. 3 – Extrait 3 : Début de la scène des souterrains, partition, p. 142-143.

Outre qu'il fige le héros dans son rôle, le leitmotiv clarifie les propos des protagonistes, levant les ambiguïtés, comblant les silences dont, on vient de le voir, Maeterlinck chante les mérites. Ainsi, dans la scène 1 de l'acte II, la scène de la fontaine aux aveugles, Pelléas et Mélisande évoquent un « il » dont tout le monde comprend qu'il s'agit de Golaud. Pourtant la musique insiste : les bassons, les violoncelles, puis les altos et le cor anglais font entendre le leitmotiv de Golaud. Par trop explicite, la musique de Debussy devient inutilement bavarde dans ce passage où la naïveté des propos inviterait plutôt à l'économie et à la simplicité :

FIG. 4 – Extrait 4 : Acte II, scène 1, partition, p. 64.

Qu'on me comprenne bien. Je ne voudrais pas, pour conclure, qu'on imagine un instant que je cherche à diminuer l'opéra de Debussy au regard de la pièce de Maeterlinck. Il est clair qu'avec sa partition, le compositeur offre à la musique du XXe siècle l'un de ses plus purs chefs-d'œuvre. J'entends simplement montrer que malgré le soin que Debussy a mis à suivre le plus souvent le texte original, malgré le dialogue qu'il a tenté d'entretenir au moins dans les premiers temps avec le dramaturge, son *Pelléas* doit être pris pour ce qu'il est : la traduction musicale française d'une pièce belge. Effectivement, on peut dire avec Maeterlinck que l'œuvre originelle « fut traitée en pays conquis ». Peut-être même peut-on aller plus loin. Là où Maeterlinck prend parti pour la jeunesse et l'innocence, celle de Mélisande et du petit Yniold, Debussy semble, lui, se ranger du côté de Golaud. Dans une lettre à Jacques Durand, en date du 26 juin 1909, soit plus de sept ans après la première de *Pelléas*, le compositeur, sombrant dans la mélancolie, écrivait : « Les journées se passent dans quelque chose de gris, humide et lourd, de quoi déprimer un chêne. Dans *Pelléas*, cela est exprimé ainsi[13] : ». Suivaient trois accords inscrits sur une portée tracée à la va-vite :

FIG. 5 – Lettre du 26 juin 1909 (extrait).

Tirés d'une gamme par ton, ces trois accords offraient au compositeur l'occasion de reprendre à son compte le leitmotiv de Golaud – un leitmotiv décidément inoubliable :

FIG. 6 – Leitmotiv de Golaud
(transposé d'après la lettre à Jacques Durand).

Éric LYSØE
Université Clermont Auvergne, CELIS

13 *Id.*, p. 1192.

LA MUSIQUE ABSOLUE ET SA TRADUCTION DANS *CONSUELO* DE GEORGE SAND

La traduction de la musique dans les romans pose deux questions qui sont liées entre elles : l'une sur la nature de la musique et l'autre sur l'objet de la traduction littéraire. Quand les romanciers introduisent dans leur texte les éléments musicaux, ils les utilisent soit comme un composant du décor au second plan, soit comme le stimulant des sentiments, soit comme le fil conducteur de l'ensemble de la structure. Leur usage de la musique révèle leur compréhension de celle-ci et souvent les romanciers ne se contentent pas d'une seule utilisation. Autour de 1800, les critiques allemands développent leurs réflexions sur le romantisme et la notion d'absolu. On aspire à une musique « détachée de textes, de programmes et de fonctions, avec l'expression ou le pressentiment de "l'absolu"[1] ». Le romantisme français subit l'influence de la littérature allemande et montre une préférence pour la musique. Quand les romantiques cherchent inlassablement le contact avec l'au-delà, la musique leur offre une possibilité d'entrevoir l'infini. George Sand, grâce à sa bonne culture musicale et sa fréquentation des milieux artistiques, se montre perspicace dans ses commentaires sur cet art. Ainsi, il serait intéressant d'interroger l'attitude de Sand face à l'esthétique de la musique absolue. Parmi ses nombreux romans musicaux, nous nous concentrons sur *Consuelo* et sa suite *La Comtesse de Rudolstadt*. Bien que George Sand inscrive la fiction de ce roman au XVIIIe siècle, sa perspective sur la musique est pénétrée de l'esprit romantique. Nous examinerons successivement la relation que la musique entretient avec le langage, le sentiment et le programme dans *Consuelo*. Ces trois critères sont choisis à partir de l'ouvrage d'Eduard Hanslick, *Du beau dans la*

1 Carl Dahlhaus, *L'Idée de la musique absolue. Une esthétique de la musique romantique*, Martin Kaltenecker (trad.), Genève, Contrechamps, 1997, p. 11.

musique[2] et de celui de Carl Dahlhaus, *L'Idée de la musique absolue. Une esthétique de la musique romantique.* Ces deux œuvres nous serviront de référence théorique, afin de montrer à quel point les pensées musicales dans *Consuelo* se rapprochent de l'idée de la musique absolue.

LA MUSIQUE ET LE LANGAGE

La musique au XVIIIe siècle est marquée par le développement de l'opéra baroque. Les techniques de chant se renouvellent, permettant ainsi aux chanteurs et instrumentistes d'étaler leur savoir-faire en ornant les mélodies. L'appogiature, la cadence, le trille, etc. sont les agréments employés afin de produire des effets surprenants[3]. Les phrases musicales prennent de l'ampleur et impressionnent les auditeurs par leur rhétorique. Les figures jadis réservées au langage trouvent leur application dans la musique, grâce à la coopération entre les compositeurs et les librettistes. S'agit-il d'un caractère langagier qui s'empare de la musique ou d'un pas en avant vers l'autonomisation de cette dernière ? Le rapport au langage fait partie de la polémique sur la nature absolue de la musique. George Sand présente ses réflexions à ce sujet dans *Consuelo.* Tout d'abord, notre analyse portera sur une scène où Consuelo revoit Anzoleto après la rupture amoureuse. La mélodie que ce dernier fredonne produit une réaction si forte chez Consuelo, que les paroles s'avèrent dérisoires. Ensuite, concernant le chant, George Sand s'attache davantage à l'« accent » qu'aux paroles. L'accent est présent aussi bien dans la musique vocale que dans la musique instrumentale. Enfin, le caractère langagier de la musique est illustré par l'exemple d'Albert, qui s'exprime par le violon comme par le langage des philosophes. Par sa sensibilité artistique, George Sand affirme que la musique amorce son premier détachement du langage.

2 Eduard Hanslick, *Du beau dans la musique. Essai sur la réforme de l'esthétique musicale*, Charles Bannelier (trad.), Paris, Brandus et Cie, Éditeurs de musique, 1877.

3 George Sand, *Consuelo, La Comtesse de Rudolstadt*, Grenoble, Aurore, 1991, 3 tomes, t. II. On trouve à la fin de ce tome une annexe intitulée *Termes de musique*, qui regroupe les termes utilisés par George Sand dans *Consuelo.* Par la suite, les références à cette édition apparaîtront directement dans le corps du texte, entre parenthèses.

Faute d'objet précis, la musique se caractérise par son expression indéterminée. Søren Kierkegaard conçoit la spontanéité et la volatilité de la musique comme un défaut, ce qui en ferait un langage inférieur : « Je n'ai jamais eu de sympathie pour la musique sublime qui pense n'avoir nul besoin de la parole, car elle croit, en général, qu'elle est supérieure à la parole, tandis qu'elle lui est inférieure[4]. » Kierkegaard se méfie de la conception romantique de la musique. George Sand, elle, excelle à substituer la mélodie à la parole. Marquée par le romantisme allemand, elle considère les imperfections de la musique comme une qualité. Quand Consuelo est surprise d'un chant entonné par son ex-amant Anzoleto, toute la tension émotionnelle explose (Consuelo entrevoit Anzoleto sans être aperçue). C'est par le son que George Sand fait ressentir le poids massif du choc émotionnel de Consuelo. En comparaison, les dialogues s'avèrent par la suite fades et sans importance.

> Au milieu de sa rêverie enivrante et douloureuse, Consuelo fut frappée par le son d'une voix qui la fit tressaillir comme si un fer rouge se fût posé sur con cœur. C'était une voix d'homme, qui partait du ravin assez loin [...] et fredonnait en dialecte vénitien le chant de l'*Écho* [...]. La personne qui chantait ne donnait pas toute sa voix, et sa respiration semblait entrecoupée [...]. Elle lançait une phrase au hasard [...] s'interrompait pour parler avec une autre personne [...] puis elle reprenait sa chanson, répétant plusieurs fois la même modulation [...] en se rapprochant toujours du lieu où Consuelo, immobile et palpitante, se sentait défaillir. (*Consuelo*, I, p. 394-395)

Avant qu'Anzoleto ne soit assez proche de Consuelo, elle ne peut pas capter les mots qu'il échange avec un autre ni distinguer réellement son visage. En revanche, la voix, l'accent et les fragments du chant sont un message avant-coureur qui révèle l'identité d'Anzoleto. Au premier abord, une telle situation relève d'un phénomène naturel : la voix d'un ténor (Anzoleto) est plus audible en chantant qu'en parlant. Néanmoins, ce qui est impressionnant, c'est la synchronie entre le tressaillement de Consuelo et le mouvement saccadé du chant d'Anzoleto. La métaphore du fer rouge dépeint exactement la douleur aiguë. Elle sous-entend également le grésillement de la chair brûlée. La douleur de Consuelo tient au chant d'Anzoleto, comme une réponse en mode mineur : sa

4 Søren Kierkegaard, *Ou bien, ou bien*, Marie-Henriette Guignot, Ferdinand et Odette Prior (trad.), Paris, Gallimard, 1943, p. 57. Cette citation est tirée de Dahlhaus, *L'Idée de la musique absolue*, *op. cit.*, p. 102.

peine refoulée est sa voix donnée à moitié, ses sanglots intérieurs sont sa respiration entrecoupée, son affliction opiniâtre est la modulation interrompue, reprise et répétée. D'ailleurs, le nom du chant, l'*Écho*, n'est pas un choix hasardeux.

Ces effets synchroniques durent jusqu'à ce qu'Anzoleto arrête de chanter, pour s'engager dans un dialogue avec son guide de voyage. Le langage reprend ainsi son cours, mais sans apporter d'élément important à la scène. La douleur de Consuelo se transforme en dégoût face au cynisme d'Anzoleto et puis en crainte de succomber à la séduction de ce dernier. Le dialogue qui s'ensuit dure peu de temps, avant que le son ne revienne sur scène, en guise d'épilogue au désespoir : quand Consuelo veut appeler Anzoleto, « sa voix expir[e] sur ses lèvres, il lui sembl[e] que la main de la mort serr[e] sa gorge et déchir[e] sa poitrine : ses yeux se voil[ent] ; un bruit sourd comme celui de la mer grond[e] dans ses oreilles » (*Consuelo*, I, p. 396). Il faut rappeler que les lèvres, la gorge et la poitrine sont les organes nécessaires au chant. Si la scène inaugurée par le chant l'*Écho* est un *allegro* qui rouvre la plaie à peine cicatrisée, elle finit par un *largo* menant à l'étouffement, en passant par une partie parlée. Similairement, Kierkegaard place la musique en amont et en aval du langage : « un langage qui descend vers ses origines aboutit aux interjections, qui sont "de nouveau musicales" [...], parce qu'un langage lyrique atteint à la fin un stade où "partout où la langue cesse, je rencontre la musique"[5] ». Cette formulation est similaire à l'arrangement de la scène entre Consuelo et Anzoleto. Les interjections de Kierkegaard répondent au mouvement saccadé du chant. Le fait que Consuelo perde conscience dans un son comparable au grondement de la mer se rapproche aussi de « l'indétermination » où se perd le langage. Pourtant, George Sand arrive à une conclusion contraire à Kierkegaard. La musique dépasse les paroles dans cette scène, ce qui n'est qu'un exemple parmi d'autres dans *Consuelo*. Bien que les paroles et la mélodie soient indispensables dans le chant de Consuelo, cette dernière occupe une place plus importante. Tel est le commentaire d'Albert :

> Tu parles le langage divin, tu sais exprimer les sentiments les plus sublimes, et communiquer les émotions puissantes de ton âme inspirée [...]. Les paroles que tu prononces dans tes chants ont peu de sens pour moi ; elles n'en sont

5 *Ibid.*

> qu'un thème abrégé, une indication incomplète, sur lesquels la pensée musicale s'exerce et se développe. Je les écoute à peine ; ce que j'entends, ce qui pénètre au fond de mon cœur, c'est ta voix, c'est ton *accent*, c'est ton inspiration. La musique dit tout [...]. (*Consuelo*, I, p. 384, je souligne)

Le mot « accent[6] » renvoie à ce qui est essentiel dans la musique et on le retrouve à maintes reprises dans *Consuelo*. Quand Consuelo chante avec « perfection » à l'église, la cantatrice attire l'attention avant tout sur « [ses] accents de la plus belle voix » (*Consuelo*, I, p. 43) ; quand Porpora critique le chant d'Anzoleto, il lui dit : « tu as un accent vulgaire, un style faux et commun » (*Consuelo*, I, p. 60). Ainsi l'« accent » devient un critère d'après lequel la vraie musique se distingue de celle de mauvais goût. Quand Wanda, la mère d'Albert rappelle à Consuelo sa vie prisonnière à Spandaw, elle donne encore de l'importance à l'« accent » : « Vous avez dû entendre les accents passionnés de son archet [violon d'Albert], comme il a entendu ceux de votre voix » (*Consuelo*, III, p. 366). Anne Penesco compare cette relation entre le chant et le violon « à une syntonie, à une véritable symbiose des cordes vocales et instrumentales, et de celles-ci avec l'âme[7] ». Cette comparaison du chant et du violon avec l'âme rejoint l'esthétique romantique. La notion d'« accent » correspond bien à ce qui est décrit comme « flottant au-dessus du langage » par Wagner : « [L]e concept de musique absolue comprend, donc, hormis la musique instrumentale, également une musique vocale détachée de sa "base poétique-langagière", flottant au-dessus du langage[8]. » Par là, George Sand fait ressortir dans la musique ce qui échappe au langage. À première vue, la musique instrumentale est plus pure et, par conséquent, elle a davantage le droit au statut absolu par rapport à la musique vocale. Pourtant, George Sand souligne l'importance de l'accent, qui est un aspect exclusivement musical. Puisque l'« accent » est présent comme style aussi bien dans la musique vocale que dans la musique instrumentale, les paroles ne peuvent pas compromettre la pureté du chant.

---

6 Voir la note sur l'accent que George Sand insère dans *Consuelo*, *op. cit.*, p. 406-417.

7 Anne Penesco, « "Une voix divinement humaine" : le chant violonistique d'Albert de Rudolstadt », p. 227-240, *in* Michèle Hecquet et Christine Planté (dir.), *Lectures de* Consuelo, La Comtesse de Rudolstadt *de George Sand*, Lyon, Presses universitaires de Lyon, 2004, p. 239.

8 Dahlhaus, *L'Idée de la musique absolue*, *op. cit.*, p. 26.

Il semble que George Sand ne veuille pas couper le lien entre musique et langage. D'ailleurs, elle désigne souvent la musique comme « le langage divin ». Au lieu d'identifier la musique au langage, cette expression est une métaphore de l'essence de la musique. D'abord, la musique est un langage, dans la mesure où elle peut instruire les esprits et démontrer les idées. De plus, le langage sert souvent d'indice pour présenter aux auditeurs le message des musiciens. Mais la musique porte en définitive le feu sacré de la divinité : hors du cercle de la raison, elle fait appel à l'intuition. À la fin du roman, Albert ne veut parler à ses disciplines « qu'avec les sons de la musique, comme autrefois Orphée » (*Consuelo*, III, p. 455) et refuse de s'expliquer autrement que par le son du violon : « Que te dirais-je que je ne t'aie dit tout à l'heure dans une langue plus belle ? Est-ce ma faute si tu ne m'as pas compris ? » (*Consuelo*, III, p. 441). Son geste montre sa prédilection pour la musique. Néanmoins, sous la forme musicale, la vérité paraît hermétique, voire inaccessible, ce dont vient l'incompréhension : tout le monde ne parle pas le langage des dieux ! Contraint par cette limite, Albert accepte de parler de sa doctrine dans le langage des philosophes, en espérant que « tout ne sera pas perdu dans les songes dorés de [sa] poésie » (*Consuelo*, III, p. 461). George Sand accorde aux « songes dorés » une connotation musicale. On retrouve dans les *Lettres d'un voyageur* la même image :

> De ces cimes lointaines [...], sont partis mes songes dorés [...]. Ils se sont transformés en violes et en hautbois sous les mains de Brod et de Urhan, et je les ai reconnus à leurs voix délicieuses [...]. Ils chantaient si bien [...]. Beaux rêves [...] m'échapperez-vous comme tous mes autres rêves [...] ? N'irez-vous pas vous poser sur quelque autre cime inaccessible où mon désir vous suivra en vain[9] ?

Cette image montre le côté éphémère et hermétique de la musique. Si Albert reprend le langage, c'est peut-être que la musique ne parle pas à tout le monde et que George Sand est consciente de cette limite. Et la vérité enfermée dans la musique fuit sans cesse ceux qui tentent de la pénétrer. Néanmoins, la romancière ne renonce pas à la supériorité de la musique. Si, au début, elle compare la musique à un langage, il est intéressant de constater que cette comparaison fonctionne aussi en

9 George Sand, *Lettres d'un voyageur*, *in* George Sand, *Œuvres autobiographiques*, texte établi, présenté et annoté par Georges Lubin, Paris, Gallimard, « Bibliothèque de la Pléiade », 1970-1971, 2 vol., vol. II, p. 659.

sens inverse : « Pendant plus de quatre heures, il [Albert] parla, et sa parole était belle et pure comme un chant sacré. » (*Consuelo*, III, p. 461).

Le rapport avec le langage est un aspect primordial pour revendiquer le statut absolu de la musique. Pour George Sand, la musique ne va pas à l'encontre du langage, mais elle brille dans l'échec de ce dernier. Il ne s'agit point d'expulser les éléments langagiers hors du domaine musical, mais de reconnaître la valeur intrinsèque de la musique en tant que moyen de communication.

LA MUSIQUE ET LE SENTIMENT

L'indéterminé est un caractère spécifique à la musique, qui est reflété par sa relation entretenue avec le langage, mais aussi avec le sentiment. Quand E.T.A. Hoffmann transcrit son impression sur la *Cinquième Symphonie* de Beethoven, l'ambiguïté se mue en malaise voire en angoisse : « La musique de Beethoven suscite le frisson, la crainte, l'épouvante, la douleur, et éveille cette nostalgie infinie qui est l'essence même du romantisme[10]. » Si George Sand n'hésite pas à soustraire la musique à l'emprise du langage, son attitude est moins tranchée quant à la confrontation avec le sentiment. On critique son penchant sentimentaliste, à cause de son exaltation démesurée. Ces reproches sont peut-être justifiés, tant le mot « sentiment » se mêle souvent aux effets musicaux dans *Consuelo* comme dans d'autres textes sandiens. Mais à force de l'employer, George Sand lui accorde une connotation qui s'éloigne du sentimentalisme pour se rattacher à l'esthétique romantique. Dès le début du roman, Porpora place le grand, le vrai et le beau dans les arts au-dessus du « brillant », du « cherché », de l'« habile » (*Consuelo*, I, p. 48). Son inclination se rapproche de celle de Ludwig Tieck, qui place le grand et le sublime au-dessus de l'agréable et du touchant[11]. On obtient ici deux ordres en contraste : l'un

10 Ernst Theodor Amadeus Hoffmann, *Écrits sur la musique*, Brigitte Hébert et Alain Montandon (trad.), Lausanne, L'Âge d'Homme, 1985, p. 40.

11 Ludwig Tieck écrit ainsi à Wilhelm Heinrich Wackenroder dans sa lettre datée du 10 mai 1792 : « Longin dit que pour produire quelque chose de grand, il faut une âme grande et sublime ; j'irais pour ma part plus loin en affirmant qu'il faut aussi un esprit qui ait quelque grandeur pour comprendre ce qui est grand et sublime. Peux-tu expliquer

relève du romantisme et l'autre du sentimentalisme. On voudrait montrer que dans *Consuelo*, les représentations musicales sont constamment commentées avec une distance par rapport au sentimentalisme. Ce recul est marqué par trois aspects : l'exécution de la musique est indépendante du sentiment voulu par les effets dramatiques ; la musique ne représente que le mouvement du sentiment ; les sentiments sont compris dans leur forme abstraite dans la musique.

Quand Hanslick essaie d'éclairer la relation entre la musique et le sentiment, il souligne avant tout que l'expression musicale est un mouvement aussi vague qu'imprécis : « La musique ne peut exprimer l'amour, mais seulement un mouvement qui peut se produire lorsqu'on éprouve de l'amour ou une émotion analogue[12]. » Son point de vue est prouvé en quelque sorte par Consuelo lors d'une démonstration de son talent dramatique. Il s'agit d'un air de l'opéra *Didon abandonnée*. Consuelo a choisi cet air parce qu'elle sentait plus que jamais un besoin « d'exhaler sa tristesse » (*Consuelo*, I, p. 112). Elle incarne à merveille Didon en tant que « femme dévorée d'amour » (*Consuelo*, I, p. 112). Pourtant, le désespoir de Didon est différent de la tristesse de Consuelo. Didon se désespère à cause de l'abandon de son amant, alors que Consuelo s'attriste du sort malheureux de son professeur Porpora. Avant de chanter, la cantatrice reçoit de Porpora une « larme froide et douloureuse de la vieillesse abandonnée et du génie malheureux. Elle en ressen[t] une émotion profonde et comme une terreur religieuse qui éclips[e] toute sa gaieté et étein[t] toute sa verve » (*Consuelo*, I, p. 112). Pourtant, Consuelo transpose son sentiment dans l'air d'opéra et se montre « sublime de pathétique » (*Consuelo*, I, p. 112) dans le rôle de Didon. Cela dit, la musique ne fait pas la distinction entre la tristesse et le désespoir. Elle prend encore moins en compte le contexte affectif où est né chaque sentiment.

« Au XIXe siècle, l'idée que la musique “représente la forme” des sentiments et des affects est devenue un lieu commun, avec des variations et des accentuations différentes[13]. » Selon Hanslick, on ne peut que discerner l'intensité d'une sensation dans la musique sans préciser le

---

autrement que l'agréable et le touchant produisent un effet sur bien plus d'esprits que le grand et le sublime ? Beaucoup ne le décèlent même pas ou ne le comprennent pas du tout. », Wilhelm Heinrich Wackenroder, *Werke und Briefe*, Heidelberg, Lambert Schneider, 1967. Cette citation est tirée de Dahlhaus, *L'Idée de la musique absolue*, *op. cit.*, p. 57.

12 Hanslick, *Du beau dans la musique*, *op. cit.*, p. 27.

13 Dahlhaus, *L'Idée de la musique absolue*, *op. cit.*, p. 68.

type de sentiment. L'« impétuosité » d'une mélodie peut qualifier aussi bien un amour qu'une colère, et même une haine : « La musique n'est apte à traduire que les *adjectifs* pouvant faire cortège au *substantif*[14]. » Ce principe vaut pour la musique instrumentale comme pour les airs d'opéra. Les musiciens proposent un indice ou un thème, à partir duquel les auditeurs construisent leurs impressions musicales en fonction de leur propre sensibilité.

De la tristesse au désespoir, la manière dont Consuelo joue Didon ne constitue qu'une variation légère. Il est possible que les deux sentiments dégagés d'un même air soient diamétralement opposés. Quand Consuelo, triste, est obligée de chanter dans un opéra bouffe, la douleur et le comique se confondent l'un avec l'autre. « Elle [Consuelo] fut brillante, charmante, plaisante au dernier point avec la mort dans l'âme. Deux ou trois fois des sanglots remplirent sa poitrine et s'exhalèrent en une gaieté forcée, affreuse à voir pour qui l'eût comprise ! » (*Consuelo*, I, p. 173). George Sand s'oppose à l'idée de Diderot dans le *Paradoxe sur le comédien*. Consuelo n'est point une comédienne médiocre. Sa douleur d'amour et la drôlerie de la comédie sont de la même intensité, de même que l'on peut être étranglé par les sanglots ou les rires. La musique n'est pas prisonnière du sentiment. Il est vain de mettre des étiquettes sur un morceau musical, car la nature de la musique reste intacte et absolue. C'est la raison pour laquelle Consuelo parvient à exhaler ses sanglots par la gaieté, de même qu'elle exprime sa propre tristesse par le désespoir de Didon. Selon le sentimentalisme, l'interprète et le musicien sont censés exprimer leur propre sentiment à travers la musique, « afin d'éveiller chez les auditeurs de la sympathie et de l'attendrissement[15] ». Alors que, dans les deux scènes citées, quand Consuelo exhale la tristesse par son chant, son sentiment ne reste plus le même. Il ne lui appartient plus, n'est pas reconnu par le public et correspond encore moins à l'intention du compositeur.

Pour connaître le devenir des sentiments dans la musique, il faut se pencher sur l'exemple de Haydn. Ce dernier n'arrive pas à peindre une tempête dans la musique car il n'a jamais vu la mer. Porpora lui suggère de se concentrer sur les impressions de terreur. Par la bouche de Porpora, George Sand éloigne la musique du sentiment pour la

14 Hanslick, *Du beau dans la musique*, *op. cit.*, p. 25.

15 Dahlhaus, *L'Idée de la musique absolue*, *op. cit.*, p. 67.

relier avec l'émotion : « La musique [...] a l'émotion pour domaine. Son but est de l'inspirer, comme sa cause est d'être inspirée par elle. » (*Consuelo*, II, p. 318). Selon Porpora, il appartient au compositeur de rendre les angoisses, et à l'auditoire de les partager en les situant dans un contexte précis :

> [T]u travaillerais cent ans avec les plus beaux instruments du monde et les plus exactes connaissances des bruits de l'onde et du vent, que tu ne rendrais pas l'harmonie sublime de la nature [...]. Songe donc aux impressions de l'homme livré à la tourmente [...] au milieu de cette détresse, de ce désordre, de cet abandon et de ces épouvantes ; rends tes angoisses, et l'auditoire, intelligent ou non, les partagera. Il s'imagina voir la mer, entendre les craquements du navire, les cris des matelots, le désespoir des passagers [...] (*Consuelo*, II, p. 318).

L'idée de Porpora correspond parfaitement à l'exemple de Hanslick sur l'amour. D'après eux, la musique ne s'occupe que de la manière dont l'âme est affectée, mais non de conditions matérielles. Chez Hanslick, la musique ne représente pas l'amour, mais juste une « agitation intérieure[16] ». Il appartient à l'intelligence de localiser et de donner une histoire, afin de nommer cette agitation : l'amour. Il faut concevoir une idée de la personne aimée, le désir et la recherche de son bonheur, la glorification et la possession de l'objet aimé[17].

Porpora s'oppose à l'imitation servile de l'art. S'il exhorte Haydn à chercher « le sentiment pour rendre la terreur et la poésie de l'ensemble », le mot « sentiment » perd pour lui la liaison empirique avec le monde. Ce n'est plus son sens simple et naturel, mais métaphysique que la musique cherche à transmettre. Porpora montre la différence entre les deux par une comparaison entre la Faustina Bordoni et la Cuzzoni (*Consuelo*, I, p. 110). La première a « le talent de la matière » et excelle à impressionner les sens des auditeurs avec des ornements riches. Pourtant, elle est incapable d'exprimer « les émotions profondes » et « les grandes passions ». En revanche, la Cuzzoni a le « sentiment pur et profond » et fait parler « la douleur, la prière ou la tendresse ». George Sand utilise des adjectifs tels que « profond » et « grand » pour distinguer l'absolu de l'empirique. Selon l'esthétique romantique de la musique absolue, le sentiment transposé par la forme musicale ne garde que son sens

---

16 Hanslick, *Du beau dans la musique*, *op. cit.*, p. 25.

17 *Ibid.*

abstrait. Pour Hanslick, l'abstraction de l'expression musicale se reflète dans le côté « dynamique » des sentiments. Dans sa forme abstraite, la musique se débarrasse de la condition terrestre, afin de requérir une dignité métaphysique : le statut absolu.

LA MUSIQUE ET LE PROGRAMME

Placée dans le domaine de l'émotion, la musique dans *Consuelo* devient l'expression intime de l'âme. Kant dans la *Critique du Jugement* prétend que la sensation musicale est sans concept. Elle est seulement bonne à émouvoir l'esprit, mais incapable de l'étendre, faute d'idées consistantes[18]. La musique s'avère donc inférieure à la poésie. Au lieu de déclasser la musique fugitive comme un « jeu pur de sensation », George Sand défend l'idée selon laquelle la musique est à même de créer « l'aspect des choses » et de faire voir « les objets extérieurs où elle transporte notre imagination » (*Consuelo*, I, p. 418). Une telle position semble ouvrir la voie à la musique à programme. Il est vrai que George Sand résiste mal au thème musical. Et rien ne l'empêche d'ailleurs de faire de longues digressions sur un air. Pourtant, on constate aussi qu'elle ne subordonne pas la musique à un programme déterminé. On aurait tort d'opposer la musique absolue à la musique à programme, car le programme présenté par le compositeur, comme celui compris par l'auditoire, n'est qu'une glose parmi d'autres sur l'essence de la musique. D'après Hanslick, la forme programmatique est aussi extérieure à l'essence de la musique que les paroles et les sentiments. De l'opéra de Consuelo

18 Emmanuel Kant, « Comparaison de la valeur esthétique des beaux-arts », *in* Emmanuel Kant, *Critique du jugement, suivie des Observations sur le sentiment du beau et du sublime*, Jules Barni (trad.), Paris, Librairie Philosophique de Ladrange, 1846, p. 290 : « Après la poésie je placerais, *si l'on considère l'attrait et l'émotion de l'esprit*, un art qui s'en rapproche surtout, dans les arts parlants, et qu'on y peut joindre très naturellement, à savoir la *musique*. En effet, si cet art ne parle que par des sensations sans concepts, et par conséquent ne laisse pas, comme la poésie, quelque chose à la réflexion, il émeut cependant l'esprit d'une manière plus variée et plus intime, quoique plus passagère ; mais il est plutôt une jouissance qu'une culture (le jeu des pensées qu'il excite n'est que l'effet d'une association en quelque sorte mécanique), et aux yeux de la raison, il a moins de valeur qu'aucun des autres beaux-arts. »

au violon d'Albert, la musique garde bien son autonomie par rapport au programme. D'abord, dans le cadre de l'opéra, la musique montre son indépendance vis-à-vis de l'action scénique et du livret. Ensuite, à travers le violon d'Albert, George Sand présente le programme comme un élément interchangeable, tandis que la vérité reste invariable dans la musique. Ce faisant, la romancière admet que la fonction descriptive de la musique est secondaire. La nature de la musique n'est point prosaïque, mais poétique.

Dans *Consuelo*, le sentiment et la musique l'emportent sur le reste de l'opéra. Dans le cas où le texte et l'action scénique ne sont pas cohérents, c'est à la musique que l'on a recours. Schopenhauer s'exprime ainsi : « Quand une musique adaptée résonne avec une scène, une action, une intrigue quelle qu'elle soit, elle paraît nous en découvrir le sens secret et en apparaît comme le commentaire le plus juste et le plus précis[19]. » De même, la musique répare les défauts des drames de Métastase :

> Mon pauvre Beppo, tu ne saurais croire quelle peine j'ai à jouer ces rôles qu'on dit si sublimes et si pathétiques. Il est vrai que les mots sont bien arrangés, et qu'ils arrivent facilement sur la langue, quand on les chante ; mais quand on pense au personnage qui les dit, on ne sait où prendre, je ne dis pas d'émotion, mais du sérieux pour les prononcer. Quelle bizarre convention est donc celle qu'on a faite, en arrangeant l'antiquité à la mode de notre temps, pour mettre sur la scène des intrigues, des passions et des moralités, qui sont [...] des contre-sens absurdes ? [...] et si les compositeurs n'avaient mis dans la musique le sentiment et la vérité qui manquent à l'action, je crois que je succomberais sous le dégoût [...]. (*Consuelo*, II, p. 270-272)

On remarque ici que l'opéra et la musique changent de place. Ce n'est plus le contexte dramatique qui s'impose à la musique, mais la musique qui détient la vérité. On aurait beau arranger tel morceau pour telle scène, la musique se déroberait toujours aux conditions prescrites. Ce que l'on obtient est tout au plus une rencontre plus ou moins heureuse entre le mouvement musical et les circonstances concrètes. Quand Albert joue les vieux airs de Bohême sur son violon, plusieurs programmes sont dépeints. Consuelo voit « s'agiter les spectres des vieux héros de la Bohême ; elle enten[d] le glas funèbre de la cloche des couvents,

19 Arthur Schopenhauer, *Le Monde comme volonté et comme représentation*, Auguste Burdeau (trad.), Paris, PUF, 1966, p. 335, cité par Dahlhaus, *L'Idée de la musique absolue*, *op. cit.*, p. 117.

tandis que les redoutables Taborites descend[ent] du sommet de leurs monts fortifiés, maigres, demis-nus, sanglants et farouches » (*Consuelo*, I, p. 418). Pour Philon, ces airs « faisaient passer devant [leurs] yeux des armées triomphantes, portant des bannières, des palmes et les signes mystérieux d'une religion nouvelle » (*Consuelo*, III, p. 440). Certains villageois sont « ravis dans la vision du passé », tandis que d'autres sont « transportés d'une sainte fureur en songeant aux maux du présent » et ferment le poing pour menacer « des ennemis invisibles » (*Consuelo*, III, p. 448). Pour Albert, l'« *homme* » est un nom pour tous, « le temps n'existe pas » (*Consuelo*, III, p. 440), « [le] passé, le présent et le futur » (*Consuelo*, III, p. 448) sont de vaines subtilités, seule la musique est « une belle démonstration des grands mystères ». C'est ainsi que la musique, en tant que langage de Dieu, contracte un lien avec le pressentiment religieux, qui est l'infini chez les romantiques. Au lieu de rester sur ces images illusoires, Albert fait ensuite écouter un cantique chanté par son fils. Pour Albert, l'esprit reste invariable, que ce soit dans son violon ou dans ce cantique. On y pressent l'infini : « le torrent qu'on ne voyait pas, mais qui envoyait, du fond du ravin, comme une fraîche harmonie mêlée à la clochette lointaine des chèvres sur la montagne » (*Consuelo*, III, p. 451). Il est possible que George Sand s'inspire ici de la description d'Hoffmann sur le « Djinnistan[20] », le royaume de rêves musicaux qui transporte l'âme loin de la sphère terrestre : « [l]orque j'étais dans ce royaume de rêves, mille souffrances, mille angoisses me torturaient ! […]. Les mélodies se précipitaient à flots de toutes parts, et moi je nageais dans ce torrent[21] ». Selon le chevalier Gluck, le Djinnistan amène les initiés à la « Vérité » en majuscules et leur offre « le moment suprême, le contact avec l'Éternel, l'Ineffable[22] ».

20 Le Djinnistan désigne le monde des esprits chez Hoffmann. Il s'agit d'un monde fantastique qui se révèle souvent à travers la musique : « Oh ! ouvre-toi, lointain et mystérieux royaumes des esprits, Djinnistan éclatant de splendeur où une indicible et céleste douleur, pareille à la joie la plus ineffable, remplit, comble l'âme extasiée de tout ce qui lui a été promis sur la terre ! Laisse-moi pénétrer dans le cercle de tes ravissantes apparitions ! », E.T.A. Hoffmann, *Don Juan, aventure fabuleuse d'un voyageur enthousiaste*, dans *Fantaisies*, Henri de Curzon (trad.), Paris, Phébus libretto, 1979, p. 122. Voir aussi l'article de Herman Jan, « Le *Don Juan* d'E.T.A. Hoffmann et le frisson du fantastique », *Revue belge de philologie et d'histoire*, tome 76, fasc. 3, 1998, Langues et littératures modernes – Moderne taal- en letterkunde, p. 667-678.

21 E.T.A. Hoffmann, *Le Chevalier Gluck*, dans *Fantaisies*, *op. cit.*, p. 43.

22 *Ibid.*

George Sand a sans doute subi l'influence de la musique à programme de Liszt, quand elle écrit : « [C]ertains cantiques feront apparaître devant nous les fantômes gigantesques des antiques cathédrales » (*Consuelo*, I, p. 418). Mais elle dépasse le programme de Liszt en ajoutant : « en même temps qu'ils [les cantiques] nous feront pénétrer dans la pensée des peuples qui les ont bâties et qui s'y sont prosternés pour chanter les hymnes religieux » (*Consuelo*, I, *ibid.*). L'image des fantômes n'est qu'une apparence, à travers laquelle on est transporté dans l'au-delà, à l'intérieur des choses. La notion du temps y est à nouveau abolie : les antiques cathédrales représentent le présent, les peuples qui les ont bâties viennent du passé, et ceux qui se prosternent représentent le futur. La stratification de ces trois notions du temps dans la musique est une preuve de sa propriété métaphysique. Tant pour le violon d'Albert que pour les cantiques, les images invoquées ne peuvent pas compromettre la nature de la musique. Selon Mahler, elles sont des programmes extérieurs qui sont fortement interchangeables et qui servent uniquement de « panneaux indicateurs » pour guider les auditeurs. Par contre, l'essence de la musique est le programme intérieur : « si le programme "extérieur" se présente comme une suite d'images, le programme "intérieur" est constitué par une "suite de sentiments", mais qui se dérobe aux catégories empiriques et psychologiques[23] ». George Sand montre en fait la capacité de la musique à saisir l'essentiel des choses et à le transmettre sans le banaliser. Le programme révèle les aspects des choses d'une manière descriptive et matérielle, autrement dit « prosaïque ». Si la musique est capable de nous transporter dans un autre monde, c'est qu'elle fait ressentir ce qui est invisible et ineffable, soit « poétique ». Ainsi, la présence du sujet dans la musique ne met pas en péril la nature absolue de cette dernière.

Chez George Sand, l'esthétique de la musique fait partie des pensées religieuses et sociales. De même que l'identité d'Albert varie entre l'artiste, le poète, le philosophe, le prophète, etc., la musique dans *Consuelo* n'est pas un problème à dimension unique. En analysant respectivement le rôle du langage, du sentiment et du programme, on peut mettre en évidence l'inclination de George Sand pour la musique absolue. On considère habituellement que l'idée de la musique absolue émerge avec

23 Dahlhaus, *L'Idée de la musique absolue*, *op. cit.*, p. 124.

l'apothéose de la symphonie. Pourtant, George Sand brouille volontairement la frontière entre la musique vocale et instrumentale. Elle revendique la pureté du chant, sans penser pour autant à la « rédemption du "son" par le "mot"[24] ». Par ailleurs, la notion d'absolu chez George Sand renvoie à une religiosité sans être religieuse, qui annonce plus la liberté que la transcendance. En cela, la romancière marque sa distance par rapport à l'école allemande.

Ningfei DUAN
Université Clermont Auvergne, CELIS

24 *Id.*, p. 24.

TRADUIRE LA MUSIQUE EN PEINTURE

L'exemple de Paul Klee et Wassily Kandinsky

La question de la « traduction » d'un *medium* à l'autre commence à être posée de façon assez courante dans la deuxième moitié du XIXe siècle. Elle fait suite à l'exercice de l'*ekphrasis*, recherche d'une production verbale susceptible de se poser en équivalent d'un tableau voire, dans une moindre mesure, d'une pièce de musique, exercice qui faisait fureur autour du XVIe siècle. Certains peintres de la fin du XIXe siècle, James Whistler, Vincent Van Gogh, Henri Fantin-Latour…, ont été fortement influencés par les œuvres musicales, cherchant à leur emprunter des procédés qu'ils pourraient appliquer à leur propre art ; une démarche que l'on retrouve à la même époque chez beaucoup de poètes, à commencer par Stéphane Mallarmé dont l'intention, « reprendre à la musique son bien[1] », est célèbre.

Mais l'idée d'un exercice de traduction d'un *medium* à l'autre, avec toute la rigueur et la conception implicite du langage qu'elle suppose, semble plus tardive. Elle est en tout cas pratiquée par des peintres comme Paul Klee ou Wassily Kandinsky. Précisons d'emblée que dans les deux cas, il s'agit d'exercices d'école et non pas d'œuvre picturale à proprement parler. Paul Klee, dans son *Cours* du Bauhaus, propose à ses élèves de traduire « par des moyens exclusivement picturaux[2] » les deux premières mesures de l'*adagio* de la sixième sonate BWV 1019 *pour violon et clavier* de Jean-Sébastien Bach ; il ajoute à la fin de l'exercice, en prolongement, une traduction un peu différente de quelques mesures d'origine non identifiée qu'il recopie. Kandinsky le fait aussi[3]. Dans

1 Stéphane Mallarmé, *Crise de vers*, *in* Stéphane Mallarmé, *Œuvres complètes*, Paris, Gallimard, 2003, p. 212.

2 « Être abstrait, c'est utiliser les moyens de l'espace pictural », Paul Klee, *La Pensée créatrice, Écrits sur l'art*, Sylvie Girard (trad.), Paris, Dessain et Tolra, 1980, p. 72.

3 Paul Klee, Cours du Bauhaus, Cours 4 et 5, janvier 1922, fac-similé in Paul Klee, *Cours du Bauhaus Weimar 1921-1922, Contributions à la théorie de la forme picturale*, Claude Rieh

les deux cas, le mot *übersetzen*, traduire, est utilisé. Le fait qu'il s'agisse d'exercices n'est pas anodin : ce sont des tests, portant sur des exemples limités, des moments où la rigueur de la réflexion se veut extrême. Ils ne surviennent pas non plus à des moments anodins : tous les deux cherchent à résoudre ce type d'exercice lorsqu'ils s'avancent sur la voie de ce que l'on a appelé l'abstraction[4], c'est-à-dire d'une réflexion radicale sur les fondements de leur art.

Nous essaierons de comprendre comment ces deux peintres ont conçu la traduction et, ce faisant, quelle est leur conception du « langage », qu'il soit verbal ou non verbal.

PAUL KLEE ET WASSILY KANDINSKY : TRADUIRE PICTURALEMENT DE LA MUSIQUE

Lorsque Klee comme Kandinsky réfléchissent en général sur ce qu'est la peinture, ils ont largement recours à des analogies musicales ; c'est une démarche assez commune dans le dernier quart du XIXe siècle. Mais ils vont plus loin : ils empruntent à la technique musicale des termes qui leur permettent de comprendre ce qu'ils cherchent. La traduction de musique en peinture se fait d'abord par l'appropriation de tout un vocabulaire emprunté à l'art des sons, ce qui leur permet de penser de manière différente leur propre art, qu'il s'agisse de formes, de surfaces, de lignes ou de couleurs. Ces termes forment une constellation propre à chacun des peintres ; on pourrait parler à leur propos de *poétique*, au sens aristotélicien d'une réflexion sur l'art du faire.

Chez Klee, les notions de *rythme*, de *polyphonie,* de *contrepoint*, entre autres, reçoivent une acception visuelle très précise. Le peintre forge ainsi la notion de rythme visuel à partir d'une réflexion sur la musique : c'est l'union individuelle d'un élément dividuel et d'un élément

(trad.), Strasbourg, édition des Musées de Strasbourg, 2004, p. 88. Wassily Kandinsky, *Point et ligne sur plan*, Suzanne et Jean Leppien (trad.), Paris, Denoël, 1970, p. 52-53.

4 Le terme provient, on le sait, du livre écrit par le critique d'art Wilhelm Worringer, *Abstraktion und Einfühlung*, Neuwied, Heuser'sche Verlags-Druckerei, 1907.

individuel ou encore, toujours dans son vocabulaire, l'union organique d'un élément structural et d'un élément organique[5]. La polyphonie est la vision simultanée d'éléments disparates[6]. Le contrepoint est un complément énergétique à un élément qui lui est contraire[7]. On pourrait poursuivre l'inventaire avec « tonalité », « modulation », « *Klang* », « composition », etc. Pour le peintre, ces mots désignent de façon parfois extrêmement précise une organisation picturale et une façon de donner une valeur à ses éléments. Comme ils sont empruntés à la musique, les termes changent alors légèrement de sens et prennent une acception bien plus large, englobant les deux *media*. Il ne s'agit pas de mots qui, venant de la musique, prennent un sens pictural spécifique, mais de notions pour lesquelles, découvrant un champ d'application encore insoupçonné, on comprend qu'elles ont une acception bien plus large qui s'étend à des champs jusque-là pensés comme essentiellement différents.

On connaît la métaphore du *Klang* chez Kandinsky, très précise : la « sonorité » ou « timbre » – la traduction française de ce terme est délicate – d'une forme, d'une couleur est l'effet de nature psychique qu'elles produisent chez le regardeur, sur le mode des cordes qui vibrent en sympathie[8]. Les termes de « vibration », de « résonance » et de « résonance intérieure », d'« intensité » vont dans le même sens chez lui, avec des accents différents selon leur contexte d'utilisation. Plus que pour Klee, la musique est pour Kandinsky une source généralisée de métaphores servant à évoquer une œuvre picturale. La référence précise à des sons n'est pas son propos alors que ce souci est bien plus évident chez Klee. La musique lui donne des mots lui permettant de comprendre son propre travail. Il va même jusqu'à l'oublier complètement, tout en utilisant un vocabulaire issu d'elle : « il se peut que la musique soit entièrement écartée ou reléguée au second plan, lorsque l'efficacité du mouvement, par exemple, est suffisamment expressive[9] ».

5 Klee, *Cours du Bauhaus Weimar 1921-1922*, *op. cit.*, 16 janvier 1922, p. 72-77.

6 Kandinsky, *Écrits sur l'art*, *op. cit.*, p. 521.

7 *Id.*, p. 17.

8 Wassily Kandinsky, *Du Spirituel dans l'art et dans la peinture en particulier*, Philippe Sers (éd., présentation), Paris, Denoël, 1954.

9 Wassily Kandinsky, *Der Blaue Reiter*, 1912, *in* Wassily Kandinsky, *Écrits complets*, Suzanne et Jean Leppien, Cornélius Heim, Paulette Soubeyrand (trad.), Paris, Denoël, 1970, III, p. 129.

Tous ces termes gouvernent une interprétation des « moyens picturaux » propres à chaque peintre. Ils créent la possibilité d'une image mentale, d'un effet commun à des éléments sonores et des éléments visuels. C'est en quelque sorte une base de référence qui permet d'envisager, dans un deuxième temps, la traduction d'un *medium* dans un autre. Il n'y a rien, ni dans la démarche de Klee ni dans celle de Kandinsky, d'une fascination pour une quelconque « synesthésie » ou correspondance immédiate entre un stimulus visuel et un stimulus auditif, dont le célèbre clavecin oculaire du Père Castel est un ancêtre à peine plus naïf que ses descendants[10]. Les deux peintres insistent à leur manière sur l'hétérogénéité radicale des deux *media*. Si l'on s'en tient à Kandinsky, le plus sujet à des interprétations symboliques généralisées,

> Chaque art a son langage propre, c'est-à-dire des moyens qui n'appartiennent qu'à lui. C'est pourquoi chaque art fait un tout refermé sur soi. Chaque art a une vie singulière. Il est à soi-même un empire.
>
> Aussi les moyens des divers arts sont-ils en apparence parfaitement différents : son, couleur, mot[11] !

Qu'il y ait un fond dans lequel, éventuellement, s'articule une unité est une hypothèse qu'il n'écarte pas et sur laquelle sa position est fluctuante, mais il insiste sur la différence des moyens utilisés.

> Vibration : L'âme atteint ce but ultime (connaissance) par de subtiles vibrations. Mais ces vibrations subtiles, qui sont, au bout du compte, identiques, ont en soi et pour soi des mouvements internes différents, et c'est en quoi elles se distinguent les unes des autres[12].

La discussion de l'existence d'un fond commun est renvoyée à quelque chose qui est de l'ordre de la croyance.

> La répétition d'un des moyens d'un art (par exemple, la musique) par un moyen identique d'un autre art (par exemple la peinture) n'est qu'un cas, qu'une possibilité. Lorsque cette possibilité est utilisée comme moyen interne (par exemple chez Scriabine) nous trouvons alors, dans le domaine du contraste et

---

10 Sur cette question, voir Corina Gepner, *Le Père Castel et le clavecin oculaire, carrefour de l'esthétique et des savoirs dans la première moitié du* XVIII*e siècle*, Paris, Champion, 2014.

11 Kandinsky, *Der Blaue Reiter, op. cit.*, p. 43.

12 *Ibid.*

de la composition compliquée, d'abord un contraire de cette répétition, puis une série de possibilités situées entre l'effet conjoint et l'effet opposé. C'est un matériau inépuisable[13].

À ces termes assez larges s'ajoute, comme chez Klee, le travail d'un vocabulaire très précis, au premier rang duquel se situe le mot « point » dont Kandinsky trouve un équivalent, en particulier, dans la note de musique. Chez Klee, l'idée même d'une ontologie commune n'existe pas.

La traduction d'un *medium* à l'autre est donc permise par l'élaboration d'un vocabulaire qui analyse des manières de faire propres, ici, à la musique, en les élargissant à des domaines autres, ici picturaux. Un discours technique global permet d'aborder ensemble les deux *media*, dans leurs différences. Alors des œuvres concrètes peuvent être pensées comme produisant, dans leur *medium* singulier, des effets psychiques comparables : ils se traduisent l'un l'autre.

UNE RÉFLEXION SUR LE VISUEL ET L'ÉCRITURE MUSICALE

Mais l'effort de ces deux peintres va plus loin et c'est ce qui fait la richesse exceptionnelle de leur entreprise de « traduction » : ils réfléchissent sur la partition musicale et sa manière de rendre visible le son. À l'inverse donc, un élément visuel, (une ligne, un point, le damier issu de la partition musicale…) va pouvoir être compris à travers ce que la partition leur a déjà accordé comme signe analysant le sonore.

Il n'est pas possible d'entrer ici dans le détail de leur raisonnement[14]. Disons que, d'une façon générale, les deux peintres s'efforcent

13 *Id.*, p. 45.

14 Je me permets pour cela de renvoyer à mes propres études : « Rendre visible le son : Paul Klee traducteur de quelques mesures de la sonate BWV 1019 de J.S. Bach », *in* Michèle Barbe (dir.), *Musique et arts plastiques. La traduction d'un art par un autre, principes théoriques et démarches créatrices*, Paris, L'Harmattan, « L'univers esthétique », 2011, p. 179-199 ; « Éléments pour une comparaison de la traduction, par Klee, de quelques mesures de la sonate BWV 1019 de J. S. Bach (Cours du Bauhaus, 16-1-1922) et par Kandinsky, de quelques mesures de la 5e symphonie de Beethoven (*Point et ligne sur plan*, Denoël,

de supprimer de la partition musicale tout ce qui relève du signe conventionnel, pour ne conserver que ce qui a une valeur iconique et métaphorique au départ, les choix étant différents selon les peintres. Paul Klee retient essentiellement de la partition l'idée de ligne sonore, l'organisation visuelle du temps qu'il interprète comme un damier rythmique et la conception d'un support que l'on pourrait nommer un « écran ». Kandinsky s'intéresse beaucoup plus à la note dans sa matérialité sensible, tache de couleur, élément sonore visuel ne renvoyant à rien d'autre qu'à « du son », et susceptible de prendre des formes différentes, ce qui fait écho à ses propres analyses sur le *Klang* et la *sonorité* d'une forme ou d'une couleur. Mais tous les deux travaillent la partition musicale, c'est-à-dire un lieu de visualisation du son par l'écriture, pour en faire le point de départ de leur propre réflexion picturale. Ils proposent, dans les deux cas, des exercices destinés à mettre au point des procédures permettant la création d'œuvres plus ambitieuses et originales.

Paul Klee ajoutera à cette analyse de la partition la vision de la battue du chef d'orchestre, qui organise de façon visuelle le mouvement, c'est-à-dire le temps. La battue du chef est pour lui un lieu essentiel pour penser l'étroite conjugaison des arts du temps et des arts de l'espace, la page et le temps, et pour finir, le rythme.

On comprend alors comment une réalisation visuelle peut être, logiquement et rigoureusement, la *traduction* d'un élément sonore. Il ne s'agit pas du tout d'une sorte d'approximation plus ou moins effusive : Klee comme Kandinsky proposent, dans leurs exercices, de mettre en vis-à-vis le point de départ musical et sa traduction sonore, comme on le fait d'un texte source et d'un texte traduit, de sorte à permettre la comparaison.

1970, p. 52) », *in* Michèle Barbe (dir.), *Abstraction et non figuration. Échanges entre musique et arts plastiques*, Paris, L'Harmattan, 2011, p. 179-199. Pour une étude de la note en tant qu'élément iconique, « L'iconicité de la note », *in* Véronique Alexandre-Journeau, Zelia Chueke et Biliana Vassileva (dir), *Du signe à la performance. La notation, une pensée en mouvement*, Paris, L'Harmattan, 2019, p. 307-323.

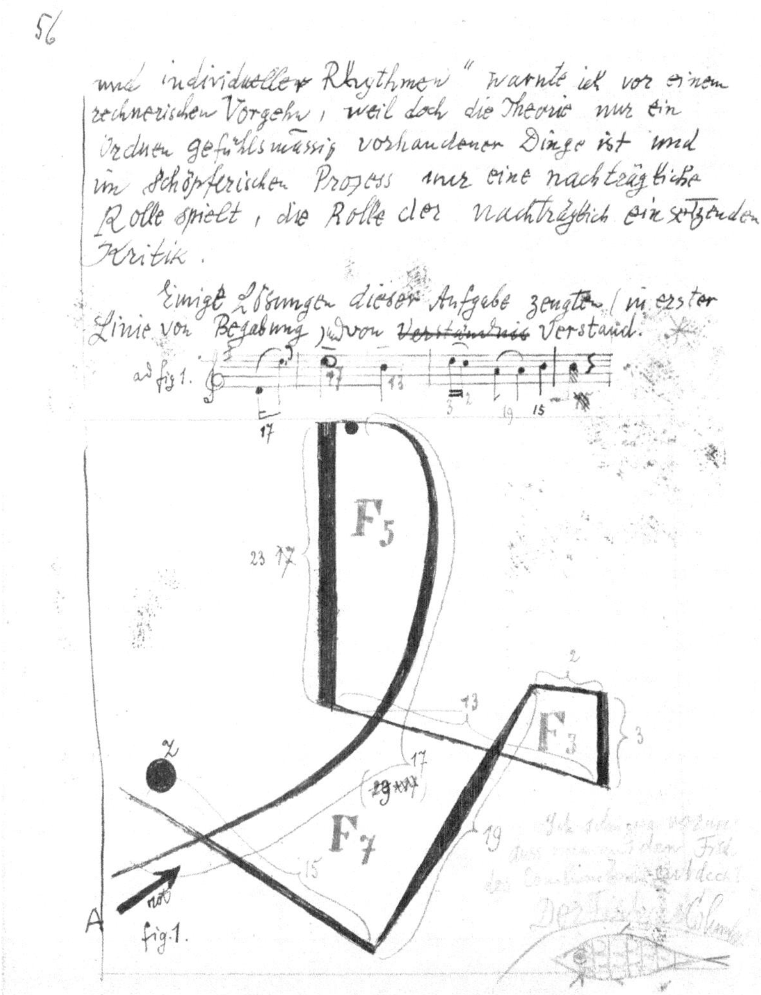

FIG. 1 – Paul Klee, *Beiträge zur bildnerischen Formlehre. Contributions à la théorie de la forme picturale.* Plume et crayon sur papier. 20,2 cm × 16,3 cm. Zentrum Paul Klee, Bern (N° inv. BF/59). La battue à trois temps du chef d'orchestre inspire la traduction en ligne de la petite mélodie recopiée en « fig. 1 ».

V. Symphonie Beethovens. (Die ersten Takte.)

Fig. 11
Dasselbe in Punkte übersetzt.

Fig. 11
Dasselbe in Punkte übersetzt.

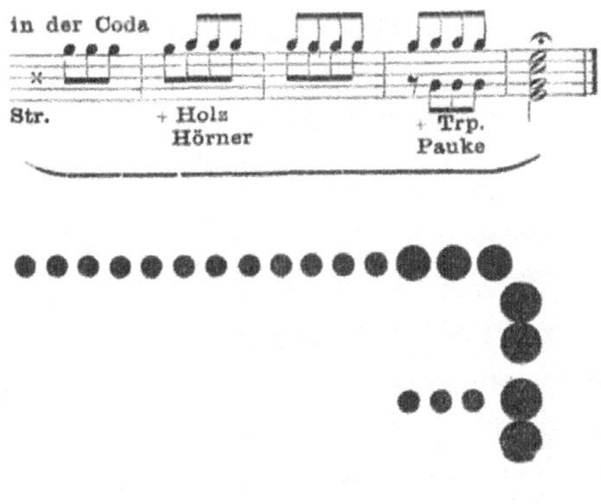

Fig. 11
Dasselbe in Punkte übersetzt.

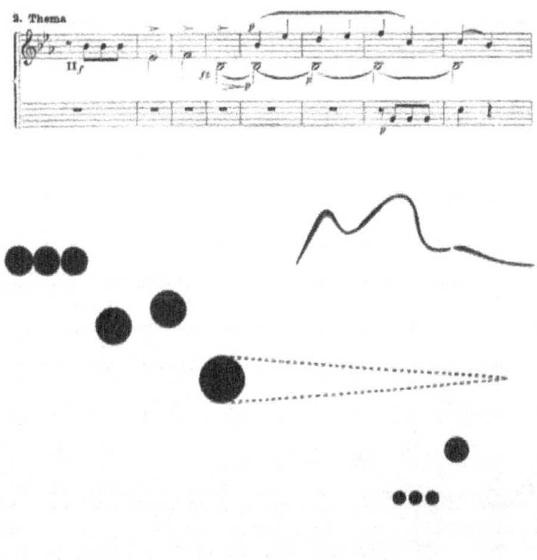

Fig. 11'
Das 2. Thema in Punkte übersetzt.

FIG. 2 – Wassily Kandinsky, *Punkt und Linie zu Fläche. Beitrag zur Analyse der malerischen Elemente*, Munich, Albert Langen, 1926, p. 37-39.
La traduction en points de quelques mesures de la *Cinquième symphonie* de Beethoven.

La traduction est ici extrêmement rigoureuse et on peut parfaitement retrouver le texte source, c'est-à-dire la musique, à partir de la réalisation picturale. Grâce à l'écriture musicale, elle porte à un niveau de précision exceptionnel la première démarche qui consistait à élaborer des notions de poétique empruntées à la musique. Ces exercices permettent aux peintres de comprendre de manière fine le mécanisme de traduction d'un *medium* à l'autre.

LA TRADUCTION À PARTIR DE LA PARTITION

À vrai dire, la mise en regard est un peu biaisée : les peintres mettent en parallèle la partition et la réalisation graphique, alors que, en toute rigueur, il faudrait comparer la musique, sonore, et la réalisation graphique des peintures. Il y a donc en fait trois termes : la musique que l'on entend ; la partition musicale, que l'on peut voir, qui renvoie à une image mentale sonore réalisable qu'elle réussit à modéliser par une réflexion théorique intense, héritière de plusieurs siècles de réflexion théorique sur la musique ; et la réalisation graphique de Klee ou Kandinsky, qui, elle aussi, suscite une image mentale, une impression beaucoup plus diffuse, considérée pour sa richesse discursive plus que comme modélisation permettant la production d'un son. Cette image mentale est parfaitement cernable grâce aux mots métaphoriques déjà travaillés par les deux peintres : polyphonie, *Klang*, point, etc. Le passage par la partition permet de comprendre comment chaque peintre approche un élément visuel pour lui donner une valeur proche d'un élément sonore et donc permettre la traduction. Ainsi, pour Klee, une ligne « sonne » parce que, violoniste lui-même, il s'intéresse à la métaphore visuelle de la ligne musicale, présente dans la partition ; il peut ensuite travailler visuellement cette ligne de sorte à en faire un équivalent visuel de la musique, par ses enflures, ses réorientations, son rapport au temps. Pour Kandinsky, l'intérêt se porte davantage sur la note en tant que point, élément visuel lui aussi présent dans la partition. Le point sonore qu'est la note est également un élément visuel : le fait qu'un point sur un tableau puisse partager avec le son quelque qualité et donc être une traduction visuelle d'un son se fait très aisément.

Dans les deux cas, la partition musicale est l'origine de la traduction. Le travail des deux peintres consiste à interpréter cette visualisation du son hautement élaborée et à n'en retenir que les éléments picturaux dont la valeur et les potentialités les intéressent. L'exercice porte sur la détermination de ces éléments. Là se situe la possibilité de traduction entre deux *media* : elle passe par l'élaboration d'une image mentale plus ou moins claire, plus ou moins distincte, mais bien réelle associant le son et la vue. Cette image mentale est issue d'une activité métaphorique déjà présente dans la partition.

Les métaphores associant l'auditif et le visuel existent depuis bien plus longtemps. La partition musicale en est un exemple frappant et ce n'est pas un hasard si elle guide les deux peintres : le son, en tant que son, y est associé à des éléments visuels qui ne sont pas uniquement de l'ordre du signe conventionnel mais qui sont au contraire utilisés pour leur acception métaphorique. La première métaphore mise en œuvre est celle de la « hauteur » du son. C'est un élément essentiel de l'écriture musicale, qui associe à un son un paramètre spatial totalement étranger. Les Grecs et les Latins ne s'y sont pas trompés, puisqu'ils parlaient de qualités sensibles non mesurables, *aigu* – piquant, pointu, strident, perçant – pour ce qui est devenu un son « haut », et *grave* – lourd, provenant d'une corde presque immobile –, pour ce qui est devenu un son « bas ». Le haut et le bas appliqués au son constituent une métaphore spatiale riche d'une postérité impressionnante, mais on peut parfaitement imaginer d'autres qualificatifs, au premier rang desquels strident et lourd. S'y adjoignent, de manière historiquement située, des notions comme la « *ligne* mélodique ». L'idée de « couleur sonore » apparaît un peu plus tard, vers le XVIIIe siècle, à mesure que la dimension du timbre prend de l'importance dans la composition… Ce sont des métaphores visuelles. Le fait que les peintres s'emparent à leur tour de ces métaphores pour les actualiser à leur façon est donc un prolongement extrêmement cohérent du travail de réflexion théorique ayant amené à l'élaboration de la partition.

Enfin, la partition musicale est sans doute le lieu de l'une des premières images consciemment « abstraite », c'est-à-dire référant de façon iconique (et non pas par un signe conventionnel) à un élément inconnu et pourtant sensible. La « note » de musique est en effet une tache, un petit pâté d'encre obtenu par l'utilisation d'une plume à bord droit. On peut lui accoler des signes conventionnels qui lui donnent sens, en particulier les hampes qui indiquent sa durée. Mais en tant que note, pâté d'encre noire, elle réfère à « du son », à « de la substance sonore », c'est-à-dire un inconnu qui ne pourra être approché que par ses paramètres. C'est une image abstraite qui joint un élément visuel, la tache, à l'idée de son. Il est donc assez compréhensible que les deux peintres s'y intéressent de près.

À la première démarche, l'élaboration d'une poétique constituée par une grille de termes inspirés de la musique pour parler de peinture, s'ajoutent donc dans la partition deux points complémentaires mais un peu différents : des termes métaphoriques visuels appliqués au son et une pratique de la visibilité du son qui engage une iconicité au départ non figurative. À la différence de la partition, dont l'histoire est celle du travail de ces deux pratiques par le nombre, la mesure, de sorte à leur donner une valeur figurative univoque et modélisante, les peintres cherchent à oublier cette dimension pour revenir à l'activité métaphorique et au questionnement sur la valeur iconique des éléments visuels premiers qu'elle porte.

En regardant la partition musicale, image visuelle d'un son, ils conservent ce qui a une dimension iconique, c'est-à-dire métaphorique : la hauteur, l'image abstraite de la note est retenue, qu'elle nourrisse une réflexion sur le point ou la ligne, etc. La question du mouvement et de la durée, présente dans la partition, serait plus longue à développer ici mais elle se trouve au cœur de leur réflexion visuelle. Klee et Kandinsky « traduisent » de la musique en peinture parce que la partition musicale a déjà accompli une grande partie du chemin en cherchant à écrire la musique. Ils ôtent à l'écriture musicale sa dimension calibrée et conventionnelle ; ils en retiennent des éléments visuels, iconiques, métaphoriques.

Leur travail de traduction nous permet donc de détecter trois niveaux complémentaires : le travail sur l'iconicité d'éléments non figuratifs (le point noir – qui devient la note –, la ligne – qui devient la portée, etc.) ; la métaphorisation visuelle du son qui devient une métaphorisation sonore d'éléments visuels (hauteur, couleur, ligne, etc.) ; l'élaboration propre à chaque poétique picturale de notions communes à la peinture et à la musique, qui donnent un cadre au travail de traduction (rythme, vibration, polyphonie, etc.).

TRADUCTION, MÉTAPHORE ET DISCOURS

Il ne s'agit pas du tout de « transfert intersémiotique » ; c'est la construction d'une possibilité, pour des éléments sensibles, d'être organisés en discours sans être un système de signes au sens saussurien du terme. Saussure en effet, dans son travail sur le signe, en écarte dimension matérielle. Il a certes besoin d'un support physique susceptible de produire des différences. La voix et l'appareil articulatoire humain sont à ses yeux des lieux privilégiés pour jouer ce rôle. Mais une fois mentionné comme lieu de production, le support du son, en tant qu'élément matériel, est immédiatement écarté. De même, lorsqu'il analyse le phénomène de l'écriture, Saussure explique que le signe, c'est-à-dire pour lui le signifié, demeure le même quelle que soit sa graphie, sa police de caractère, etc., ce qui est à l'évidence une aberration. De la même façon, il s'intéresse comme Paul Klee au damier du jeu d'échec. Mais c'est pour le considérer comme simple structure organisant des différences. Sa valeur concrète, matérielle, « organique » dirait Klee, n'a aucun intérêt pour le linguiste alors qu'elle est centrale dans tous les tableaux où Klee travaille le « rythme ». Ce sont justement ces dimensions concrètes et matérielles du signe qui intéressent les peintres, dans leur effet psychique sur ce que Kandinsky appelle « l'âme » humaine, et Klee, plus simplement, « l'effet final visé[15] ». Et c'est à partir d'elle qu'ils travaillent le lien entre le visible et l'audible, sans réduire l'écriture, et *a fortiori* l'écriture de la musique, à un système de signes conventionnels sans aucune dimension iconique.

La conception saussurienne du signe n'a donc aucun intérêt pour comprendre le travail de ces peintres. Elle s'articule en plus sur une opposition entre langue, réservoir de signes, et parole, mise en action par un sujet de ces signes, qui n'a aucune pertinence ici puisqu'on serait bien en peine de produire un système de signes au sens saussurien, qu'il s'agisse de son, de tableau (où la dimension matérielle est essentielle) ou de partition musicale (où l'effort pour tendre à un système cohérent de signes bute sur sa dimension iconique essentielle). Pour trouver une conception linguistique du signe qui soit plus pertinente, il faut aller

15 Klee, *Cours du Bauhaus Weimar 1921-1922*, *op. cit.*, Cours 1, p. 37.

non pas chez les stoïciens qui conservent une différence entre les signes matériels (la fumée, le vol des oiseaux) et les signes verbaux articulés, mais chez Saint Augustin dont la définition est célèbre : « une chose qui, outre l'impression qu'elle produit sur les sens, fait qu'à partir d'elle quelque chose d'autre vient à la pensée[16] ». Il faut en effet envisager les signes dans leur dimension *à la fois* matérielle et référente ou signifiante, et comprendre le domaine des signes d'une manière très large, en y englobant aussi bien des choses que des mots, les signes naturels que les signes linguistiques.

La notion de discours est beaucoup plus utile : les deux peintres cherchent à organiser des éléments visuels que l'on puisse aborder dans leur capacité métaphorique et globalement signifiante. Présente dès les réflexions scholastiques sur la parole, réinterprétée au XVIIe siècle dans des catégories rhétoriques, la question du discours a pris une dimension plus importante dans les années 1950. Saussure lui-même parlait d'une langue qui entre en action « comme discours[17] », dans un livre moins lu que le *Cours de linguistique générale*, et dans l'intention de revenir sur la dichotomie stricte évoquée plus haut à propos du signe, entre parole et langue. Émile Benveniste a à son tour remis à l'honneur cette notion de discours. Elle désigne ce qui est produit chaque fois qu'on parle, cette manifestation de l'énonciation, l'acte de production d'un énoncé, quel que soit le « texte » de cet énoncé. Elle insiste ainsi sur la manifestation, dans l'énoncé, d'une instance articulante ou parlante. On comprend alors qu'un assemblage de lignes et de couleurs puisse être, parfois, une simple juxtaposition informe, parce que non rattachée à un sujet énonçant, et dans d'autres configurations le lieu d'un discours, reconnu comme tel, parce qu'il y a détection, même vague, d'une articulation, d'une organisation, d'une postulation d'unité.

16 Saint Augustin, *La Doctrine chrétienne : De Doctrina christiana*, Madeleine Moreau (introduction, trad.), Goulven Madec (annotation), Isabelle Bochet (notes complémentaires), Paris, Institut d'Études Augustiniennes, Bibliothèque augustinienne 11/2, 1997, II, 1, 1, p. 137. Voir en particulier à ce sujet B. Darrel Jackson, « The Theory of Signs in Saint Augustine's *Doctrina christiana* », *Revue des études augustiniennes*, n° 15/1-2, 1969, p. 9-49. Voir aussi Vincent Giraud, « *Signum* et *vestigium* dans la pensée de saint Augustin », *Revue des sciences philosophiques et théologiques*, vol. 95, n° 2, 2011, p. 251-274 ; Marc Baratin et Françoise Desbordes, « Sémiologie et métalinguistique chez saint Augustin », *Langages*, 16e année, n° 65, « *Signification et référence dans l'antiquité et au moyen âge* », Marc Baratin et Françoise Desbordes (dir.), 1982, p. 75-89.

17 Gérard Dessons, *Émile Benveniste, l'invention du discours*, Paris, Éditions in Press, 2006, p. 59.

La métaphore dans ce contexte n'est pas simplement considérée, de façon dualiste, comme le changement ou transfert d'une catégorie à une autre[18]. Elle est bien davantage la marque d'un regard, d'une subjectivité qui unit, au sein du langage verbal, des éléments de nature hétérogène. La métaphore ne dit pas que les deux éléments rapprochés sont une unité objective ; elle insiste sur l'activité subjective par laquelle il y a unité entre ces deux éléments. Métaphore, discours et subjectivité sont ainsi très étroitement liés.

Toutefois, ce qui est neuf dans les traductions de Klee et Kandinsky, c'est la preuve qu'un discours métaphorique peut exister ailleurs qu'à l'extérieur du monde des mots. Il ne s'agit plus seulement du travail visuel d'une métaphore langagière appliquées au son (la hauteur, la stridence, etc.) mais de l'idée que des éléments visuels organisés peuvent de la même façon que des mots, par leur organisation même, susciter des images mentales sonores. De même qu'à l'intérieur du monde des mots, on peut parler de « prairies qui sourient » au printemps, en associant à des objets une qualité humaine qui leur est totalement étrangère, de même, dans le monde pictural, on peut faire retentir des idées sonores plus ou moins claires, et inversement, le monde sonore peut susciter des images mentales visuelles. Il y a une capacité discursive des éléments non verbaux qui est étroitement liée à l'activité métaphorique c'est-à-dire à la subjectivité humaine. Là est la nouveauté de la métaphore portée par la traduction d'un *medium* à un autre. Elle marque non seulement la possibilité qu'existe un discours non verbal, mais en plus le fait que ses caractéristiques peuvent être construites comme communes avec ce qui lui est totalement étranger, de même que, dans le discours verbal, des prairies peuvent sourire.

Il ne s'agit donc pas de réfléchir à une correspondance généralisée, ontologie rêvée dans laquelle puiser une valeur de vérité des métaphores ; il ne s'agit évidemment pas de considérer qu'un « indicible » serait à l'œuvre : s'il y a traduction, c'est qu'il est possible de dire, même si les mots ne sont pas forcément aisés à trouver et que ce « dire » est plutôt un défi d'ordre poétique à la langue, pour tester ses possibilités

18 Aristote, *Rhétorique* III, 10, 3 ; 1410 b 17, Charles Emile Ruelle (trad.), Paris, Garnier, 1882, p. 323. Voir sur ce point, entre autres, Irène Tamba-Mecz et Paul Veyne, « *Metaphora* et Comparaison selon Aristote », *Revue des Études Grecques*, t. 92, fascicule 436-437, janvier-juin 1979, p. 77-98.

de créativité ; il ne s'agit pas non plus de se situer dans une conception classique de la signification, ou encore de la figuration ou de la représentation où un signe renvoie à une idée et par là même à la chose, l'analyse de l'*adaequatio rei et intellectus* n'ayant pas de pertinence ici. Plus que de traduction ou de « transfert intersémiotique », ce qui est à l'œuvre et permet la traduction de peinture est un travail très fin sur la métaphore. Celle-ci est désormais comprise de façon élargie, en dehors de la sphère du langage verbal articulé, comme lieu d'une activité subjective qui se manifeste dans le travail d'un discours signifiant, et non pas comme un simple transfert de sens qui est permis par les mots et leur emploi biaisé. Il s'agit à présent d'une métaphore qui a lieu entre discours d'éléments sensibles, c'est-à-dire hors langage (ce qui ne veut pas dire sans le langage verbal), entre des arrangements de sons et des arrangements visuels. L'activité métaphorique rapproche deux éléments, ici deux *media* qui n'ont rien en commun, ce qu'un aveugle ne voit pas et ce qu'un sourd n'entend pas.

On voit donc immédiatement le glissement de sens de la métaphore : le langage verbal, articulé, y demeure essentiel puisque c'est en son sein que l'aptitude métaphorique est construite. Mais son domaine d'application sort du seul monde verbal articulé pour chercher à penser le matériau visuel, ou plus précisément encore, son agencement et la valeur de ses composantes. Les mots sont empruntés au vocabulaire musical pour être repensés et appliqués aux éléments du monde visuel devenu cas particulier d'un ensemble symbolique. Le monde visuel est ainsi compris pour lui-même comme lieu de production d'un discours, autonome et indépendant du langage verbal articulé.

LA MUSIQUE, LANGUE PLUS VAGUE ET INCOMPARABLEMENT PLUS PUISSANTE

On peut esquisser quelques étapes de cette compréhension nouvelle de la métaphore. L'histoire de la musique en est l'un des lieux privilégiés, dans la mesure où le chant peut aussi être considéré comme ce qui interroge la nature même de la parole. Au XVIIIe siècle, alors que les mots de « représentation » et de « figuration » cherchent à théoriser de façon très large le processus de signification, la musique a été la première à ébranler la conception selon laquelle une chose suscite une image mentale qui elle-même permet la production d'une image sensible. L'un des premiers à s'en apercevoir est sans doute Claudio Monteverdi, qui est un ardent défenseur du *stile rappresentativo*. Par exemple, dans *Le Combat de Tancrède*, il imagine un effet rythmique encore inconnu à son époque. Et il se rend compte qu'il n'y a pas de différence, en musique, entre le galop du cheval et la colère. Ces catégories importantes dans le langage verbal sont brouillées en musique ; de même, au moment où il comprend comment la musique est capable de traduire les sentiments, les élans psychologiques humains, par exemple la douleur d'Ariane abandonnée par Thésée, il se rend compte que, lorsque celle-ci appelle tous les vents et les orages à son aide, elle est aussi hors d'elle-même : la musique ne fait pas la différence entre la représentation d'une idée claire (les orages) et celle d'un élan psychologique (la quasi-folie engendrée par le désespoir). En un mot, la musique, tout en étant signifiante, brouille les catégories logiques et ontologiques.

Toutefois, Monteverdi n'imagine pas qu'une musique instrumentale sans les mots puisse être chargée seule de cette force signifiante : c'est seulement vers la fin du XVIIIe siècle que l'on commence à s'en rendre compte, précisément dans le même mouvement intellectuel qui fait rêver à des clavecins oculaires, préalable à la question de la traduction d'un *medium* à l'autre. On s'aperçoit alors que la musique est capable d'une puissance signifiante égale sinon supérieure aux mots. Cela entraîne d'ailleurs une réflexion de fond sur ce qu'est la signification, réflexion dont Sigmund Freud prolonge à sa manière les échos. Les compositeurs montrent que la musique instrumentale est un discours à part entière.

On le sait, Hector Berlioz écrit sa symphonie dramatique *Roméo et Juliette* en affirmant la supériorité de « la langue instrumentale, langue plus riche, plus variée, moins arrêtée, et, par son vague même, incomparablement plus puissante en pareil cas[19] ». Il compose une œuvre théâtrale où les deux personnages éponymes n'apparaissent jamais physiquement, tout en se « parlant » au style direct, à l'intérieur de moments instrumentaux dans lesquels on passe de façon continue à ce qui peut être la « description » sonore du décor, l'évocation des gestes des personnages, leurs paroles. Pour

19 Hector Berlioz, *Roméo et Juliette*, Paris, Brandus, 1867, p. 1, *Préface*.

ce faire, Berlioz utilise ce qu'une certaine analyse musicale repère comme étant des « topiques », c'est-à-dire des tournures (mélodiques, rythmiques, harmoniques) qui sont, par tradition ou pour toute une série de raisons, associées à un sens plus ou moins précis[20]. On peut être tenté, en effet, de repérer des éléments sonores auxquels seraient associées, d'avance, certaines idées : chercher à faire un dictionnaire ou une nomenclature du « vocabulaire musical » romantique. Mais cette tentative échoue à rendre compte de la « puissance » de la langue instrumentale : ce qui lui donne sa force est précisément d'être agencée en discours, ce qui met en échec la nomenclature par l'impossibilité de fonder objectivement la relation entre une tournure et une idée distincte. Le problème a été largement commenté dans la musique wagnérienne, mais Berlioz est plus intéressant pour notre propos dans la mesure où les personnages physiques (donc les mots qu'ils prononcent) sont absents. Le compositeur travaille donc uniquement sur la capacité musicale à éveiller des images intérieures, fusionnant les catégories (intérieur, extérieur, lieu, etc.) grâce à la fameuse capacité d'imagination humaine dont tous les Romantiques, à la suite de Kant, reconnaissent la puissance.

Cette capacité du monde des sons à être organisés en discours signifiant est le point de départ de la réflexion des peintres sur le discours pictural, et de celle des poètes sur la nature du discours verbal. Ils s'aperçoivent alors du caractère réducteur des analyses en nomenclatures héritées des théories de la signification en cours depuis la fin du XVIe siècle. Cela ouvre la voie d'une reconnaissance de la métaphore comme activité discursive.

Ces langages non verbaux, que l'on peut même traduire, sont-ils des « langues » ? Lorsqu'Émile Benveniste propose la notion de discours, c'est pour articuler la langue et la parole, ou sémiotique et sémantique, c'est-à-dire pour insister sur le fait que ces distinctions, nécessaires pour élaborer une conception « scientifique », en tout cas opérationnelle et propre à un traitement informatique de la langue, oublient l'acte même d'énonciation, en même temps qu'elles écartent la question de la référence. Beaucoup de musiciens, à la suite d'Olivier Messiaen, ont tenté de concevoir leur pratique en termes de « langage musical[21] », en différenciant les règles d'engendrement sonore qu'ils se donnent et le

20 Márta Grabócz, *Musique, narrativité, signification*, Paris, L'Harmattan, 2009 ; Eero Tarasti, *Musical Signification. Essays in the Semiotic Theory and Analysis of Music*, Berlin, De Gruyter Mouton, 1994.

21 Olivier Messiaen, *Technique de mon langage musical*, Paris, Leduc, 1987.

discours que celles-ci permettent de produire. Mais ces distinctions ne peuvent concerner, au mieux, qu'un tout petit groupe d'œuvres historiquement situées.

Ce que montre l'exemple de Berlioz, c'est que la musique qu'il écrit pour nous faire entendre les échanges de Roméo et Juliette au balcon ou au tombeau est bien de l'ordre du discours ; mais, à la différence de ce sur quoi Benveniste insiste, il n'y a pas dans ce discours les pronoms personnels qui seraient la marque de l'énonciation[22]. Berlioz comprend dès *Roméo et Juliette* qu'en musique instrumentale, un personnage peut « parler » sans pronom personnel, et que la différence entre « je », « tu » et « il » demeure, tout en étant brouillée, même si on peut parfaitement donner un équivalent linguistique de ce qui est dit : Roméo dit clairement : « je t'aime » à Juliette, de façon instrumentale, et on peut suivre les évolutions de sa réponse.

C'est de ce discours-là qu'il s'agit ici lorsqu'on parle de traduction d'un *medium* dans un autre. Il y a organisation d'éléments sensibles par une subjectivité qui en fait sentir un mouvement interne supposant qu'il est le lieu d'une unité, de quelque nature qu'elle soit. Cette organisation est possible dans différents *media* et c'est ainsi qu'on peut imaginer une traduction, non pas une traduction automatique terme à terme, mais celle qui est permise par l'activité métaphorique à l'œuvre, différemment, dans chacun des *media*. On comprend alors que le mot « transfert », binaire, grec, propre à une conception elle-même très étroite et non discursive de la métaphore, est largement insuffisant. L'idée d'« intermédialité » est elle-même à la limite de l'impropriété : on n'est jamais *entre* un *medium* et un autre. Le sourd entend ce que l'aveugle ne voit pas. Il n'y a pas confusion du sensible. Il y a élaboration métaphorique, par un sujet parlant, de certaines qualités sensibles dans un *medium* donné.

On voit ainsi que la question de la traduction d'un art par un autre doit être située à l'intérieur d'une histoire qui mêle l'histoire du sujet, l'histoire de la signification, l'histoire des conceptions du langage verbal. Cette capacité métaphorique, en particulier, n'est repérée comme telle que lorsqu'on abandonne le problème de la prédication, vers le XIVe siècle[23]. On voit aussi au passage à quel point la traduction par ordinateur, qui

22 Dessons, *Émile Benveniste*, *op. cit.*, p. 60.

23 Il faudrait évidemment affiner cette affirmation. On connaît l'importance de Geoffroy de Vinsauf dans l'affirmation du mot *poetria* et de la reconnaissance de la capacité créatrice

repose sur une approche statistique et purement combinatoire des mots, est mise en échec par la traduction d'un *medium* à l'autre, quelle que soit sa réussite locale sur des textes de langue se prêtant facilement à des données statistiques très élevées. La traduction entre *media* différents situe l'enjeu à un niveau plus fin et fondamentalement différent.

Ainsi, les tentatives de Klee et Kandinsky ne sont pas isolées dans leur époque[24]. Elles nous font aussi comprendre qu'une histoire de la métaphore, de la subjectivité, du signe et de la théorisation de la signification serait utile.

La métaphore, jusqu'à la fin du XIXe siècle, concerne essentiellement le domaine verbal : ce sont les mots qui, dans leur usage déplacé, créent une réalité différente. Ici au contraire, ce sont les choses, les éléments visuels qui en deviennent capables. On sort ainsi du domaine du langage pour appliquer la possibilité de métaphore à tout élément sensible, à partir du moment où il est pris à l'intérieur d'un ensemble discursif. Il y a production de sens. C'est ce qui fonde la possibilité d'une traduction.

Réaffirmons que cela n'écarte pas le langage verbal ; cela ne se fait pas contre lui. Il est au contraire essentiel et demeure comme une condition de possibilité de l'existence d'un discours sensible.

L'idée que la matière peut être l'objet d'un discours est liée à l'émergence de cette idée de discours. On le sait, la métaphore telle qu'elle est pensée par les Grecs est un déplacement, une analyse dualiste. On le sait aussi, le « Moyen Âge » peine à penser la métaphore et le discours poétique comme autonome, du fait d'une insistance sur les catégories de l'Être et la prédication.

En revanche, la métaphore non pensée est là depuis le début de cette histoire, présente, au cœur de la partition musicale, dans cette analyse formidable de la parole qui isole la manière de dire les mots et la rend visible, tout en la constituant comme élément matériel en attente du discours verbal qui l'informera. L'idée que le son puisse être visible (et mesurable donc autonome) est le fruit de tout un processus qui accompagne les développements conceptuels de la science occidentale.

de la métaphore. Les travaux d'Umberto Eco, d'Alain de Libera et d'Irène Catach sont précieux pour élaborer cette histoire, qui est aussi une histoire de la musique.

24 Voir par exemple Heinrich Neugeboren, *Plastische Darstellung der Takte 52-55 der es-Moll-Fuge von Johann Sebastian Bach*, 1968-1970, Bach-Monument aus Edelstadt im Park des Krankenhauses der Stadt Leverkusen (Modèle de 1928).

L'idée que le son puisse avoir une existence autonome et être le lieu d'un discours est beaucoup plus récente. Techniquement, elle naît autour des XVIe et XVIIe siècles, dans toutes les théories de l'imitation, de la rhétorique musicale et les inventions sonores imitatives où l'esthétique du madrigal, voire les découvertes rythmiques de Monteverdi par exemple ont toute leur part. Elle est associée aussi à la constitution du son comme entité physique et instrumentale, ce qui est l'objet de la science expérimentale à sa naissance (Galilée ouvre une autre voie d'approche du son dans la première journée des *Discorsi*, mais il n'est pas le seul). Elle doit enfin être associée à l'évolution de l'ontologie, qui a lieu en parallèle et de façon complètement liée. L'abandon des causes permet d'envisager un discours… Elle est donc liée à l'histoire de la subjectivité. C'est dans cette lignée intellectuelle que l'on doit situer Hector Berlioz.

L'idée d'une « traduction » d'un art par un autre en découle. On connaît toute la question des correspondances et tout ce que le XIXe siècle travaille. On connaît aussi la fascination contemporaine pour la synesthésie, réactualisée par les recherches cognitives. La question de la traduction d'un *medium* par un autre a encore une longue histoire à écrire.

Violaine ANGER
CERCC, Centre d'Études
et de Recherches Comparées
sur la Création

DEUXIÈME PARTIE

LITTÉRATURE ET ARTS DE LA SCÈNE

TRADUCTION ET TRANSMÉDIALITÉ CHEZ LES FRÈRES HANLON

Le cas du *Voyage en Suisse*

Parler de traduction et de transmédialité évoque des champs d'étude riches et passionnants surtout dans le domaine de la pantomime[1]. Prenons la définition : l'origine étymologique du mot pantomime, du grec *pantomimos*, veut dire « qui imite tout », de *pan/pantos* : « tout » et *mimos* : « mime ». Renvoyant à la fois à l'art de la pantomime et à l'acteur même, le substantif pantomime est défini en français au milieu du XVe siècle comme « un acteur qui s'exprime par les gestes[2] ». Plus tard, au XVIIIe siècle, la parole est interdite dans le théâtre des fêtes foraines, ce qui encourage le développement des arlequinades basées sur une suite de scènes bouffonnes alternant avec des numéros d'adresse et d'illusionnisme et empruntant ses personnages à la *commedia dell'arte*[3]. L'interdiction de parole implique en même temps une célébration du geste ; c'est le corps et surtout le visage de l'acteur mime qui traduit la narration ; l'histoire passe par la lecture du visage, support visuel et physique, concentré dans la capacité du geste et de la physionomie à traduire la parole. Si la pantomime imite tout, comme le suggère la signification première, il s'agit d'un art changeant, instable, en voie de transformation. Ce constat nous amène à nous interroger sur l'intégration des arts du spectacle à la pantomime. Quant au concept de traduire une œuvre, en quel sens peut-on parler de traduction dans le cas d'une pantomime qui, par sa nature même, est dépourvue de

---

1 Je tiens à remercier chaleureusement la Société des Amis de l'équipe Lumières et Romantismes de son apport financier qui m'a aidée dans la préparation de cette étude, surtout pour la reproduction de comptes rendus de journaux anglais.

2 *ORTOLANG, Outils et Ressources pour un Traitement Optimisé de la LANGue*, http://www.cnrtl.fr/etymologie/pantomime, [consulté le 03/04/2020].

3 *Larousse.fr*, https://www.larousse.fr/encyclopedie/divers/pantomime/76540, [consulté le 03/04/2020].

parole ? Comment la traduction d'une pièce constitue-t-elle une espèce de miroir des traits nationaux pour son public ? Tels sont les points d'interrogation de cette étude.

LA PANTOMIME AU CARREFOUR DES ARTS DU SPECTACLE

Alors que la pantomime connaît un essor partout en Europe au XIXe siècle, l'exemple d'une troupe anglaise de gymnastes se fait remarquer par son côté international et polyvalent. Il s'agit des frères Hanlon, gymnastes et acrobates passionnés ; cette troupe traverse le monde en compagnie de son formateur John Lees. La famille Hanlon évolue dans le milieu du spectacle : Thomas Hanlon père et son épouse Ellen sont des acteurs ambulants en recherche d'une situation fixe. Victimes d'une pauvreté certaine, leurs cinq premiers enfants, nés entre 1833 et 1845, ainsi qu'un fils adopté né en 1848, forment une troupe d'artistes de premier niveau à partir des années 1860. Alors que, naturellement, la profession de leurs parents aurait pu les intéresser de près, c'est une visite fortuite au cirque à l'âge de 6 ans qui entraîne Thomas, le fils aîné, à suivre une formation autodidacte dans les arts du cirque et ensuite à encourager ses frères cadets à prendre goût aux arts du cirque. Afin d'alléger la charge financière d'une famille nombreuse, Thomas et Ellen Hanlon mettent trois des six frères sous la tutelle de John Lees, ce qui explique le changement de nom de la troupe. John Lees meurt en 1855, lors d'une tournée de la troupe en Amérique du Sud. À partir de cette époque, les frères Hanlon sont mieux connus sous le nom des Hanlon-Lees en hommage à leur premier formateur. L'évolution des frères Hanlon d'une troupe de gymnastes vers une troupe de mimes, ou plutôt à mi-chemin entre ces deux disciplines, s'explique sans doute par la dangerosité des arts du cirque : en effet, Thomas, le frère aîné, souffre d'un traumatisme crânien lorsqu'il tombe d'un trapèze à Cincinnati dans l'Ohio en août 1865. En raison de cette chute, la troupe installe un dispositif de sécurité dans les salles de spectacle : un filet permet aux gymnastes de réaliser leurs exploits avec un minimum de sécurité. Peu après l'accident de Thomas, la troupe rencontre le jongleur Henri Agoust (1840-1901), qui aura une influence décisive. Mark Cosdon, spécialiste du sujet, confère à cet artiste polyvalent, jongleur, danseur classique, escrimeur, le rôle d'initiateur des frères Hanlon à l'art de la pantomime. Compositeur de ballets-pantomimes, dont deux se trouvent à la Bibliothèque nationale de France[4], Agoust initie les frères aux pantomimes de Jean-Gaspard Deburau (1796-1846), mime célèbre qui fait du personnage de Pierrot la figure centrale de la pantomime française. Cet art imprégnera aussitôt leurs spectacles internationaux : avant 1870, la troupe fait une tournée en Europe, en Afrique, aux Amériques et en Australie. Par la suite, elle est invitée à résider en Russie. Voici donc un premier aperçu d'un art protéen, qui mélange la gymnastique, le vaudeville, la pantomime et le cirque, une marque particulière de spectacle si réussie que d'autres artistes de l'époque s'efforcent d'imiter au mieux les frères Hanlon. L'aspect international de cette troupe nécessite une certaine souplesse linguistique et artistique, d'où son intérêt pour les thématiques de traduction et de transmédialité. Ce qui a une pertinence incontestable pour cette étude est son séjour prolongé en France pendant une période de dix ans, de la fin des années 1860 à 1879.

Pour mieux appréhender les nombreuses péripéties professionnelles des six frères, nous renvoyons le lecteur à deux études biographiques spécialisées[5], afin de nous concentrer sur une pièce écrite spécialement pour la troupe par deux auteurs français, Ernest Blum (1836-1907) et Raoul Toché (1850-1895), *Le Voyage en Suisse*[6]. La pièce est jouée à Paris au Théâtre des Variétés en 1879, vers la fin de la décennie française de la troupe, en même temps que l'Exposition universelle, et raconte une

4 Nous faisons référence à *La folie parisienne* [Spectacle] : ballet pantomime en 2 actes et 4 tableaux / chorégraphie et argument de Henri Agoust ; musique de Francis Thomé, 1886 (disponible sur Gallica) et à *La fille mal gardée* [Spectacle] : ballet pantomime en quatre tableaux / chorégraphie de Balbiani ; musique de Hertel ; avec Natta, Agoust, M. de Gaspari, Pastorini, Mlle Laus, Mlle Foriani, 1886, dont plusieurs entrées sont à consulter sur le site du catalogue général de la BnF.

5 Il s'agit de l'ouvrage de John A. McKinven, *The Hanlon Brothers: Their Amazing Acrobatics, Pantomimes and Stage Spectacles*, Illinois, Meyer Magic Books, 1998, appréciable pour ses illustrations et appendices, ainsi que de celui de Mark Cosdon, *The Hanlon Brothers: From Daredevil Acrobatics to Spectacle Pantomime, 1833-1931*, Carbondale, Southern Illinois University Press, 2009. Ce dernier met en valeur non seulement la carrière de la troupe mais également son riche patrimoine.

6 Ernest Blum et Raoul Toché, *Le voyage en Suisse*, 3 cahiers (36, 20, 36 pages), Paris, Théâtre des Variétés, 30 août 1879, BnF Collection de manuscrits d'Auguste Rondel, Cote Rondel-Ms-1051 à Rondel-Ms-1100.

histoire plutôt banale. Une jeune ingénue nommée Juliette est amoureuse d'un jeune homme assez pauvre, Polisot, mais promise par son oncle et tuteur à un soi-disant meilleur parti, prétendant riche, âgé et dépravé, nommé Corgoloin. Une histoire de corruption met l'oncle de Juliette sous l'emprise de Corgoloin : il lui vend en effet sa nièce en échange de son silence. Polisot, l'amoureux pauvre de Juliette, raconte son malheur à un ami de longue date, Des Églisottes, qui a eu affaire à Corgoloin et le méprise en raison de son vil comportement envers la jeune fille. Les deux personnages décident d'empêcher à tout prix ce mariage forcé. Lors de leur voyage de noces, Corgoloin et Juliette se rendent en train à l'hôtel qui appartient à l'oncle de la jeune fille, en Suisse. La mise en scène du deuxième acte, une coupe transversale d'une partie d'un train divisé en quatre voitures, permet au public de s'amuser pleinement en observant les nombreux sauts périlleux des frères jouant les domestiques de Corgoloin, qui essaient d'échapper à la douane. Qui plus est, deux pierrots s'enivrent gaiement sur scène et sèment la pagaille. Edward, George et Alfred incarnent trois étudiants plutôt désinvoltes, leurs frères William et Frederick – les pierrots – font des tours d'adresse pour rester hors de prise des autorités. Avec l'aide des neveux de Des Églisottes, joués par trois des frères Hanlon, accompagnés par leur tuteur La Chose, interprété par Henri Agoust, Polisot poursuit son amoureuse nouvellement mariée, créant autant de distractions pour interdire la consommation du mariage. La pièce en trois actes se termine bien. On découvre que Corgoloin est déjà marié, Juliette retrouve son amoureux Polisot et leur mariage est annoncé pour le lendemain. L'histoire de ce vaudeville n'a rien d'exceptionnel du point de vue de son sujet, le désarroi d'une ingénue face à un mariage de raison. Néanmoins cette pièce, qui permet aux frères de quitter l'Europe en tant qu'artistes célèbres, nous offre quelques éléments frappants par rapport à la thématique de la transmédialité. Alors que les dessins répertoriés par la Bibliothèque nationale de France sur *Le Voyage en Suisse* indiquent qu'il s'agit d'un vaudeville, le public s'émerveille devant un spectacle théâtral à base de pantomime et d'arts du cirque[7].

Deux scènes en particulier ont du succès auprès du public parisien : au deuxième acte un accident de train provoque la division de la voiture

7 Le dossier « Illustrations de presse » sur *Le Voyage en Suisse* disponible sur le site de Gallica, contient quelques images photographiées des frères Hanlon dans leurs rôles respectifs : toutes les images comportent la mention « vaudeville ».

à couchettes en deux et les protagonistes se retrouvent suite à l'accident projetés dans des arbres où ils restent perchés. D'autre part, au troisième acte, après une entrée en scène époustouflante où ils tombent du plafond, ils jonglent avec des assiettes, des plats et des bouteilles, un spectacle qui capte l'attention du public. Ces deux scènes sont intégrées dans l'analyse faite par Émile Zola, dans un chapitre intitulé « La Pantomime », tiré du *Naturalisme au théâtre*. Très élogieux au sujet du travail des frères Hanlon au Théâtre des Variétés, il rend hommage à leur génie artistique. Pour cette raison, il est d'autant plus critique envers l'histoire de la pièce, qu'il estime médiocre. Le génie des mimes n'en ressort que davantage selon Zola, qui trouve dans leur portrait cruel du gendarme incapable d'appréhender les coupables à la fin de la pièce la substance même du naturalisme :

> Certes, dans nos férocités d'analyse, nous n'allons pas si loin que les Hanlon, et nous sommes déjà fortement injuriés. Cela vient de ce que la vérité peut se montrer et qu'elle ne peut pas se dire. Puis, la caricature couvre tout. On lui permet le par-dessous et l'au-delà. Et c'est tant mieux, puisqu'elle nous régale. Faisons tous des pantomimes[8].

Zola souligne la souplesse et la sensibilité du jeu de pantomime exécuté par les frères Hanlon. Autre admirateur ardent, Théodore de Banville fréquente les Folies Bergère où, sous la direction d'Henri Agoust, les frères Hanlon jouent une série de pantomimes appartenant au répertoire fantaisiste de Deburau. Dans la préface des *Mémoires et pantomimes des frères Hanlon-Lees*, Banville rapproche les mimes de la figure du poète : « L'harmonie et la précision ! ce sont les maîtresses qualités chez le poète, ce sont aussi celles que je ne me lasse pas d'admirer chez ces impeccables Hanlon Lees[9]. » À l'instar de Zola qui perçoit dans la pantomime la capacité de montrer la vérité dans le silence, Banville approfondit son analyse de l'art de la pantomime comme un mariage heureux du spirituel avec le corporel. Il décrit ainsi les deux pôles opposés qui composent l'art vivant des frères Hanlon :

> Remarquez en effet comme la sereine douceur et la céleste innocence de leurs visages contrastent avec la violence de leurs sauts, de leurs tordions, de leurs luttes et de leurs gambades ! Cela tient à ce que leurs visages racontent

8 Émile Zola, *Le Naturalisme au Théâtre : les théories et les exemples*, Paris, Charpentier, 1895, p. 332.

9 Richard Lesclide, *Mémoires et pantomimes des frères Hanlon-Lees*, préface de Théodore de Banville, Paris, Chez tous les libraires, 1879, p. 10.

> l'appétit de la vie idéale, tandis que leur féroce gymnastique, n'ayant d'autre but que l'agitation elle-même, représente exactement la vie terrestre avec ses casse-tête, ses remue-ménage, ses brouillamini, et ses tragédies absurdes[10].

L'histoire racontée par les gestes et mouvements des frères Hanlon est un mélange théâtral instable, parfois polarisé, de sublime et de grotesque, ce qui rappelle les propos de Stendhal sur le roman qui, dans *Le Rouge et le Noir* publié en 1830, est décrit comme « un miroir qui se promène sur une grande route. Tantôt il reflète à vos yeux l'azur des cieux, tantôt la fange des bourbiers de la route[11] ». L'idée du continuum des émotions montré par le visage et le corps du pantomime souligne la notion du support corporel : il est capable de représenter le sublime comme le grotesque. Chez les frères Hanlon, Banville perçoit des êtres réalistes, dotés de pouvoirs accrus dans le domaine du portrait de la vie. Ayant généreusement félicité ces mimes pour leur jeu, il leur envisage un avenir prodigieux en tant qu'acteurs se rapprochant de personnages comiques shakespeariens jouant dans un théâtre à machines spécialement conçu pour cette troupe de mimes car, pour lui, leur vraie patrie est la féerie, l'astre, l'éther, le monde des serviteurs de la reine Titania, Puck, Grain de Moutarde, Fleur des Pois, Monsieur Toile d'Araignée[12]. Pourtant, cette issue poétique ne semble pas correspondre à l'évolution de la troupe dotée d'un esprit plus pragmatique. En effet, elle partira vers l'Angleterre, pour effectuer une tournée à Londres et en province, avant de se rendre aux États-Unis. *Le Voyage en Suisse* reste sa pièce clé.

LA PANTOMIME COMME LIEU DE BRASSAGE CULTUREL

Dans un premier temps, nous avons évoqué le sujet de la transmédialité dans *Le Voyage en Suisse*, pièce qui associe la gymnastique aux arts du cirque et à la pantomime. Selon cette optique, l'art des frères Hanlon passe d'un

10 *Id.*, p. 12.

11 Stendhal, *Le Rouge et le Noir*, t. 2, ch. XIX, « L'Opéra-Bouffe », Paris, Classiques Garnier, 1973, p. 342.

12 Lesclide, *Mémoires et pantomimes des frères Hanlon-Lees*, avec une préface de Théodore de Banville, *op. cit.*, p. 15.

art purement physique à un art exigeant non seulement la parfaite maîtrise du corps, mais également des capacités d'interprétation de personnages variés. Alors qu'au début de leur carrière ils sont connus comme artistes de cirque au Royaume-Uni et aux États-Unis, on constate que leur séjour prolongé en France les amène à développer leurs talents de mimes. Zola et Banville apprécient tous deux leur génie, en tant qu'exemple d'un jeu imbriqué où les influences des œuvres de Deburau se mélangent avec un jeu de comique gestuel hérité de la commedia dell'arte, ce que l'on pourrait considérer comme une caractéristique anglaise, rappelant la gestuelle de Joseph Grimaldi (1778-1837), le roi des clowns selon les Britanniques. Zola met en relief les habitudes culturelles divergentes entre l'Angleterre, pays natif de la troupe, et la France :

> Nous ne sommes pas en Angleterre, où l'on supporte parfaitement une pantomime en cinq actes durant toute une soirée. Notre génie national n'est point dans cette imagination atroce d'une grêle de gifles et de coups de pied tombant pendant quatre heures, au milieu d'un silence de mort. Aussi [...], les auteurs du *Voyage en Suisse* ont été chargés de présenter les Hanlon au grand public parisien, en motivant leurs entrées et en embourgeoisant le plus possible la fantaisie sombre de leurs exercices[13].

Après être restés quatre mois à l'affiche du Théâtre des Variétés, les frères Hanlon exportent cette pièce d'abord en Belgique puis en Angleterre, où elle est adaptée au goût victorien. De la transmédialité, nous passons naturellement et sans difficulté à la traduction car en Angleterre, il faut transposer *Le Voyage en Suisse*, pièce qui a des rôles parlants, pour un public anglophone. Robert Reece, auteur aguerri du genre burlesque et de pantomime au London Gaiety Theatre, est chargé de l'adaptation à un public victorien que l'on ménage très sensiblement. La modification de la pièce est conséquente : pour commencer, les personnages sont dotés d'un nom anglophone, Juliette devient Julia, le jeune amoureux Polisot est renommé Finsbury Parker, Des Églisottes porte un nom évocateur, Sir George Golightly, le mari Corgoloin devient Matthew Popperton. Les autres personnages principaux, les neveux Harry Ned et leur tuteur La Chose, ainsi que les domestiques Bob et John conservent leurs noms originaux. Le titre de la pièce est maintenu en français comme une marque déposée, parfois suivi sur les affiches de la traduction en anglais *A Trip to*

13 Zola, *Le Naturalisme au Théâtre : les théories et les exemples*, *op. cit.*, p. 327-328.

Switzerland. De plus, la mise en scène est plus en phase avec le public, qui se retrouve dans le Devonshire. Le couple mal assorti et toujours suivi de près se déplace pour son voyage de noces en Suisse, comme dans la pièce française. La transposition de l'histoire pour la rendre plus appropriée au public qui fréquente les théâtres londoniens et anglais reste néanmoins une étape obligatoire. Le mot transposition, terme musical à l'origine, annonce un changement de notes ou de clef dans un morceau de musique : de même, la modification de l'histoire du *Voyage en Suisse* vise à supprimer les aspects qui auraient pu choquer dans la pièce parisienne, où de multiples personnages conspirent ensemble et individuellement pour empêcher la consommation du mariage entre l'ingénue Juliette et son mari peu désirable Corgoloin. En Angleterre, le couple en question n'est pas encore marié. Le tuteur, nommé Taponet dans la pièce française, est rebaptisé Schwindelwitz dans la version anglaise, nom à consonance germanique qui renvoie à l'escroquerie[14] ; il devient en même temps un personnage répréhensible : il a pour mission de persuader Julia d'épouser son prétendant âgé et percevra une grosse somme d'argent si sa jeune pupille accepte sans tarder la main de Popperton. Pendant le voyage en train, les neveux, ainsi que les domestiques, doivent désormais œuvrer pour empêcher la rencontre entre Julia et Popperton en route pour la Suisse. Comme le met en relief Mark Cosdon, tout ce qui relève du voyeurisme et de la convoitise sexuelle dans la pièce originale est remplacé par un jeu très physique visant à priver Popperton de tout échange avec la jeune ingénue. Il ne doit pas parler à Julia, sinon l'accord de celle-ci, forcé par son tuteur, l'entraînera définitivement vers un mariage malheureux. La version anglaise de Robert Reece met l'accent sur les compétences de gymnastes des frères Hanlon, réintroduit l'emploi de l'échelle et fait du premier acte le point focal de la pièce en soulignant son aspect comique. L'histoire, plutôt maigre, est portée par des personnages types mais le public apprécie en premier lieu les bouffonneries des mimes. Purifié de toute insinuation sexuelle, la pièce répond mieux aux attentes du public anglais de 1880 qui fête le retour de ses compatriotes, gymnastes et mimes de renommée internationale, sur le sol natal. Pour ce public, comme d'ailleurs pour Zola et Banville, la partie narrative passe au second plan : la parole a du mal à captiver l'attention de spectateurs friands de prise de risque et de gestes violents.

14 « *Schwindel* » désigne en allemand « l'escroquerie, l'imposture, la duperie », le mot « *Schwindelwitz* » signifie « esprit d'escroquerie ».

Le côté physique de l'art des frères Hanlon les rapproche de l'art des clowns à l'anglaise, dont Joseph Grimaldi en particulier. Héritiers d'un côté de la tradition française, où le pierrot devient un personnage à part entière, grâce surtout au répertoire de Deburau, et de l'autre côté des traditions anglaises dont Grimaldi est la référence principale, les frères Hanlon développent l'art du clown physiquement souple mais aussi libre de toute inhibition. Le jeu plus sensible de Deburau, porté par une gestuelle plus bridée, est confronté au jeu entier et violent de l'héritage grimaldien. Mark Cosdon commente ainsi cette évolution :

> À l'agilité et la souplesse de Deburau, les Hanlon ajoutent des acrobaties suprêmes, leur permettant de voler sur scène de façon unique. À l'instar de Grimaldi, la figure du clown chez les Hanlon est une brute gloutonne et égoïste qui vit par procuration les désirs du public de se débarrasser de ses inhibitions. Mais contrairement à Grimaldi, qui travaille largement dans le domaine de l'arlequinade dans la pantomime anglaise, le clown chez les Hanlon est un vrai personnage. Chez eux, le clown amène les coups de poing de Grimaldi vers le monde naturel que les *literati* français du dix-neuvième siècle sont prompts à examiner[15].

Les attentes élevées du public londonien, ainsi que celles des publics provinciaux basées sur la réputation de la troupe en Angleterre, dont les péripéties, séparations et réunions sont légendaires, correspondent à celles du public américain, qui accueille les Hanlon après une absence de onze ans sur le territoire. *Le Voyage en Suisse* est à nouveau confié à un auteur de théâtre local, Henry Pettitt, qui apporte à son tour des changements afin d'adapter la pièce au goût culturel et aux habitudes du public. Il réconcilie l'histoire de son adaptation avec la pièce originale. Corgoloin rebaptisé Dwindledown[16] dans la version américaine, bigame, pressé de consommer son mariage avec Juliette/Julia, se retrouve confronté à sa

15 « *To the lithe and supple Deburau, the Hanlons added supreme acrobatics that flew about the stage in their own unique way. Like Grimaldi, the Hanlons' clown was a greedy and selfish bully living out the audience's vicarious desire to overthrow their inhibitions. But unlike Grimaldi, who operated largely in the harlequinade of English panto, the Hanlon Brothers' clown was a "real" figure. The Hanlons' conception of the clown figure brought Grimaldi's fisticuffs into the natural world that the nineteenth-century French literati were so eager to investigate.* », Cosdon, *The Hanlon Brothers: From Daredevil Acrobatics to Spectacle Pantomime, 1833-1931*, *op. cit.*, p. 68 (traduction de l'auteure de la contribution). Je me suis largement inspirée des aspects biographiques de cette étude détaillée des Hanlon Lees. Je remercie Mark Cosdon de m'avoir encouragée à poursuivre mes recherches sur cette troupe fascinante.

16 « *Dwindle down* » signifie « diminuer, se rétrécir ».

première épouse, Marie La Grange, qui n'hésite pas à le battre pour se venger. Ces coups violents, sanction publique pour dénoncer le vilain de la pièce, permettent une fin heureuse stéréotypée. La programmation du *Voyage en Suisse* est marquée par un incident légal d'importance : le départ précipité d'Henri Agoust, qui joue avec les Hanlon depuis plus de dix ans, départ qui finit par empoisonner à jamais les relations entre les mimes anglais et leur confrère français. D'autre part, les frères Hanlon, quelque peu victimes de leur succès, sont l'objet d'imitations tout au long de leur carrière. Leur renommée internationale – rappelons qu'ils jouent véritablement aux quatre coins du globe – est largement rapportée dans la presse. Il n'est pas étonnant que différentes troupes cherchent également à profiter financièrement de cette renommée. Ils s'associent d'ailleurs avec des artistes de toute nationalité, par exemple les frères Volta dans les années 1870, des trapézistes utilisant le nom des Hanlon, tout comme un groupe de nains, les Hanlon Midgets. La reprise du nom des frères anglais, les Hanlon, qui commence comme un geste amical, devient par la suite un sujet de controverse, qui aboutit à des procès judiciaires et finalement à des sanctions légales. Aux États-Unis au début des années 1880, le nom Hanlon est véritablement une marque déposée, intouchable et unique. Les Hanlon s'établissent définitivement à Cohasset dans le Massachusetts, rapatriant d'Angleterre leur mère âgée. Ces artistes anglais sont heureux de l'erreur médiatique fréquente consistant à les considérer comme Américains et ne font rien pour corriger publiquement cette erreur de nationalité. Des origines floues, ils sont enfants de nulle part et de partout en même temps, confortent le mythe qui les entoure.

L'HÉRITAGE DE LA TROUPE DES FRÈRES HANLON

La presse anglaise des années 1890 nous permet d'apprécier un dernier aspect de la thématique qui nous intéresse : l'évolution de l'art du mime. Dans un compte rendu du *Voyage en Suisse* joué par une autre compagnie, un journaliste anonyme évoque avec nostalgie les spectacles de la troupe originale. Selon l'article non signé, les Hanlon ont une formation étrangère qui les différencie des autres artistes britanniques. Pour l'auteur de l'article, les Britanniques sont incapables de faire de la pantomime : leur gestuelle lourde de la main et du pied ainsi qu'un besoin de recourir au langage les empêchent de s'exercer avec succès à l'art de la pantomime. L'acteur anglais manque de finesse dans son jeu, selon le journaliste, le succès d'un mime sur la scène anglaise dépend de sa capacité à franciser son jeu : « En un mot, il doit utiliser une grande partie de pantomime à la place du lourd jeu de scène secondaire de l'*artiste* anglais, et dans ces situations où les mots et la pantomime s'unissent de manière spontanée, le résultat est un succès immédiat et magnétique[17]. » Le véritable artiste de pantomime n'a rien à voir avec l'artiste de pantomime anglaise qui chante des airs dans les pantomimes absurdes de Noël rappelant le vaudeville et le music-hall chers au public britannique. Pour ce journaliste, la déclinaison de la pantomime à l'anglaise se traduit par des gestes lourds tandis que la version française est caractérisée par la légèreté évoquée par Banville, pour qui le vrai pays de la troupe des Hanlon est la féerie des pantomimes de Deburau. Les comptes rendus de l'époque, décrivant cette pièce jouée par différentes troupes quinze ans après ses débuts à Paris et quelques mois plus tard à Londres, témoignent du nombre d'entre elles qui reprennent, interprètent et revivent l'aventure du *Voyage en Suisse*. Cette « absurdité parisienne » divertit surtout par ses bouffonneries. L'art du clown y atteint son sommet.

La troupe des Hanlon et sa pièce emblématique *Le Voyage en Suisse* nous donnent un exemple convaincant du pouvoir transformateur de la pantomime et des capacités d'artistes aguerris de brasser et d'embrasser différents supports artistiques. Il y a bel et bien transfert entre les arts du cirque, la maîtrise corporelle et l'art de la pantomime. Le passage vers l'art de la pantomime se fait grâce à deux éléments : un besoin pressant de se protéger de la dangerosité des tours de gymnastique en hauteur qui se font sans filet de sécurité jusque dans les années 1860, et les capacités théâtrales innées des frères dont les parents sont acteurs de théâtre et qui sont élevés dans ce milieu artistique. Le rôle de l'un

17 « *In a word, he uses a great amount of pantomime instead of the heavy byplay of the English* artiste, *and in those cases where the words and pantomime are spontaneously united, the result is an immediate and magnetic success.* », *The London Porcupine News*, 2 juin 1894, non paginé. Article hébergé par la New York City Library.

des frères, George, qui, grâce à ses capacités linguistiques, traduit et interprète pour la troupe pendant son long séjour en France, annonce l'influence qu'elle aura sur la scène internationale : elle tissera des liens solides entre l'art du physique et celui de la narration. La finesse du geste, la légèreté du langage corporel se retrouvent pour transformer une histoire banale en un spectacle foncièrement comique. C'est l'exemple d'un art qui dépasse les frontières de la culture et de la langue. Le *Voyage en Suisse* est un voyage dans l'interculturel : la pièce originale jouée à Paris en août 1879, écrite par Ernest Blum et Raoul Toché, constitue un canevas artistique qui sera modifié au cours de plusieurs années en un spectacle en évolution, adapté à la langue et à la culture du public. Traduire un texte, en l'occurrence une pièce de théâtre, implique non seulement la transposition de paroles mais d'histoires et de thématiques. Parler de cette pièce implique nécessairement de souligner l'importance des auteurs français, Blum et Toché, mais aussi des auteurs-interprètes Robert Reece à Londres et encore de Henry Pettitt aux États-Unis. Tel un palimpseste, le canevas original est modifié par le changement de noms des personnages mais aussi par l'histoire renouvelée à chaque fois. Les articles de la presse anglaise témoignent de l'aspect éternel de l'attrait de la pièce, lié aux capacités corporelles des acteurs. En un sens alors, la réécriture de la pièce ne fait que renforcer l'apport des mimes dont les bouffonneries portent l'essentiel de l'histoire. Si du point de vue esthétique, l'art de la pantomime est plus ou moins apprécié selon le pays, le mariage entre l'art du cirque et l'art du théâtre privé de toute parole semble bien heureux. La traduction d'une langue vers une autre passe forcément par le transfert culturel des mœurs : il nous semble trouver là cette tension entre le particulier et l'universel, tension vécue sans aucun doute par ces merveilleux frères Hanlon, ambassadeurs du divertissement pur et simple.

Leisha ASHDOWN-LECOINTRE
Université Clermont Auvergne, CELIS

L'*ELEKTRA* DE HOFMANNSTHAL ET SES PREMIÈRES ADAPTATIONS EN FRANCE

Limites de la traduction et triomphe de la pantomime

PREMIÈRES TRADUCTIONS ET CRÉATIONS DES ŒUVRES DE HOFMANNSTHAL EN FRANCE

La difficile entrée de la traduction du théâtre de langue allemande dans un siècle nouveau

Hofmannsthal, connu pour sa francophilie, a nourri son œuvre entière d'innombrables références à la littérature française (ainsi que, plus largement, aux littératures antiques et européennes), selon des modalités plus ou moins discrètes allant de l'allusion à la citation, de la traduction à l'adaptation, de la récriture à l'hommage, en passant par la critique littéraire. Réciproquement, il s'est toujours montré soucieux de voir son œuvre diffusée en France[1]. Ce désir se heurte cependant à des difficultés symptomatiques de la répulsion durable du public français envers le théâtre germanique, dans un contexte diplomatique tendu. Le metteur en scène André Antoine, évoquant dans ses *« Souvenirs » sur le Théâtre-Libre* une mise en scène d'*Egmont* de Goethe à l'Odéon, déplore en 1890 encore le désintérêt dont pâtit le théâtre de langue allemande : « le public français reste toujours incompréhensif face à ces magnifiques choses[2] ». Si, tout au long du XIXe siècle, le développement des traductions théâtrales a permis

1 *Cf.* Audrey Giboux, *Le Théâtre de Hugo von Hofmannsthal et la littérature française classique : enjeux d'une réception créatrice*, thèse de doctorat soutenue le 10 décembre 2010 à l'Université Paris-Sorbonne.

2 André Antoine, *« Mes souvenirs » sur le Théâtre-Libre*, Patrick Besnier (éd.), Tusson, Du Lérot, 2009, p. 140.

de diffuser la connaissance de l'œuvre des grands dramaturges allemands classiques et romantiques, le théâtre autrichien du XIXe siècle n'a guère retenu l'attention des traducteurs. Il faut attendre les toutes dernières années du siècle pour qu'émerge un intérêt inédit pour le théâtre germanique contemporain (en particulier pour le théâtre de Hauptmann), qui se manifeste par une vague de traductions destinées à la scène, dans des délais très courts après la création des versions originales. Ces avancées se réalisent sous l'impulsion des théâtres expérimentaux d'Antoine et d'Aurélien Lugné-Poe, qui contribuent à diffuser les scènes « d'à côté », notamment les théâtres russe, scandinave et germanique, considérés alors comme les aiguillons de la modernité dramatique. Schnitzler[3] et Hofmannsthal sont les premiers dramaturges autrichiens à bénéficier de cet engouement sans précédent pour la scène germanique[4].

Hofmannsthal voit ainsi paraître avant-guerre quatre traductions de son œuvre dramatique dans un laps de temps très bref, entre 1907 et 1914. La première est celle de sa tragédie *Elektra* (texte de 1903), due au poète Paul Strohecker (*alias* Paul Strozzi) et à l'écrivain et médecin Stéphane Epstein (également connu sous le nom de Stéphane Estienne)[5], et parue entre 1907 et 1909 dans la revue *Vers et prose*[6]. La traduction du livret d'opéra du même nom, également en vers libres, est signée par Henry Gauthier-Villars – romancier, poète, librettiste et critique musical plus connu sous le pseudonyme de Willy –, et paraît chez l'éditeur musical berlinois Adolph Fürstner en 1909[7]. Les projets inaboutis de traduction de l'opéra *Der Rosenkavalier* (texte de 1910) par le journaliste et critique d'art Thadée Natanson et par Gide[8] débouchent finalement

3 Voir Karl Zieger, *Enquête sur une réception. Arthur Schnitzler et la France, 1894-1938*, Villeneuve d'Ascq, Presses universitaires du Septentrion, « Littératures », 2012, p. 95-98.

4 Sur les traductions françaises du répertoire théâtral germanophone de 1800 à 1914, voir Audrey Giboux, « Classiques et modernes allemands », p. 495-504, *in* Yves Chevrel, Lieven d'Hulst et Christine Lombez (dir.), *Histoire des traductions en langue française. XIXe siècle*, Paris, Verdier, 2012.

5 Epstein était l'agent littéraire de Schnitzler chargé de ses intérêts en France, *cf.* Zieger, *Arthur Schnitzler et la France*, *op. cit.*, p. 45-55.

6 *Elektra*, drame, Paul Strozzi et Stéphane Epstein (trad.), *Vers et prose*, n° 12, décembre 1907-janvier-février 1908 ; n° 15, septembre-novembre 1908 ; n° 17, avril-juin 1909 ; n° 18, juillet-septembre 1909. Pour les besoins de cette publication en feuilleton, le texte de la tragédie en un acte se voit découpé en deux tableaux, eux-mêmes divisés en scènes.

7 *Elektra*, tragédie en un acte, Henry Gauthier-Villars (trad.), musique de Richard Strauss, Berlin, Fürstner, 1909.

8 Hugo von Hofmannsthal-Harry Graf Kessler, *Briefwechsel 1892-1929*, Hilde Burger (éd.), Frankfurt am Main, Insel, 1968, p. 275-277.

sur la traduction du livret par le musicologue Jean Chantavoine, en 1912, chez Fürstner également[9]. Cette publication est suivie par la traduction du scénario du ballet *Josephslegende* (texte de 1912), conçu par Harry Kessler en collaboration avec Hofmannsthal, qui paraît sans nom de traducteur en 1914, toujours chez Fürstner, lié par contrat avec le compositeur Richard Strauss depuis 1900[10]. Significativement, les premières œuvres de Hofmannsthal traduites en France sont donc essentiellement le fruit de ses collaborations avec Strauss, et non ses pourtant célèbres œuvres poétiques, ou les drames de sa prime jeunesse, tels que *Gestern* (1891), *Der Tod des Tizian* (1892) ou *Der Tor und der Tod* (1893). Ces publications ne sont accompagnées d'aucun discours préfaciel des traducteurs susceptible d'éclairer leurs partis pris de traduction ; la notoriété de Strauss et l'intérêt pour les genres de l'opéra ou du ballet, préférés aux textes dramatiques non accompagnés de musique, semblent cependant avoir été des arguments de poids dans le choix des œuvres de Hofmannsthal éligibles à la traduction. Ces versions françaises connaissent pour la plupart une concrétisation scénique rapide : la tragédie *Elektra* est ainsi représentée dans la traduction d'Epstein et Strozzi le 26 novembre 1908 sur la scène du Théâtre de l'Œuvre[11] ; l'opéra *Elektra* est créé dans la traduction de Gauthier-Villars le 26 mai 1910 au Théâtre royal de la Monnaie, à Bruxelles (il faut en revanche attendre 1932 pour qu'il soit joué au Palais Garnier)[12] ; le ballet *La Légende de Joseph* est représenté pour la première fois le 14 mai 1914 par les Ballets russes de Diaghilev à l'Opéra de Paris[13] ; *Le Chevalier à la rose* n'est quant à lui créé à l'Opéra de Paris que le 8 février 1927[14].

---

9 *Le Chevalier à la rose*, comédie musicale en trois actes, Jean Chantavoine (trad.), musique de Richard Strauss, Paris, Fürstner, 1911-1912.

10 *La Légende de Joseph*, texte du comte Harry de Kessler [*sic*] et de Hugo von Hofmannsthal, musique de Richard Strauss, op. 63, partition complète pour piano seul avec texte, détaillée arrangée par Otto Singer, Berlin, Paris, Fürstner, 1914.

11 Hofmannsthal-Kessler, *Briefwechsel*, *op. cit.*, p. 208-209.

12 « Spectacle : Elektra », *BnF Data*, https://data.bnf.fr/fr/44250420/elektra_spectacle_1932/, [consulté le 20/05/2020]. Cet opéra est également joué en français au *Manhattan Opera* de New York en 1910, *cf.* Gustave Kobbé, *Tout l'opéra*, Marie-Caroline Aubert, Denis Collins et Marie-Stella Pâris (trad.), Paris, Robert Laffont, « Bouquins », 1999, p. 789.

13 « Spectacle : La légende de Joseph », *BnF Data*, https://data.bnf.fr/fr/39684214/la__legende_de_joseph_spectacle_1914/, [consulté le 20/05/2020].

14 « Spectacle : Le Chevalier à la rose », *BnF Data*, https://data.bnf.fr/fr/42603560/le_chevalier_a_la_rose_spectacle_1927/, [consulté le 20/05/2020].

GENÈSE ET (RE)CRÉATIONS D'*ELEKTRA*
Un creuset intermédial dans l'œil des avant-gardes

C'est essentiellement, ainsi que le démontre Gilbert Ravy, grâce à la mise en scène d'*Elektra* par Lugné-Poe au Théâtre de l'Œuvre que Hofmannsthal accède à la notoriété en France, notoriété renforcée par le succès et la tournée mondiale effectuée par cette production, et ce en dépit de plusieurs critiques négatives incriminant le texte lui-même[15]. La première version française de la tragédie *Elektra* par Epstein et Strozzi est un cas particulièrement révélateur de la médiation souvent chaotique des œuvres dramatiques de langue allemande en France et celle des traductions précédemment évoquées qui a suscité, dans sa correspondance avec Kessler notamment, le plus de commentaires de Hofmannsthal. On dispose également des échanges épistolaires de Strauss et Hofmannsthal lors des semaines de gestation de la version opératique d'*Elektra*. La réflexion sur le passage de l'œuvre à la scène et à la musique vient ainsi redoubler le caractère déjà éminemment transséculaire, pluridisciplinaire et intergénérique de la genèse de cette pièce[16]. Hofmannsthal se fonde pour ce retour au mythe d'Électre sur la tragédie du même nom de Sophocle, dont il retient un imaginaire de l'Orient archaïque à la coloration dionysiaque, voire barbare, inspiré par la lecture de Nietzsche, Rohde, Burckhardt et Bachofen[17]. Dans une lettre à Christiane Thun-Salm, il insiste sur les libertés qu'il a prises vis-à-vis de la tragédie sophocléenne, souhaitant s'adresser aux sentiments du public de son époque, et non à

---

15 Gilbert Ravy, « Regards sur la modernité de Hofmannsthal », *Austriaca*, n° 37, « *Modernité de Hofmannsthal* », Jacques Le Rider (dir.), décembre 1993, p. 241. Gilbert Ravy analyse la première réception de Hofmannsthal en France, en qui les critiques n'identifient, jusqu'à sa mort, qu'un auteur épigonal, sans inspiration originale, considérant, non sans préjugés, *Elektra* comme une pièce néoromantique à la fois désuète et barbare, *id.*, p. 241-245.

16 Sur les sources de cette pièce, voir notamment la présentation de Pierre-Antoine Huré, « Du théâtre à l'opéra : *Elektra* (1901-1909) », *in* Hugo von Hofmannsthal, *Électre. Le Chevalier à la rose. Ariane à Naxos*, Pierre-Antoine Huré et Laurent Muhleisen (trad.), éd. bilingue, Paris, GF, 2002, p. 47-77.

17 Voir les analyses de Jacques Le Rider sur *Elektra* dans *Modernité viennoise et crises de l'identité*, Paris, P.U.F., « Quadrige », p. 191-194.

son seul intellect ou à sa seule sensibilité culturelle[18]. À cette récriture moderne d'un modèle antique vient en effet se superposer la réflexion toute contemporaine sur le féminin (notamment sur le mythe fin-de-siècle de la femme fatale), dont il puise l'inspiration dans les *Études sur l'hystérie* de Freud et Breuer et dans *L'Interprétation du rêve*. La relecture de la tragédie antique sous l'angle de la psychiatrie et des prémices de la psychanalyse place ainsi d'emblée la pièce de Hofmannsthal au cœur d'une modernité hybride, à la fois exhibée et problématique. Rompant avec la veine baroque et symboliste de ses premiers drames, Hofmannsthal signe avec *Elektra* l'une des œuvres-phares de la Modernité viennoise et celle de ses pièces la plus ouvertement discordante, qui incarne pleinement le choc du modernisme et des héritages anciens. La tragédie est créée le 30 octobre 1903 sur la scène expérimentale du *Kleines Theater* de Berlin, dans une mise en scène de Max Reinhardt, avec l'actrice Gertrud Eysoldt dans le rôle-titre[19]. C'est dans cette production que Strauss découvre la pièce. Strauss et Hofmannsthal entament peu après leur première collaboration, avec l'adaptation de la tragédie en livret d'opéra, dont la partition est achevée en 1908. L'œuvre est créée sur la scène de l'Opéra royal de Dresde le 25 janvier 1909, dans une mise en scène de Georg Toller[20]. Si la réception des premières représentations est assez contrastée en raison de la radicalité esthétique de l'œuvre, cet opéra aux couleurs expressionnistes rencontre rapidement un grand succès sur les scènes européennes[21].

Le cas de la tragédie *Elektra* et de ses métamorphoses (adaptation opératique, traduction en français, mise en scène) pose donc de manière cruciale la question de l'intermédialité et de la difficulté à traduire la singularité de l'œuvre, que ce soit par la mise en musique, par le transfert linguistique, par l'interprétation du metteur en scène et le jeu de l'acteur, et ce d'autant plus que la danse à la fois érotique et funèbre du personnage d'Elektra, qui constitue l'acmé de la pièce, engage un niveau supplémentaire de feuilletage interartistique. On considèrera donc ici les différentes actualisations d'*Elektra* sous l'angle d'une grande œuvre

18 Lettre citée par Pierre-Antoine Huré, *Électre*, *op. cit.*, p. 55.

19 Eysoldt avait été rendue célèbre en 1902 par son interprétation de la Salomé de Wilde, également dans une mise en scène de Reinhardt.

20 Strauss-Hofmannsthal, *Correspondance 1900-1929*, Bernard Banoun (trad.), Paris, Fayard, 1992, p. 648.

21 *Cf.* les lettres de Strauss de 1909, *id.*, p. 62 et 64.

polymorphe, selon la perspective énoncée par Jürgen E. Müller, qui souligne le caractère d'unicité de l'œuvre intermédiale : « Un produit médiatique devient intermédiatique quand il transpose le côte à côte multimédiatique, le système de citations médiatiques, en une complicité conceptuelle dont les ruptures et stratifications esthétiques ouvrent d'autres voies à l'expérience[22] », prenant en compte les conditions de la réception de l'œuvre, sans se limiter à « la reconstruction des interactions entre les arts et les procédés artistiques » propres à « l'inter*artialité* » et à une « tradition "poétologique"[23] ». À cet égard, c'est dans le travail intermédial sur son œuvre que Hofmannsthal se confronte de plus près, avec Reinhardt, Lugné-Poe et Strauss, aux avant-gardes contemporaines[24], lui dont l'imaginaire est pétri de références à la culture classique et qui montre à maintes reprises qu'il n'est pas dupe des leurres d'une modernité qu'il incarne presque malgré lui[25].

---

22 Jürgen E. Müller, « L'intermédialité, une nouvelle approche interdisciplinaire : perspectives théoriques et pratiques à l'exemple de la vision de la télévision », *Cinémas*, vol. 10, n° 2-3, 2000, p. 113.

23 Jürgen E. Müller, « Vers l'intermédialité. Histoires, positions et options d'un axe de pertinence », *Médiamorphoses*, n° 16, 2006, p. 100-101.

24 On le perçoit également fortement dans la préface que rédige Hofmannsthal au texte du ballet *La Légende de Joseph*, *op. cit.*, p. 2 : « Les plus vieux sujets légendaires sont en deux sens inépuisables [...]. Tel est le sujet de ce Joseph égyptien devant lequel, après tant de poètes, de peintres et de musiciens, Goethe lui-même n'est point passé sans y toucher. Si, par le choix de ce sujet, par l'idée qui m'est venue de le traiter dans le style des cartons de Véronèse et de m'amuser ainsi à le transporter dans une sphère d'imagination encore plus libre, j'ai pu donner à l'art de Richard Strauss l'occasion de rencontrer celui de Léon Bakst et de J. M. Sert, ceux-ci trouvant à leur service l'admirable instrument qu'est le corps artistique créé par Serge de Diaghilew [*sic*] et cet instrument prenant à leur service une prééminence souveraine, je me réjouirai longtemps de ce qu'aura ainsi produit le théâtre européen. » *Cf.* Hugo von Hofmannsthal, *Josephslegende*, *in* Hugo von Hofmannsthal, *Dramen VI. Ballette, Pantomimen, Bearbeitungen, Übersetzungen*, Bernd Schoeller et Rudolf Hirsch (éd.), Frankfurt am Main, Fischer Taschenbuch, 1979, p. 91 : *« Die uralten legendären Stoffe sind in doppeltem Sinne unerschöpflich : [...] so dieser vom ägyptischen Joseph, an welchem, nach so vielen Musikern, Malern und Dichtern, auch Goethe nicht unberührt vorübergegangen ist. Habe ich durch das Ergreifen eines solchen Stoffes, durch den Einfall, ihn in der Art von Cartons des Veronese zu behandeln und ihn so in ein noch freieres Gebiet der Phantasie hinüberzuspielen den Anstoß gegeben, dass die Kunst von Richard Strauss sich mit der von Leon Bakst begegnen und beiden das wundervolle Instrument des von Sergei Diaghilew geschaffenen Kunstkörpers dienstbar wird und in dieser Dienstbarkeit herrschend hervortritt, so werde ich mich des Hervorgerufenen bleibend freuen. »*

25 *Cf.* Audrey Giboux, « Les arts modernes ont-ils pour fonction de représenter le monde qui leur est contemporain ? Hugo von Hofmannsthal et le cinéma comme poétique du rêve », *Comparatismes en Sorbonne*, n° 1, « *Tradition, Modernité : un éternel retour ?* », Audrey Giboux (dir.), 2010, p. 55-73, en ligne.

HOFMANNSTHAL OU LA SOUFFRANCE DE L'INTRADUISIBLE

Hofmannsthal assiste et contribue donc de manière concomitante, durant les années 1906-1909, à la composition de la mise en musique et aux préparatifs de la mise en scène française de sa tragédie. Mais, bien qu'il se réjouisse de ces diverses médiations de son travail, il exprime une forme plus ou moins grande de déception face à ces adaptations opératique et traductive de son œuvre, qu'il attribue à une incompréhension des nuances de sa création.

La correspondance de Hofmannsthal et de Strauss regorge d'exemples de débats parfois houleux opposant le compositeur et son librettiste, même si Strauss salue dès 1908 en Hofmannsthal un « librettiste-né[26] ». La relation épistolaire des deux créateurs est ainsi un témoignage éloquent du hiatus inévitable entre langage poétique et langage musical. En 1906, Hofmannsthal et Strauss, désireux de collaborer, sont encore en quête d'un sujet de livret, Strauss craignant que celui d'*Elektra* ne soit trop proche de son opéra *Salomé* (1905), adapté de la tragédie de Wilde. Hofmannsthal, qui n'est pas musicien, use dans une lettre du 27 avril 1906 de ces arguments synesthésiques pour le convaincre de l'originalité d'*Elektra*, bien que ces deux pièces en un acte soient centrées sur des figures féminines antiques créées sur scène par Eysoldt : « La combinaison des coloris me semble être fondamentalement différente d'un sujet à l'autre : dans *Salomé*, pour ainsi dire le pourpre et le violet, dans une atmosphère étouffante ; dans *Elektra* en revanche, un composé de nuit et de lumière, noir et clair[27]. » Dans les lettres échangées par Strauss et Hofmannsthal, il s'agit tout autant de la difficulté à traduire une œuvre musicale en mots que de traduire une œuvre dramatique en musique. Hofmannsthal, durant les années ultérieures de sa collaboration avec Strauss, évoque souvent avec agacement ce qu'il estime

26 Strauss-Hofmannsthal, *Correspondance*, *op. cit.* p. 50.

27 *Id.*, p. 29. Richard Strauss-Hugo von Hofmannsthal, *Briefwechsel*, Franz et Alice Strauss (éd.), revu par Willy Schuh, Zürich, Atlantis, 1955, p. 18-19 : *« Denn die Farbenmischung scheint mir in beiden Stoffen eine so wesentlich verschiedene zu sein : bei der ‚Salome' soviel purpur und violett gleichsam, in einer schwülen Luft, bei der ‚Elektra' dagegen ein Gemenge aus Nacht und Licht, schwarz und hell. »*

être un manque de finesse de la part du compositeur, comme dans ces lettres de 1909 adressées à Kessler à propos de la musique du *Chevalier à la rose* : « alors il compose par-dessus [le texte] – et il en ressort, comme pour *Elektra*, un morceau complet en soi sur lequel il déverse une symphonie – superflue – comme de la sauce sur le rôti[28] » ; « Il est vraiment malheureux que Strauss compose en étouffant sans aucun scrupule le jeu [des acteurs][29]. »

Le regard que porte Hofmannsthal sur la traduction de la tragédie *Elektra* par Epstein et Strozzi n'est pas moins mitigé. Les circonstances qui président au passage de cette traduction à la scène sont de fait particulièrement mouvementées. Kessler tente, dès 1904, d'utiliser la capacité d'influence de Gide pour favoriser la création parisienne d'*Elektra*, tandis qu'il essaie de convaincre Hofmannsthal d'intercéder auprès de Reinhardt pour que soit représenté à Weimar le drame de Gide intitulé *Le Roi Candaule*[30]. Berthe Bady, compagne de Lugné-Poe, est initialement pressentie pour le rôle d'Elektra. Maeterlinck, qui est l'un des contacts de Hofmannsthal en France, se montre enthousiaste face à la traduction d'Epstein et Strozzi : « cette traduction me semble très remarquable – c'est une très belle œuvre littéraire – elle est harmonieuse, pure, facile et souvent puissante. Je crois qu'il serait difficile de faire mieux » ; il ajoute : « si vous tenez à être joué à Paris, il faudra recourir à Lugné. Bady n'étant plus à l'Odéon, qui était le seul théâtre où il était possible à la rigueur de faire recevoir la pièce, *aucun autre* dans l'état littéraire où ils sont, n'aura même un instant l'idée de la monter[31] ». Mais Hofmannsthal, peu convaincu par les qualités littéraires de cette adaptation, prie Kessler de l'aider « à ce que la question *Elektra* [...] se transforme d'une petite affaire commerciale de M. Epstein en une affaire artistique de Bady » et à ce que Gide accepte de réviser le texte de la traduction[32], ce à quoi consent Gide, à la condition que

28 Hofmannsthal-Kessler, *Briefwechsel*, *op. cit.*, p. 234 : *« so componiert er [...] drüber hinwegs – und es entsteht, wie bei Elektra [...] ein in sich completes Stück über das er eine – entbehrliche – Symphonie schüttet wie Sauce über den Braten. »* Sauf mention contraire, les traductions sont de l'autrice de la contribution.

29 *Id.*, p. 246 : *« Dass Strauss die Mimik so rücksichtlos totkomponiert, ist wirklich ein Unglück. »*

30 *Id.*, p. 96.

31 Hofmannsthal-Kessler, *Briefwechsel*, *op. cit.*, p. 486-p. 487.

32 *Id.*, p. 68-69 : *« Ich bitte Sie [...] mir [...] zu helfen, dass die Sache der Elektra wenn möglich aus einer kleinen Geschäftsangelegenheit des Herrn Epstein eine künstlerische Angelegenheit der Bady wird. »*

Bady s'engage de manière ferme[33]. Mais Maeterlinck écrit finalement à Hofmannsthal pour lui déconseiller le choix de Bady dans le rôle d'Elektra[34] ; le 1er janvier 1905, Kessler annonce qu'Epstein a confié la pièce à Suzanne Després[35], la nouvelle compagne de Lugné-Poe, jugeant Bady trop peu fiable pour un rôle antique, ce que confirme Gide[36]. Lugné-Poe envisage alors de confier le rôle d'Elektra à la célèbre actrice italienne Eleonora Duse en alternance avec Després, projet qui ne se concrétise pas[37]. Kessler cherche à rassurer Hofmannsthal sur la qualité de la version de Strozzi, qu'il décrit comme « fidèle » et « littéraire », propre à faire oublier qu'il s'agit d'une traduction et non d'une œuvre originale[38], tout en regrettant que Gide n'ait pu se lier à Hofmannsthal par une traduction de sa tragédie[39]. Après un ultime coup de théâtre où Lugné-Poe, sur les conseils de la Duse, envisage, au grand dam de Gide[40], de préférer à la pièce de Hofmannsthal *La Tragédie d'Élektre [sic] et d'Oreste* d'André Suarès[41], Lugné-Poe reprend son projet de mise en scène de la tragédie de Hofmannsthal, dont la création sera encore retardée par les difficultés financières rencontrées par le metteur en scène. Hofmannsthal semble se résigner quant à l'adaptation d'Epstein et Strozzi, comme on le voit dans cette lettre de 1908 à Strauss :

> Traduire des vers de l'allemand en français est une des choses les plus périlleuses du monde. Toujours est-il que [cette adaptation], malgré un certain manque de précision et de netteté, possède quelques remarquables qualités et je ne crois pas qu'on puisse aisément en trouver une qui soit meilleure, voire plus utilisable[42].

33 *Id.*, p. 71.

34 *Id.*, p. 486-487.

35 L'orthographe du nom de l'actrice varie dans les documents cités ; nous adoptons ici la graphie « Després ».

36 Hofmannsthal-Kessler, *Briefwechsel*, *op. cit.*, p. 73.

37 *Id.*, p. 72. En 1905, la Duse sollicite Edward Gordon Craig pour concevoir des décors et costumes pour une mise en scène d'*Elektra* où elle aurait interprété le rôle-titre, avant de renoncer à ce projet, *id.*, p. 84 et 102-103.

38 *Id.*, p. 73. En 1909 encore, Kessler rappelle à Hofmannsthal que même la mauvaise traduction de Shakespeare par Schlegel a finalement profité à l'aura du dramaturge britannique, *id.*, p. 219-220.

39 Lettre de Kessler à Gide du 5 janvier 1905, citée par Claude Foucart, *D'un monde à l'autre. La correspondance André Gide-Harry Kessler (1903-1933)*, Lyon, Centre d'études gidiennes, Université Lyon 2, 1985, p. 60.

40 *Id.*, p. 62-63.

41 Hofmannsthal-Kessler, *Briefwechsel*, *op. cit.*, p. 95.

42 Strauss-Hofmannsthal, *Correspondance*, *op. cit.* p. 55. Strauss-Hofmannsthal, *Briefwechsel*, *op. cit.*, p. 39 : « *Versübersetzung vom Deutschen ins Französische gehören zu den misslichsten Dingen.*

Pourtant, après avoir assisté au spectacle, donné le 16 avril 1909 au *Theater an der Wien*, Hofmannsthal ne cache pas son amertume, fustigeant les contresens induits par une traduction outrée et sentimentale :

> pendant le déroulement [du spectacle], ce fut vraiment l'une des heures les plus pénibles de ma vie. Je ne connais rien d'aussi proche du poteau de torture. Cette traduction insupportable de vulgarité, qui nous gifle ligne par ligne, tantôt par un retournement complet du sens, tantôt par les fioritures les plus horribles, tantôt par un écœurant glaçage de confiseur (Klytämnestra dit : cela dépend beaucoup des heures – rien d'autre que cela, voici ce qu'en font ces cochons de spéculateurs de la littérature : *les heures sont des femmes pleines de caprices, il y en a de roses, il y en a de noires…* Klytämnestra ! !)[43].

La comparaison de l'adaptation de Strozzi et Epstein avec la traduction quelque peu maladroite, mais plus littérale de Gautier-Villars permet en effet de mesurer les nombreux ajouts opérés par Strozzi[44], qui contribuent à fausser le ton de la pièce en en donnant une lecture ampoulée, comme on le voit dans cet extrait correspondant à la première apparition sur scène d'Elektra :

> *Allein ! Weh, ganz allein. Der Vater fort,*
> *hinabgescheucht in seine kalten Klüfte.*
> *Gegen den Boden.*
> *Wo bist du, Vater ? hast du nicht die Kraft,*
> *dein Angesicht herauf zu mir zu schleppen*[45] *?*
>
> Seule, seule ! ô l'horreur glaciale d'être seule.
> Le père n'est plus.
> Il est dans l'autre solitude, des ténèbres !
> Ô père, es-tu si loin,

Immerhin hat diese, trotz eines gewissen Mangels an Präzision und Schärfe, doch sehr beträchtliche Vorzüge und ich glaube, dass man nicht leicht eine bessere oder selbst brauchbarere bekommen wird. »

43 Hofmannsthal-Kessler, *Briefwechsel*, *op. cit.*, lettre du 18 avril 1909, p. 217-218 : « *während es sich abspielte war es wirklich eine der peinlichsten Stunden meines Lebens. Ich weiß doch nichts was dem Marterpfahl so nahe kommt. Diese hundsgemeine Übersetzung, von der man Zeile für Zeile geohrfeigt wird, jetzt durch eine völlige Umkehrung des Sinnes, jetzt durch den scheußlichsten Schwulst, jetzt durch einen ekelhaft conditormäßigen Aufputz (Klytämnestra sagt : es kommt viel auf die Stunden an – nichts als das, daraus machen diese schweinischen Litteraturjobber [sic] : les heures sont des femmes pleines de caprices, il y en a de roses, il y en a de noires… Klytämnestra ! !).* »

44 Dans une lettre de 1909, Kessler raconte non sans ironie la manière dont Strozzi revendique fièrement, face au rôle joué par Epstein dans leur adaptation, la paternité des ajouts au texte de Hofmannsthal, *id.*, p. 219-220.

45 *Électre*, *op. cit.*, p. 88.

Et la faiblesse des Morts est-elle invincible,
Que tu ne puisses une fois
Approcher du mien ton visage ?
Qu'il était pâle ton visage !
Aujourd'hui ne viendras-tu pas[46] ?

Toute seule ! Ah, toute seule ! Le père mort,
roulé au fond du noir et froid abîme…
(Tout contre le sol.)
Agamemnon ! Agamemnon !
Ô mon père ! N'as-tu pas la force
De traîner jusqu'à moi ton cher visage[47] ?

Le récit par Elektra de la scène du meurtre, qui suit immédiatement cette invocation au père disparu, est particulièrement révélateur du travail d'adaptation – mais aussi de déformation – du texte original sous la plume d'Epstein et Strozzi. Là où Gauthier-Villars retranscrit assez scrupuleusement la brutalité à la fois sordide et prosaïque du geste des assassins, mettant ainsi en valeur la vision du retour d'Agamemnon transfiguré, la version d'Epstein et Strozzi, démantelant la structure du vers et multipliant les effets d'emphase tragique, tend à édulcorer l'évocation de la barbarie du crime, tout en interprétant le retour d'Agamemnon comme l'expression de la fantasmagorie obsessionnelle d'Elektra :

Es ist die Stunde, unsre Stunde ists !
Die Stunde, wo sie dich geschlachtet haben,
dein Weib und der mit ihr in einem Bette,
in deinem königlichen Bette schläft.
Sie schlugen dich im Bade tot, dein Blut
rann über deine Augen, und das Bad
dampfte von deinem Blut, dann nahm er dich,
der Feige, bei den Schultern, zerrte dich
hinaus aus dem Gemach, den Kopf voraus,
die Beine schleifend hinterher : dein Auge,
das starre, offne, sah herein ins Haus.
So kommst du wieder, setzest Fuß vor Fuß
und stehst auf einmal da, die beiden Augen
weit offen, und ein königlicher Reif
von Purpur ist um deine Stirn, der speist sich
aus deines Hauptes offner Wunde[48].

46 *Elektra*, Strozzi et Epstein (trad.), *op. cit.*, p. 66.
47 *Elektra*, Gauthier-Villars (trad.), *op. cit.*, p. 12-13.
48 *Électre*, *op. cit.*, p. 88-90.

Voici l'heure,
Notre heure,
L'heure de ton immolation.
Ceux-là qui t'ont tué, ta femme et ton parent,
N'ont qu'une couche maintenant,
Ton lit royal !
Les lâches !
Ils ont violé ton auguste repos !
Ils t'ont frappé au front
Et le bain se teignit largement de ton sang.
Ô la minute inoubliée :
Ils t'avaient pris sous les épaules,
T'avaient traîné hors de ta propre chambre…
Ton œil hagard
Que n'avait clos la piété d'aucune main,
Ton œil grand ouvert regardait ta maison.
C'est ainsi que toujours, toujours tu m'apparais,
Avec ces yeux agrandis et tragiques
Et l'horrible bandeau de pourpre impériale
Jailli de la blessure autour du front sacré[49].

C'est juste l'heure, c'est notre heure,
Oui, c'est l'heure, où jadis ils te frappèrent,
Ta femme et lui, celui qui, dans ta couche,
Dans ta royale couche, avec elle dort.
Ils te frappèrent nu dans ton bain, ton sang gicla
Sur tes paupières, et le bain fut rouge fumant. Il te prit, lui,
Lui, le lâche, aux épaules, te tirant ainsi
Hors de la chambre, tête en avant ;
Tes jambes balayaient la terre.
Tes yeux paraissaient béants, regardaient la maison.
Tu reviendras de même, pas à pas
Là, tout à coup, debout, et tes yeux
Seront grands ouverts, et le bandeau royal ceindra
De nouveau ton front, le pourpre bandeau
De ta plaie[50] !

Lourdeurs, inexactitudes, modifications assumées du texte original au nom de ses supposées imperfections : la version signée par Epstein et Strozzi témoigne encore de la prégnance du modèle de la « belle infidèle » qui subsiste marginalement au XIXe siècle, le critère de la rigueur et

49 *Elektra*, Strozzi et Epstein (trad.), *op. cit.*, p. 66-67.
50 *Elektra*, Gauthier-Villars (trad.), *op. cit.*, p. 13.

de la fidélité traductive tardant à s'imposer. L'échec esthétique de cette adaptation a cependant le mérite de donner à Hofmannsthal l'occasion de concevoir le jeu comme traduction à part entière.

QUAND LE JEU DE L'ACTRICE PALLIE LES DÉFICIENCES DE LA TRADUCTION

Le choix de Després pour interpréter *Elektra* n'est pas pour déplaire à Hofmannsthal, qui l'avait vu jouer en mars 1900 au Théâtre-Antoine dans la pièce *Poil de carotte* de Jules Renard, et dont il avait apprécié la performance au point d'écrire à Hermann Bahr qu'il voyait en elle l'une des plus éminentes actrices parisiennes[51] et de livrer la même année sa propre traduction de la pièce[52]. En dépit des faiblesses de la traduction d'Epstein et Strozzi, la mise en scène de Lugné-Poe, portée par l'interprétation de Després[53], rencontre un réel succès, qui initie une tournée mondiale[54]. Dans une lettre du 29 novembre 1908, Kessler décrit la première parisienne comme un véritable triomphe, et évoque la performance de Després, « *grandiose et bouleversante au-delà de toute attente*[55] », comme « quelque chose d'unique, peut-être, dans l'art dramatique moderne », qui nécessite pour être saisi d'user de références à la statuaire et à l'architecture antiques[56] :

> Eysoldt montrait *l'enfant* attardé, physiquement faible, vivant de son idée fixe ; Després montrait *la femme* qui s'est déjà pleinement épanouie, l'être qui, intérieurement, a mûri, puis s'est appauvri et ratatiné, qui n'est ni femme ni enfant, mais qui pourtant est encore touché par moment, d'une manière infiniment émouvante, comme par un reflet d'une ancienne féminité. L'apparition était celle d'une sévère statue archaïque, presque carrée ; je ne

51 Hofmannsthal-Kessler, *Briefwechsel*, *op. cit.*, p. 466.

52 Hugo von Hofmannsthal, *Fuchs*, *in* Hofmannsthal, *Dramen VI*, *op. cit.*, p. 293-331.

53 L'interprétation d'Elektra par Després est saluée jusqu'aux États-Unis, *cf.* Gertrude Norman, « Suzanne Després. A great French tragédienne », dans la revue new-yorkaise *The Theater. Illustrated Monthly Magazine of Dramatic and Musical Art*, vol. XV, nº 131, 1912, p. VI.

54 Hofmannsthal-Kessler, *Briefwechsel*, *op. cit.*, p. 525.

55 *Id.*, p. 208 : « *über jeder Erwartung hinaus großartig und erschütternd* ».

56 *Id.*, p. 209 : « *Etwas vielleicht Einziges in der modernen Schauspielkunst* ».

> pouvais pas m'empêcher de penser à certaines têtes d'Olympie, aux cariatides de la maison du trésor des Cnidiens à Delphes[57].

Dans la lettre du 18 avril 1909 où il évoquait plus haut son mépris pour l'adaptation d'Epstein et Strozzi, Hofmannsthal fait lui aussi l'éloge de l'actrice, dont le talent parvient à sublimer la version défigurée du texte comme le jeu médiocre des autres acteurs :

> Écouter chanter d'en haut cette chaîne interminable d'horreurs par les plus épouvantables comédiens français itinérants, affublés d'une grotesque tristesse de foire [...] et trouver encore en soi la ressource de sentir l'actrice valeureuse qu'est Suzanne, pour laisser pénétrer en soi sa belle voix profonde et humaine – c'est vraiment l'une des tâches les plus difficiles dont on puisse charger les nerfs d'une personne. Mais dans le souvenir que l'on en garde, il en surgit quelque chose. Sa manière d'être allongée, de marcher, son ton, la féminité forte qu'elle donne au personnage, tout cela est très très beau. Elle jouera cela encore mieux plus tard, elle gagnera encore en assurance. Elle cherche la danse. [...] C'est une personne merveilleuse, il y a peu de gens qui me touchent comme elle[58].

L'actrice apparaît ainsi comme la vraie traductrice du texte, qui, par son usage de la voix, du geste, de la chorégraphie, du rythme, supplée aux défauts de la traduction textuelle. Dans une chronique parue le lendemain de la création de la tragédie sur le Théâtre de l'Œuvre, le critique Léon Blum, saluant en *Elektra* « une des œuvres capitales de la poésie allemande contemporaine », produit une analyse – étonnamment proche de celle de Hofmannsthal – des manquements de la traduction et des mérites de l'actrice principale :

---

57 *Id.*, p. 208-209 : « *Eysoldt gab das zurückgebliebene, physisch schwache von seiner fixen Idee lebende Kind; Després die Frau, die einmal schon voll erblühte, das innerlich reif gewesene und dann verarmte zusammengeschrumpfte Wesen, das weder Weib noch Kind ist, aber doch noch wie von einem Abglanz früherer Weiblichkeit unendlich rührend in Momenten getroffen wird. Die Erscheinung war die einer archaischen, fast viereckig, herben Statue; ich musste an gewisse Köpfe aus Olympia, an die Karyatiden vom Schatzhaus der Knidier in Delphi denken.* »

58 Hofmannsthal-Kessler, *Briefwechsel*, *op. cit.*, p. 218 : « *Diese tausendgliedrige Kette von Scheußlichkeiten von den entsetzlichsten französischen Wandercomödianten, herausgeputzt mit grotesker Jahrmarktstraurigkeit, heruntersingen hören, [...] und noch irgendetwas in sich aufbringen, um die brave Schauspielerin, die Suzanne ist, zu fühlen, ihre schöne tiefe menschliche Stimme in sich dringen zu lassen – das ist wirklich eine der schwersten Aufgaben, die an eines Menschen Nerven gestellt werden können. Aber in der Erinnerung wird etwas daraus. Ihr Liegen, ihr Gehen, ihr Ton, die starke Weiblichkeit, die sie der Figur gibt, das alles ist sehr sehr schön. Sie wird es später noch besser spielen, wird noch sicherer werden. Den Tanz sucht sie. [...] Sie ist eine wunderbare Person, es gibt wenig Menschen, die mich so rühren wie sie.* »

> L'*Elektra* allemande est écrite en vers d'une précision, d'une solidité, d'un raffinement extrêmes, obéissant à une métrique strictement classique. L'adaptation de MM. Strozzi et Epstein est en vers libres, et leur vocabulaire fait de larges emprunts à la terminologie symboliste. On a subi la force du drame, on n'a pas saisi la beauté du poème, et d'ailleurs la beauté poétique est une fleur fragile qui résiste rarement aux voyages et aux transplantations. Peut-être cependant les spectateurs attentifs ont-ils perçu, par la beauté de certaines images, quelle était la qualité de l'œuvre qu'on leur présentait. Et pour les autres, le talent de l'actrice y aura sans doute suppléé. [...] [P]ar l'intensité du geste et du cri, [Suzanne Després] a fait passer plus d'une fois en nous le frisson tragique[59].

Cette analyse de Léon Blum est suivie d'une autre chronique de Louis Schneider, qui insiste également sur l'originalité, la finesse et la modernité de la performance de Després et sur son usage novateur du geste et de la voix :

> Mme Suzanne Després a remarquablement varié cette exacerbation de chagrin et de haine ; [...] il faut que l'artiste, au milieu de l'explosion de sa haine et de ses emportements, garde son sang-froid pour pouvoir articuler nettement et conserver le libre de jeu de ses poumons afin de ne pas être essoufflée par ce déploiement, cette incessante tension d'énergie. Mme Suzanne Després nous a donné, à la fois, une joie artistique et une joie littéraire : elle a été, hier soir, la réincarnation d'une Justice moderne qui poursuivrait le crime antique ; car, dans cette tragédie antique, elle a su être d'une profonde humanité, elle a su éviter les gestes, les attitudes et les intonations traditionnelles[60].

Par-delà cette unanimité dans l'appréciation du jeu de Després, on perçoit l'importance, repérée conjointement par Hofmannsthal et par ces critiques, du geste expressif dans l'évolution du jeu dramatique vers une forme de modernité.

---

59 *Comœdia*, n° 424, 27 novembre 1908, p. 1, « Comœdia / rédacteur en chef : Gaston de Pawlowski », *BnF Gallica*, https://gallica.bnf.fr/ark:/12148/bpt6k7646077c/f1.item.zoom, [consulté le 20/05/2020].

60 *Id.*, p. 2. Ce numéro de la revue *Comœdia* présente une troisième chronique de la représentation, signée sur un ton humoristique par G. Davin de Champclos, également élogieuse envers Després. Le critique, qui qualifie la pièce de « massive nourriture allemande, quelque chose comme une choucroute qui serait tragique », rapporte le « couplet [de Strozzi] pas très flatteur pour l'auteur allemand, M. Hugo de Hoffmannstahl [*sic*] », puis reproche à Strozzi d'avoir « béotiennement supprimé la rime » dans sa traduction, pour conclure en félicitant les adaptateurs de la pièce pour avoir « accommodé aussi adroitement que possible pour les palais français ce lièvre aux confitures de groseille... », *ibid.* On mesure, à lire ces lignes, la persistance des stéréotypes imagologiques qui caractérisaient tout au long du XIXe siècle la représentation du théâtre germanique dans les discours traductifs et le rôle d'acclimatation au goût du public-cible confié à la traduction, d'où la métaphore culinaire.

UNE POÉTIQUE DE LA MIMIQUE COMME TRADUCTION

Hofmannsthal, désabusé quant à l'échec poétique de la médiation de son théâtre par la traduction, reporte ses espoirs sur la possibilité d'une médiation plus universelle et plus immédiate du théâtre sur scène grâce à la mimique (« *das Mimische* », art de l'expression du visage et du geste pratiqué par l'acteur) et à la pantomime. Auteur de plusieurs arguments de ballets et de pantomimes[61], il a déjà eu l'occasion de signer des chroniques relatives aux grands acteurs et danseurs de son époque[62]. Dans un texte de 1911 sur la pantomime, il fait l'éloge du « geste pur » (« *reines Gebärde* ») capable d'exprimer « l'âme » (« *Seele* »), et montre le caractère synthétique du geste chorégraphié, qui, lorsque « [n]ous voyons un corps humain qui se meut dans le flot du rythme selon des modifications incessantes qu'un génie intérieur dirige dans des voies tracées d'avance », s'adresse à tous tout en étant pleinement individuel, et dont la force d'expression dépasse celle du langage verbal ou musical :

> [La] pureté et la liberté de ses gestes expriment la même chose que ce que nous voulons exprimer lorsque, inhibés et palpitants, nous nous déchargeons de notre plénitude intérieure. [...] Les mots appellent à une sympathie plus marquée, mais pour ainsi dire transférée, spiritualisée, universalisée, la musique à une sympathie plus violente mais qui est sourde, emplie d'un désir nostalgique qui la fait divaguer. Celle à laquelle appelle le geste résume clairement tout en elle, elle est présente et elle comble de bonheur. Le langage des mots est individuel en apparence, en vérité il est générique, celui du corps est en apparence universel, en vérité il est extrêmement personnel. Ce n'est pas non plus le corps qui parle au corps mais la totalité de l'homme à la totalité[63].

---

61 *Cf.* Hofmannsthal, *Dramen VI*, *op. cit.*, p. 11-278.

62 Hugo von Hofmannsthal, *Reden und Aufsätze I*, Bernd Schoeller et Rudolf Hirsch (éd.), Frankfurt am Main, Fischer Taschenbuch, 1979 : « Eleonora Duse. Eine Wiener Theaterwoche » (1892), p. 469-474 ; « Eleonora Duse, die Legende einer Wiener Woche » (1892), p. 475-478 ; « Die Duse im Jahre 1903 », p. 484-489 ; « Die unvergleichliche Tänzerin » (à propos de Ruth Saint-Denis, 1906), p. 496-501 ; « Nijinskys ‚Nachmittag eines Fauns' » (1912), p. 508-510.

63 Hugo von Hofmannsthal, « De la pantomime », *in* Hugo von Hofmannsthal, *Lettre de Lord Chandos et autres essais*, Albert Kohn et Jean-Claude Schneider (trad.), Paris, Gallimard,

La désillusion occasionnée par les premières médiations traductives de son théâtre donne ainsi à Hofmannsthal l'occasion de diagnostiquer par l'intermédiaire de Després une nouvelle tendance expérimentale du jeu dramatique moderne, et de définir une véritable poétique de la mimique. Cette analyse se poursuit dans ce texte de 1923 où il dépeint l'acteur moderne du cinéma muet, tel le poète évoqué dans la conférence « Le poète et notre époque » (1906), comme une instance capable de ressentir et d'exprimer les nuances les plus infimes du monde contemporain :

> les acteurs modernes européens [...] sont les interprètes de notre nouveau rapport psychique à l'espace. C'est pour cela que leur spécificité, le recours à la mimique, [...] se trouve dans une affinité secrète avec les tendances de la peinture moderne. (L'acteur de la génération précédente – je veux, pour faire vite, la nommer la génération wagnérienne – se trouvait dans le même rapport avec la musique.) [...] Mais nul n'est plus sensible à ces secrets spirituels d'une époque, nul n'est un instrument plus apte à ressentir de tels changements météorologiques et de tels revirements d'une époque que l'acteur[64].

Le geste stylisé du jeu d'acteur est le vecteur d'un pouvoir expressif qui se donne à lire sous la plume de Hofmannsthal à la croisée de

---

« Du monde entier », 1980, p. 244-245. « Über die Pantomime », *in Reden und Aufsätze I*, *op. cit.*, p. 504-505 : *« Wir sehen einen menschlichen Leib, der sich in rhythmischem Fluss bewegt nach unendlichen Modifikationen, die in vorgezeichneten Bahnen ein innerer Genius leitet » ; « [D]ie Reinheit und Freiheit seiner Gebärden [spricht] das Gleiche aus, das wir aussprechen wollen, wenn wir gehemmt und zuckend uns innerer Fülle entladen. [...] Worte rufen eine schärfere Sympathie auf, aber sie ist gleichsam übertragen, vergeistigt, verallgemeinert ; Musik eine heftigere, aber sie ist dumpf, sehsüchtig ausschweifend ; die von der Gebärde aufgerufene ist klar zusammenfassend, gegenwärtig, beglückend. Die Sprache der Worte ist scheinbar individuell, in Wahrheit generisch, die des Körpers scheinbar allgemein, in Wahrheit höchst persönlich. Auch redet nicht der Körper zum Körper, sondern das menschliche Ganze zum Ganzen. »* Cet éloge du geste silencieux consonne aussi avec la crise profonde du verbe formulée dans la célèbre *Lettre* dite « de Lord Chandos » (1902), « Ein Brief », *in* Hugo von Hofmannsthal, *Erzählungen. Erfundene Gespräche und Briefe. Reisen*, Bernd Schoeller et Rudolf Hirsch (éd.), Frankfurt am Main, Fischer Taschenbuch, 1979, p. 461-472.

64 Hugo von Hofmannsthal, « Wiener Brief III », *in* Hugo von Hofmannsthal, *Reden und Aufsätze II*, Bernd Schoeller et Rudolf Hirsch (éd.), Frankfurt am Main, Fischer Taschenbuch, 1979, p. 290-291 : *« die modernen europäischen Schauspieler [...] sind Interpreten unseres neuen seelischen Verhaltens zum Raum. Darum steht ihr Eigentliches, das Mimische [...] in einer geheimnisvollen Affinität zu den Tendenzen der modernen Malerei. (Der Schauspieler der früheren Generation – ich will sie kurzweg die Wagner-Generation nennen – stand im gleichen Verhältnis zur Musik.) [...] Aber niemand ist sensibler für diese geistigen Geheimnisse einer Epoche, niemand ist ein empfindlicheres Instrument für solche geistige Wetterumschläge und Epochenumschwünge als der Schauspieler. »*

plusieurs pratiques artistiques – théâtre, mime, danse, musique, peinture. La poétique pantomimique ainsi dessinée permet alors de réinventer, sur un mode expérimental, une pratique de la traduction non verbale, qui passe classiquement par l'interprétation de l'acteur, mais aussi par une conscience profondément intermédiale qui est celle de la modernité.

Audrey GIBOUX
Université Rennes 2, CELLAM

DU BALLET RUSSE AU GRAND ÉCRAN OUTRE-ATLANTIQUE

Que reste-t-il du *Casse-Noisette* d'E.T.A. Hoffmann ?

Dès lors qu'il y a changement par rapport à une œuvre originale, quelle que soit la forme textuelle ou la transposition médiatique, la subjectivité entre en ligne de compte et tout artiste, qu'il soit traducteur, metteur en scène, librettiste, chorégraphe ou autre s'expose à la critique : soit le lecteur/spectateur adhère au projet, soit il rejette partiellement ou dans son ensemble le travail réalisé, pour deux raisons majeures : en connaisseur de l'œuvre originale pour laquelle il admet peu – voire pas – d'adaptation/actualisation (transformer une œuvre classique en injectant, par exemple, des éléments contemporains) ou en connaisseur de la forme artistique en tant que telle et qui ne correspondrait pas à ses attentes.

Le *Casse-noisette* est un récit qu'E.T.A. Hoffmann écrivit en 1816 initialement pour Marie et Fritz, les enfants de son ami et biographe Julius Eduard Hitzig. Cette histoire, qualifiée de *Kindermärchen* (conte pour enfants), en présente apparemment les caractéristiques, puisqu'elle s'inscrit bien dans une atmosphère enfantine et retrace un 24 décembre l'amour naissant, sincère et onirique, entre une poupée de bois, un casse-noisette, et Marie, une enfant de 7 ans. L'histoire en langue allemande fera l'objet de nombreuses traductions et connaîtra une renommée internationale, laquelle sera due en grande partie au ballet qui verra le jour en 1892, au théâtre Mariinsky, grâce au livret de Marius Petipa et Lev Ivanov sur une musique de Piotr Ilyitch Tchaïkovski. Le ballet continue à être sans cesse renouvelé et le *Casse-noisette* d'Hoffmann/Petipa a même fait l'objet en 2018 d'une adaptation produite par les studios Disney. Il convient alors de se demander ce qu'il reste du récit hoffmannien et si les différentes transpositions ou « traduction(s) intersémiotique(s) »

[« *intersemiotic translation*[1] »], pour reprendre le terme de Jakobson sur lequel nous reviendrons, peuvent encore permettre au récit premier d'exister en tant que tel.

Le texte hoffmannien, à travers la multitude de ses réécritures scéniques et de ses adaptations, est devenu polyvalent et incarne ainsi l'idéal que les romantiques d'Iéna pouvaient avoir de l'œuvre d'art universalisante, hétérogène, autonome, non fermée sur elle-même[2] et prônant l'absolu et la liberté. Si nous voulons attribuer à cette œuvre un terme musical (et chorégraphique), nous pourrions la qualifier de « variation » : variation selon les époques, selon les arts engagés (traduction(s), mises en scènes, mises à l'écran). D'après Gilles Deleuze, les arts sont nécessairement imbriqués et s'influencent de manière réciproque[3]. Par le biais d'une analyse en trois étapes qui mettra en lumière tout d'abord le passage de la création narrative à la traduction et au livret, puis celui du livret aux ballets et enfin du ballet au septième art, nous nous proposons de défendre la thèse suivante : le *Casse-noisette*, œuvre en perpétuelle mutation (réécriture et/ou adaptation), correspond à l'idéal des romantiques allemands dans le célèbre fragment 116 de l'*Athenäum*, à la différence près qu'il ne s'agit pas de poésie mais d'un récit :

> La poésie romantique [...] veut et doit aussi tantôt mélanger, tantôt combiner poésie et prose, génialité et critique, poésie artistique et poésie naturelle, elle veut et doit rendre la poésie vivante et en faire un lien social, poétiser l'esprit (*Witz*). [...] Elle peut planer sur les ailes de la réflexion poétique, la renforçant encore, toujours, et, telle une interminable série de miroirs, la multiplier[4].

1 Roman Jakobson, *On Linguistic Aspects of Translation*, 1959, *Cultural Reader*, 27 octobre 2011, http://culturalstudiesnow.blogspot.com/2011/10/roman-jakobson-on-linguistic-aspects-of.html, p. 1, [consulté le 03/04/2020].

2 Augustin Dumont et Laurent Van Eynde, *Modernité romantique. Enjeux d'une relecture*, Paris, Kimé, 2011.

3 Gilles Deleuze, « Le cerveau, c'est l'écran. Entretien avec Gilles Deleuze sur L'image-temps », *Cahiers du cinéma*, n° 381, 1986, p. 25-33.

4 *« Die romantische Poesie [...] will, und soll auch Poesie und Prosa, Genialität und Kritik, Kunstpoesie und Naturpoesie bald mischen, bald verschmelzen, die Poesie lebendig und gesellig, und das Leben und die Gesellschaft poetisch machen, den Witz poetisieren [...]. [Sie] kann auf den Flügeln der poetischen Reflexion in der Mitte schweben, diese Reflexion immer wieder potenzieren und wie eine endlose Reihe von Spiegeln vervielfachen. »*, Friedrich Schlegel, *Kritische und theoretische Schriften*, Stuttgart, Reclam, 1978, p. 90. Ici : Friedrich Schlegel, *Fragments*, Charles Le Blanc (trad.), Paris, José Corti, 1996, p. 148-149.

DE LA MISE EN MOTS À LA MISE EN LIVRET

E.T.A. Hoffmann intègre son récit *Der Nußknacker und der Mausekönig* dans un grand recueil de veillées intitulé *Die Serapions-Brüder*[5] (*Les Frères de Saint-Sérapion*), dont la ligne narrative consiste à regarder le monde avec l'œil de l'esprit, à s'élever vers l'univers utopique des rêves et une forme (idéale) esthétique intermédiale, tout en restant ancré dans la réalité. Même s'il existe sous la forme d'une histoire autonome, le *Casse-noisette et le Roi des Rats* (ou *des Souris* selon les traductions) constitue bien une partie d'un ensemble narratif plus large. L'écrivain s'efforce alors de « rassembler les parties éparses d'un tout[6] » et se confronte constamment à l'hétérogénéité narrative et structurelle des œuvres symbolisant son programme esthétique qui « repose sur la reconnaissance de la "duplicité de l'être"[7] » et implique autant le travail de l'auteur que celui du lecteur. Friedrich Schlegel souligne que les romantiques allemands et anglais n'ont pas la même conception de l'art : les uns voient une œuvre d'art achevée comme une unité artistique, les autres considèrent les différentes étapes menant à cet achèvement comme des ensembles esthétiques. *Les Frères de Saint-Sérapion* n'est certes ni un roman ni un drame, mais un ensemble cohérent où chaque veillée prise séparément forme une unité. Comme les arts, elles existent par elles-mêmes, se combinent et forment des passerelles tout en s'inscrivant dans un ensemble poétique et littéraire[8]. Hoffmann adhère donc, dans cette perspective, à la fois à la conception schlegelienne du drame shakespearien et au premier romantisme allemand[9].

5 E.T.A. Hoffmann, *Sämtliche Werke. Die Serapions-Brüder*, Wulf Segebrecht (éd.), t. 4, Francfort-sur-le-Main, Bibliothek deutscher Klassiker, 2001.

6 « *Hoffmanns lebenslange Bemühung um eine Integration der Teile zu einem Ganzen* », Wulf Segebrecht, *Heterogenität und Integration. Studien zu Leben, Werk und Wirkung E.T.A. Hoffmanns*, Francfort-sur-le-Main, Peter Lang, 1996, p. 30. Sauf mention contraire, les traductions sont de l'auteure de l'article.

7 « *[…] beruht auf der notwendigen Erkenntnis der "Duplizität des Seins"* », *ibid.*

8 Voir Ingrid Lacheny, Les Frères de Saint-Sérapion *d'E.T.A. Hoffmann : une œuvre d'« art total » ?*, Sarrebruck, Éditions Universitaires Européennes, 2010.

9 « *Das ist der Unterschied des Shakespeareschen und unseres Dramas, daß dort eine Szene ein Gemälde, ein pittoreskes Ganzes, bei uns nur erst das ganze Drama ein solches bildet.* », Friedrich Schlegel, *Schriften und Fragmente* [1812], Stuttgart, Kröner, 1956, p. 134-135. « Dans le

Le *Casse-noisette* fut traduit en plusieurs langues, notamment en français, par Émile de La Bédollière (1838), Alexandre Dumas (1844) et, plus récemment, Madeleine Laval (1981), pour ne citer que trois exemples. C'est sur la traduction (et recréation) française de Dumas que les chorégraphes Marius Petipa et Lev Ivanov s'appuient pour créer le livret original en vue du ballet de 1892. Le livret conte l'histoire d'une certaine Clara Silberhaus (et non plus Marie Stahlbaum comme chez Hoffmann) – qui se prénommera, selon les versions, Masha. Le ballet se déroule en deux actes. Le premier retrace, dans les grandes lignes, le récit d'Hoffmann et fait l'éloge, dans le second, du monde sucré de l'enfance où se mêlent rêveries fantaisistes, plaisirs gourmands de friandises et de massepain et danses populaires issues des quatre coins du monde. La transposition du récit en livret, passée par le prisme des différentes traductions, a métamorphosé l'univers narratif d'origine. Le texte source n'a pas été transposé en un texte cible au sens où l'entend Saussure ; il s'agit là d'une forme de sémiotraduction. En effet, Petipa et Ivanov ont pensé à un autre *medium*, à un autre ensemble de signes et de codes : la mise en scène ou, textuellement, la mise sur scène. Selon Dinda L. Gorlée,

> on peut définir le but idéal de la traduction comme le remplacement parfait en un seul sens du matériau textuel dans la langue du texte source par un matériau textuel équivalent dans une autre langue. Cette recréation [...] est faite par [...] le traducteur pour adapter (re-imaginer, remodeler, reconstruire, rebâtir) le tissu thématique, spatiotemporel et conceptuel d'un texte source dans la langue du texte cible[10].

La traduction vise à « créer un acte social entre langage et culture liant ensemble la source linguïculturelle et le texte en un texte cible équivalent (ou bien pas si équivalent que cela)[11] ». Dans le cas du livret de ballet, il s'agit davantage d'adaptation(s) et de recréation(s) à partir de plusieurs sources que sont le texte d'Hoffmann et sa traduction/réécriture dans

drame shakespearien, une scène représente un tableau, un ensemble pittoresque. Dans le nôtre, une telle chose ne devient possible que lorsqu'il s'agit du drame dans son ensemble. C'est là que réside la différence. »

10 Dinda L. Gorlée, « De la traduction à la sémiotraduction », *Signata*, n° 7, 2016, p. 57-69, *Signata*, 31 décembre 2017, http://journals.openedition.org/signata/1177, p. 1-2, [consulté le 08/08/2019].

11 *Id.*, p. 2.

une autre langue. Si la traduction sert de point de liaison, de médiation entre l'auteur et le traducteur, on peut considérer le travail de librettiste comme un travail artistique de co-auteur voire de co-créateur. Certes, la traduction ne saurait être un simple « *transcodage*[12] » et la traduction littérale, qui se veut fidèle au texte source, n'est qu'une pâle imitation de l'original. Les traducteurs ciblistes qui gardent l'esprit de l'original sans s'attacher éperdument à chaque mot seraient les « sémanticistes de la traduction[13] » qui « privilégient non pas le signifiant, ni même le signifié, mais le sens ou plutôt l'"effet" que produit la parole[14] ». Cet argument va à l'encontre des positions de Walter Benjamin[15] qui n'envisage pas de perte *via* la traduction. Tout travail de traduction engage une part importante de subjectivité. Si la traduction constitue d'emblée une forme d'adaptation, de réécriture, la genèse particulière et originale du *Casse-noisette* met en valeur une œuvre constamment revisitée. Traduire – au sens large – revient à transposer d'une langue dans une autre un texte de manière à ce que ce texte et son « esprit » soient compris du lecteur. Il faut que ce dernier puisse avoir accès au sens, à l'intertextualité, à l'implicite, à l'humour du texte source, en ayant des repères dans sa propre langue. Pour ce faire, la traduction doit prendre en considération la diversité culturelle et les différences qui existent entre le texte d'origine et son lectorat. Cette tâche est d'autant plus

---

12 Jean-René Ladmiral, *Sourcier ou cibliste. Les profondeurs de la traduction*, Paris, Les Belles Lettres, 2015 © 2014, p. 137.

13 *Id.*, p. 22.

14 *Id.*, p. 30.

15 Walter Benjamin, « Die Aufgabe des Übersetzers », *in* Walter Benjamin, *Illuminationen. Ausgewählte Schriften*, Francfort-sur-le-Main, Suhrkamp, 1961, p. 56-69. Selon Benjamin, il est important que l'Histoire transparaisse à travers une œuvre d'art. Le 26 mars 1930, il consacre un texte radiophonique à Hoffmann dans lequel il s'interroge sur la nature du récit fantastique. Le genre fantastique serait la forme narrative originelle. Benjamin considère qu'Hoffmann a su mettre en avant les tensions et les contradictions de la société bourgeoise de son temps. Soulignons ici que, dans le *Casse-noisette* d'Hoffmann, il en va de même bien que certains chorégraphes aient gommé cet aspect pourtant primordial de l'œuvre originelle. « Hoffmann reprendrait, selon Benjamin, l'antique motif manichéen de la lutte du Bien et du Mal », Stéphane Mosès, *Walter Benjamin et l'esprit de la modernité*, Paris, Cerf, 2015, p. 161. La vision mécaniste du Mal qu'Hoffmann emprunte à Jean Paul « anticipe la civilisation industrielle du XIXe siècle ». C'est aussi la raison pour laquelle Benjamin attache beaucoup d'importance à une traduction fidèle à l'original : s'il y a transposition d'une époque vers une autre, la critique sociale est susceptible de ne pas être retranscrite. La liberté linguistique conduirait donc à une déperdition du texte-source et à des interprétations même erronées.

complexe lorsqu'il s'agit d'une transposition sémiotique. Pour reprendre l'argument de Michaël Oustinoff, « la traduction n'est pas qu'une simple opération linguistique[16] » : il s'agit de mesurer la fonction communicative de l'art et la manière dont ce dernier est transmis, d'où l'importance de la transmission et de la réception. Petipa et Ivanov visaient *a priori* davantage le succès du ballet auprès d'un large public que la fidélité à l'œuvre originale, donc plus une version « cibliste » qu'une version « sourcière », pour reprendre le couple oppositionnel proposé par Jean-René Ladmiral. Le passage du récit d'E.T.A. Hoffmann « traduit » par Dumas à la mise en livret rejoint néanmoins la conception de Humboldt et des frères Schlegel qui percevaient la langue comme une *energeia*[17] : mouvante et non statique.

Le problème de la « traduction » de Dumas que nous pourrions, à plusieurs égards, considérer comme un « plagiat » est néanmoins assez délicat. Le terme de « plagiat » devient certes péjoratif, selon Oustinoff, à partir du XVIIIe siècle, et « les frontières entre imitation, traduction et adaptation varient [...] selon les époques[18] ». Dumas n'a pas fait de traduction littérale ; il s'est inspiré de l'esprit du texte source et de sa construction pour en faire une œuvre propre. Selon nous, il ne s'agit donc pas de traduction, mais d'une récréation effectuée à partir d'une source connue qui a fini, au fil des chorégraphies, par se substituer à l'original auprès du grand public. Y a-t-il alors déperdition entre les différentes « nouvelles » versions/réadaptations de l'œuvre ? La transposition d'un art à un autre n'entraîne-t-elle pas une mise à distance progressive de l'œuvre-source ? Travailler avec des traductions et non en connaissant le texte d'origine n'entraîne-t-il pas des erreurs d'interprétation ? Doit-on privilégier la créativité, l'imagination, l'inventivité au détriment de l'original ? Peut-on encore parler alors, dans ce cas, d'original ? La plupart des scénographies précisent qu'elles sont réalisées « d'après » le texte de Dumas et/ou d'Hoffmann afin de pouvoir assumer les libertés artistiques qu'elles se sont octroyées. De plus, l'objectif de certains chorégraphes, nous y reviendrons, consiste à se distancier plus ou moins des premières mises en ballet. Hegel, dans son *Esthétique*, soulignait que « l'art est conçu

---

16 Michaël Oustinoff, *La Traduction*, Paris, PUF, « Que sais-je ? », 2003, p. 6.

17 C'est aussi ce que souligne Anne-Marie Chabrolle-Cerretini dans le chapitre 4 « Une approche théorique de la diversité des langues » (p. 83-96) de son ouvrage : *La vision du monde de Wilhelm von Humboldt*, Lyon, ENS éditions, 2017, p. 83.

18 Oustinoff, *La Traduction*, *op. cit.*, p. 33.

comme une production humaine en phase avec son temps[19] ». Le terme de « temps » renvoie également au Temps, à l'Histoire. Même si l'Histoire joue nécessairement un rôle dans l'œuvre d'art, cette dernière devrait rester idéalement anhistorique et atemporelle dans sa symbolique même (idée défendue par Hans Robert Jauss et Hans-Georg Gadamer) ou, du moins, ne pas donner l'impression que l'œuvre ne fait que la refléter[20].

L'œuvre d'art a vocation à être adaptée, et c'est dans l'adaptation (comme dans la traduction cibliste) que résiderait précisément la pérennité d'une œuvre d'art. La frontière entre les choses, le réel, et les arts devient alors poreuse : « L'œuvre d'art est à la fois une libre création personnelle qui veut être envisagée dans la singularité et l'autonomie de sa valeur, et une formation profondément enracinée dans un terrain social qui en conditionne non seulement l'origine et le sens, mais aussi la genèse et la portée[21] ». La traduction intersémiotique ne joue alors plus aucun rôle, puisqu'il s'agit de réadapter ou d'interpréter un ballet par un autre. Petipa et Ivanov ont retenu l'univers féerique de Noël mêlé à l'imaginaire de l'enfance afin de créer un divertissement familial pour les fêtes de fin d'année pour le plaisir des petits et des grands. Mais nous sommes (trop ?) loin de l'original qui y perd sa symbolique première : critiquer la bourgeoisie et la société étriquée de son temps en mettant en valeur l'importance de l'art et du rêve et plonger son lecteur dans les profondeurs inquiétantes de l'inconscient.

DE LA MISE EN LIVRET AUX MISES EN BALLET

Tchaïkovski, fasciné par l'étrangeté d'E.T.A. Hoffmann, tentera par sa musique de renouer avec le récit originel. Toutefois, les chorégraphes qui reprennent le ballet en lui ajoutant leur touche personnelle ne laisseront pas nécessairement s'exprimer la musique comme le compositeur russe l'avait initialement envisagé. Donald Byrd, en 1996, crée le *Harlem Nutcracker* dont la partition tire son inspiration de l'univers du jazz et du cabaret en

19 Roland Huesca, *L'écriture du (spectacle) vivant. Approche historique et esthétique*, Strasbourg, Cahiers du Portique, n° 9, 2010, p. 20.

20 *Id.*, p. 103-104.

21 Luigi Pareyson, *Conversations sur l'esthétique* [1966], Gilles A. Tiberghien (trad.), Paris, Gallimard, 1992, p. 47.

mêlant Tchaïkovski et Duke Ellington[22]. « Dans l'univers du théâtre et de la danse, reprises et répertoire se dévoilent en des incarnations différentes au gré des époques et des distributions[23] », fait remarquer Roland Huesca. Depuis 1892, chaque compagnie de danse aura aussi la volonté de mettre en lumière sa propre interprétation et lecture du *Casse-noisette* : en allant des artistes les plus fidèles au récit hoffmannien, comme Vassili Vainonen (1934), George Balanchine (1955), Yuri Grigorovitch (1966), Kirill Simonov (2001), avec l'aide précieuse de Mikhail Chemiakine[24], passionné par l'esprit et l'univers de l'écrivain allemand, ou encore Helgi Tomasson (2004) aux plus éloignés de l'original comme l'interprétation scénique de John Neumeier (1971) et celle de Maurice Béjart (1998) sur le thème du danseur en devenir, de Kader Belarbi (2017), plantant l'action dans un pensionnat des années 1950[25], comme cadre à transgresser, en se plongeant dans les méandres d'un voyage aux costumes flamboyants ou, dans un style beaucoup plus contemporain, les mises en scène, entre autres, de Marco Goecke (2006), de Matthew Bourne (1993) ou de Thierry Malandain (1997). Il s'agit là de se soustraire à une tyrannie infligée par le monde réel en faveur de la quête d'un autre monde peut-être plus idéal. C'est, en tout cas, ce que souligne Jeroen Verbruggen dans un ballet très différent de la tradition classique des ballets russes et se réclamant simultanément de l'univers hoffmannien à travers une sorte de « conte initiatique » et philosophique. Verbruggen dit s'être laissé influencer par le récit d'Hoffmann dont il apprécie le « côté sinistre avec le trait d'humour[26] ». Soulignons tout de même que ceux qui semblent les plus

22 Voir l'extrait : « The Harlem Nutcracker », *YouTube*, 9 mars 2009, https://youtu.be/bsKluuZlmp8, [consulté le 03/04/2020]. Pour d'autres exemples de transformations, voir Laetitia Basselier, « L'histoire de Casse-Noisette en sept dates », *Danses avec la plume*, 5 décembre 2014, https://www.dansesaveclaplume.com/en-coulisse/lhistoire-de-casse-noisette-en-sept-dates/, [consulté le 03/04/2020].

23 Huesca, *L'Écriture du (spectacle) vivant. Approche historique et esthétique*, *op. cit.*, p. 31.

24 Bénédicte Jarrasse, « Un conte pour subvertir le ballet ? Le *Casse-Noisette* hoffmannien de Mikhail Chemiakine et Kirill Simonov », *in* Florence Fix et Hermeline Pernoud (dir.), *Le Conte dans tous ses états. Fragmenter et réenchanter le merveilleux au* XX*e siècle*, Rennes, Presses Universitaires de Rennes, 2018, p. 83-96.

25 Voir Caroline Dehouck, « Le Casse-Noisette de Kader Belarbi au Capitole, *ResMusica*, 26 décembre 2017, https://www.resmusica.com/2017/12/26/le-casse-noisette-de-kader-belarbi-au-capitole/, [consulté le 03/04/2020].

26 Voir l'interview du chorégraphe : Maryse Bunel, « Jeroen Verbruggen : "J'ai toujours été dans mon propre monde" », *Relikto*, 10 octobre 2018, https://www.relikto.com/jeroen-verbruggen-jai-toujours-ete-dans-mon-propre-monde/, [consulté le 03/04/2020].

attachés au *Casse-noisette* d'Hoffmann restent les scénographes russes. Les francophones et anglophones auraient davantage tendance à actualiser le récit initial pour l'ancrer dans une réalité plus contemporaine et sans désir manifeste de retracer le passé historique ou social du XIXe siècle. S'éloigneraient-ils ainsi de la conception de Walter Benjamin visant à construire l'Histoire, le présent, à travers le passé ? Ils cherchent avant tout à réactualiser la mémoire et le récit du *Casse-noisette* mis en ballet se crée et se recrée sans cesse dans cet esprit. Michel Foucault[27], dans « Revenir à l'histoire », souligne la multiplicité des strates temporelles historiques. Chaos, hétérogénéité et enchevêtrement définissent l'Histoire tout en lui conférant une certaine abstraction. Cet aspect est renforcé dans le travail même de transposition du récit à la scène. Le champ de la traduction doit donc être examiné ici dans un cadre plus large que le simple fait de traduire. C'est ce que Roman Jakobson met en avant dans ce qu'il appelle la traduction « intersémiotique[28] », « où il ne s'agit plus de passer d'une langue à une autre, mais d'un *système de signes* à un autre[29] ». Il distingue trois formes de traduction : celle qui consiste à reformuler (« *intralingual translation* » ou « *rewording* »), celle qui s'attache à la langue source pour traduire dans une autre langue (« *interlingual translation* ») et la traduction « intersémiotique » qui est la « transposition créatrice » (« *intersemiotic translation* » ou « *transmutation* ») permettant « de passer de l'art du langage à la musique, à la danse, au cinéma ou à la peinture[30] ». Le lecteur prend alors les traits de l'interprète, du traducteur, du metteur en scène, du spectateur ou, pour reprendre l'expression de Marcel Duchamp, du « regardeur[31] », compte tenu de la complicité qui se tisse entre lui et l'œuvre d'art qu'il regarde. Katia Arfara[32] souligne l'accointance qui existe entre les arts plastiques et les arts de la scène : le courant pictural est souvent lié à une forme de théâtralité. La question de la perception est donc intimement liée à celle de la réception.

27 Michel Foucault, *Dits et écrits*, 1954-1988, t. 2, Paris, Gallimard, 1994, p. 268-281.

28 Roman Jakobson, « Aspects linguistiques de la traduction », *in* Roman Jakobson, *Essais de linguistique générale*, Nicolas Ruwet (trad.), Paris, Minuit, Paris, 1963, p. 78-86.

29 Oustinoff, *La Traduction*, *op. cit.*, p. 5.

30 Roman Jakobson cité par Oustinoff, *id.*, p. 19.

31 « Ce sont les regardeurs qui font les tableaux », Marcel Duchamp, *Duchamp du signe*, Paris, Champs/Flammarion, 1994, p. 247.

32 Katia Arfara, *Théâtralités contemporaines entre les arts plastiques et les arts de la scène*, Francfort-sur-le-Main, Peter Lang, 2011.

Il ne s'agit pas d'envisager les différentes formes esthétiques que prend le *Casse-noisette* comme une volonté de créer une œuvre unique postmoderne devant laquelle le spectateur pourrait interagir et infléchir le cours de l'H/histoire[33]. Sa particularité réside dans la manière dont il se renouvelle et subit des adaptations, des transpositions ou des réécritures en fonction des époques. Ainsi, le récit qui se déroule initialement pendant la période de l'occupation napoléonienne se dépouille petit à petit de toute charge historique. L'œuvre apparaît alors dans sa forme anhistorique atemporelle et empreinte d'universalité. Elle devient un non-lieu onirique, concrétisant de la sorte le royaume hoffmannien de l'imaginaire, des rêves et l'enfance perdue. On peut considérer que l'objectif premier de tout artiste est de créer ou de raviver le lien de l'être au monde. Katia Arfara souligne à juste titre que « la conception de la quatrième dimension comme espace qui fuit *ad infinitum*, favorisant l'occultisme positiviste à la fin du XIXe siècle, nous ramène à l'esthétique des visionnaires ; c'est la "révélation de l'Invisible" évoquée par Craig[34] ».

Le passage d'un art à un autre impose des changements de code et une autre vision et prise en compte du récepteur. Un spectateur ne supplante pas un lecteur et inversement. Il s'agit là d'un véritable jeu et enjeu intermédiatique. En se transformant en ballet ou en œuvre cinématographique, le récit se spatialise de manière évidente et, pour ainsi dire, automatique. Le rapport au temps et à l'espace change inéluctablement. Toutefois, le besoin de certains scénographes de vouloir tout actualiser peut conduire à des « erreurs » parfois rédhibitoires[35] : « le pouvoir d'*actualisation* de l'image cinématographique menace de priver les textes de ce qui fonde leur séduction – l'absence, le manque, l'inachèvement redoublés par la *virtualité* attachée à leur écriture », avance Jean Cléder[36] dans « Le cinéma au passage ». Les versions contemporaines de Marco Goecke (2006) ou de Dmitri Tcherniakov / Sidi Larbi Cherkaoui (2016) ont, par exemple, été souvent saluées par la critique compte tenu de leur audace et de leur anticonformisme marqué, mais elles ont aussi parfois

33 *Id.*, p. 32-36.

34 *Id.*, p. 363.

35 Nous pourrions citer ici le *Casse-noisette* de Maurice Béjart dont la portée put être considérée comme trop autobiographique ou celui de Thierry Malandain ou Marco Goecke qui fut jugé souvent trop contemporain en faisant disparaître la magie de Noël.

36 Jean Cléder, « Le cinéma au passage », *Société Roman 20-50*, n° 3, 2006, p. 57.

été mal accueillies pour les mêmes raisons[37]. De plus, « chaque danse se lie, même par une pensée ténue, à la culture dont elle émane, au lien symbolique qu'elle fait vibrer ou grincer[38] ». Les nombreux ballets *Casse-noisette*, empreints de culture germanique, le sont aussi de culture française et sont innervés par les cultures des différents metteurs en scène et costumiers qui mettront le récit en ballet, habilleront les danseurs ou reprendront (ou non) la forme originale de Petipa et d'Ivanov. Selon Daniel Sibony, « [...] la danse fait parler ce qui dans chaque langue peut prendre corps[39] ». Le fait de traduire un texte en ballet permet de faire accéder l'œuvre à une certaine universalité. Le langage devient accessible à l'Autre et aux autres dans le geste de traduire les mots par les mouvements du corps. Cet Autre conduit vers une notion primordiale associée à la fonction du corps dansant : l'altérité. « L'artiste est un *envoyé*, il est chargé par les siens de leurs élans méconnus, insoupçonnés ; chargé de porter tout ça de l'autre côté, du côté de l'Autre[40]. » Dans la traduction d'un texte vers un autre texte ou dans la traduction intersémiotique, l'aspect dialogique de l'art est inhérent à cette notion d'altérité. Le rapport dialogique entre plusieurs inconscients[41] octroie à la danse une dimension sociale. À travers le processus même de la traduction intersémiotique, la danse et le langage, leur fonction communicative et leur visée didactique, l'importance du décor, la mise en mouvement du mot, la spatialisation et la corporéité du verbe, associé aux décors et à la qualité des costumes, produisent une forme d'intermédialité. D'après Roland Huesca, le ballet est néanmoins un art éphémère : « Qu'est-ce qu'une œuvre dans l'art éphémère du ballet ? Comment construire une réalité à jamais défaite par le temps[42] ? » En effet, pour une même scénographie, le danseur peut danser différemment, affiner son interprétation, modifier ses mimiques en fonction des représentations et de l'accueil du public. Il en va de même de tout art de la scène : ballet,

37 Voir par exemple : Emmanuelle Bouchez, « Opéra de Paris : un "Casse-Noisette" historique qui ne casse pas des briques », *Télérama.fr*, 21 mars 2016, mis à jour le 1er février 2018, https://www.telerama.fr/sortir/opera-de-paris-un-casse-noisette-historique-qui-ne-casse-pas-des-briques,139870.php, [consulté le 03/04/2020].

38 Daniel Sibony, *Le Corps et sa danse*, Paris, Éditions du Seuil, 1995, p. 109.

39 *Id.*, p. 110.

40 *Id.*, p. 115.

41 Sibony, *Le Corps et sa danse*, *op. cit.*, p. 123 : « La danse est une prégnance corporelle de l'inconscient ».

42 Roland Huesca, *Triomphes et scandales*, Paris, Hermann, 2001, p. 7.

opéra, théâtre ou performance. À l'inverse, face à une forme artistique ancrée dans une temporalité précise, comme un texte ou une œuvre filmique, seule l'interprétation évolue en fonction des récepteurs et des époques dans lesquelles ils s'inscrivent. Le récit d'E.T.A. Hoffmann n'a pas seulement été transposé en ballet. Le septième art lui a aussi accordé une importance internationale, y compris outre-Atlantique. Qu'en est-il alors de l'adaptation cinématographique ?

DES MISES EN BALLET AUX ARTS VISUELS

Le récit hoffmannien a été adapté au cinéma ou sur petit écran entre autres par Andreï Konchalovsky en 2009 dans une version britannico-hongroise et par Frank Stoye en langue allemande en 2015. La dernière adaptation en date est celle du cinéma américain, produite et réalisée en octobre 2018 par les studios Disney. Une adaptation « altère nécessairement l'objet dont elle se saisit[43] ». Qualifiée bien souvent de « réécriture », elle a été dans le cas présent réalisée à partir du récit hoffmannien, influencée par le travail des librettistes et des diverses traductions. Même si le livret de Petipa et d'Ivanov a été pris en considération (les chorégraphes s'étant surtout appuyés sur la traduction française de Dumas), il s'agit bien d'une volonté d'américaniser pour le grand public et d'internationaliser le récit germanophone ou, plus exactement, de s'en inspirer dans le but de produire autre chose. Dans le cas de *Nutcracker and the four realms*, les cinéastes ont souhaité associer un imaginaire individuel à un imaginaire collectif. Ils sont bien conscients que la plupart des spectateurs ont davantage en mémoire le ballet russe traditionnel que le récit d'Hoffmann. De plus, la transposition du texte dans l'univers cinématographique engage d'autres signes, d'autres modalités et soulève des questions d'ordre sémiotique : les notions de représentation et d'hybridation entrent alors en ligne de compte. Au cinéma, il existe une importante liberté spatio-temporelle. Par l'image, les frontières entre les divers univers sont plus aisées à visualiser. En

43 Yannick Hoffert et Lucie Kempf, *Le Théâtre au cinéma. Adaptation, Transposition, Hybridation*, Nancy, PUN, 2010, p. 9.

transformant l'écriture en ballet ou en œuvre cinématographique, le réalisateur se réapproprie la fiction pour l'adapter au jeune public. Il y a donc modification et simplification des sources et des hypotextes.

Une telle adaptation n'est pas une traduction, « elle est aussi commentaire[44] ». De plus, « la question du rapport entre l'œuvre originelle et l'œuvre seconde ne se pose pas en termes de déplacements et de regards mutuels[45] ». Dans l'introduction « Présences du théâtre au cinéma », Yannick Hoffert et Lucie Kempf s'appuient sur le film *Le Roi Lion* de Disney qui proposerait une « simplification parfois caricaturale du propos de Shakespeare dans *Hamlet*[46] ». Soulignons qu'il existe sans doute entre l'œuvre de Shakespeare et le film de Disney autant de différences qu'entre le récit hoffmannien et la récente production américaine, car le film est à grand spectacle, donc largement diffusé et traduit. Seul un horizon d'attente demeure : l'intrigue se déroule au moment de Noël et ouvre à Marie/Clara un univers parallèle. Ce que les cinéastes ont fort bien compris, c'est que le monde de l'enfance reste fermé et quasi impénétrable à ceux qui ne savent pas ou plus voir : les adultes. Seule une âme d'enfant parvient à voyager pleinement dans un royaume onirique. C'est la raison pour laquelle le personnage principal, Clara Stahlbaum, jeune fille londonienne, part à la recherche d'une clé perdue qui, une fois retrouvée, lui ouvrira la porte des songes et de son enfance en passe d'être perdue et lui permettra de restituer l'harmonie originelle. Contrairement au ballet ou au théâtre (ou à toute forme d'art de la scène), le septième art guide le spectateur de manière plus subjective *via* les jeux visuels que sont les gros plans, les plans rapprochés, les balayages, etc. Par une volonté iconique plus ciblée, la visée du réalisateur apparaît profondément didactique. La notion d'intermédialité s'associe alors à la transmédialité et la transgénéricité. À travers la multitude d'adaptations et de transcriptions esthétiques, de transpositions sémiotiques, le *Casse-noisette* incarne, selon nous, un exemple type d'œuvre hybride trans- et interculturelle. Dans son ouvrage *Literaturwissenschaft. Eine Einführung*, Franziska Schössler définit l'adjectif « hybride » comme une combinaison d'éléments hétérogènes qui dialoguent ensemble

44 *Id.*, p. 11.
45 *Ibid.*
46 *Ibid.*

et s'unissent pour former une œuvre nouvelle[47]. Myriam Geiser[48] applique, elle, la théorie d'hybridation/hybridité à la littérature de migration ou, du moins, aux auteurs binationaux. Si ce n'est pas le cas du *Casse-noisette*, l'aspect international et transculturel est toutefois indéniable dans les différentes transpositions esthétiques de l'œuvre-source. On ne saurait certes évoquer le terme de « *sprachliche Hybridität*[49] » [« hybridité linguistique »], mais on peut parler de « *Mischkultur* » [« culture de la mixité »] esthétique et d'une certaine union artistique, culturelle et linguistique, même si telle n'était pas la volonté initiale d'E.T.A. Hoffmann. C'est cette nouvelle autonomie de l'œuvre, échappant à son créateur, qui rend justement cette œuvre *romantique*, au sens théorique du terme, à savoir une œuvre présentant une dimension marquée d'hétérogénéité et de porosité générique et sémiotique. De plus, on ne peut pas considérer chaque art de manière isolée. Si Aristote et Simonide de Céos avec le concept d'*ut pictura poesis*, l'avaient déjà mis en lumière, cela fut accentué à l'époque romantique et encore renforcé par les artistes contemporains tels que ceux appartenant au courant Fluxus[50]. Les interactions médiatiques dans le domaine de l'art confèrent à ce dernier un aspect hétérogène voire hétérotopique, pour reprendre le concept de Foucault : « En se plaçant *entre* les *media*, les œuvres d'art romantiques donnent lieu à de nouvelles dimensions de leur réception par le mélange et la superposition de différentes structures médiatiques[51] ». Le romantisme a été, pour ainsi dire, avant-gardiste en matière d'intermédialité et d'interaction(s) esthétique(s), comme le montre le rôle sans cesse accru du récepteur, du lecteur-spectateur dans la conception esthétique. Cet argument est primordial dans la conception diégétique hoffmannienne puisqu'elle ne vise pas à additionner les arts

47 *« Hybrid heißt eine Konstellation, in der sich zwei oder mehr heterogene Elemente miteinander verbinden und eine neue Einheit bilden. So kann Hybridität die Verschiedenheiten innerhalb einer Kultur oder die Vermischung von Kulturen bezeichnen, ebenso die Entgrenzung und Mischung literarischer Gattungen sowie den Konstruktionscharakter von Geschlechtsidentitäten »*, Franziska Schössler, *Literaturwissenschaft. Eine Einführung*, Tübingen, UTB Francke-Verlag, 2006, p. 254.

48 Myriam Geiser, « Hybridität. Möglichkeiten und Grenzen eines Konzepts bei der Betrachtung transkultureller Literaturen », *in* Helga Meise, Thomas Nicklas, Christian E. Roques (dir.), *Hybridisierungen, Hybridations*, Reims, Presses Universitaires de Reims, 2017.

49 *Id.*, p. 20.

50 Nous pensons ici à Dick Higgins, élève de John Cage, et à son essai fondateur : *Intermedia* (1966).

51 Jürgen Müller, « L'intermédialité, une nouvelle approche disciplinaire : perspectives théoriques et pratiques à l'exemple de la vision de la télévision », *Cinémas*, vol. 10, n° 2-3, 2000, p. 110.

ou à les faire fusionner, mais cherche à les faire cohabiter et entrer en résonance, d'où les processus de transformations, de superpositions et d'adaptations intermédiatiques.

Le *Casse-noisette*, à travers les différents changements de modalités esthétiques, devient polysémique et polymédial. Même si la matrice reste le texte hoffmannien, la migration générique et sémiotique qu'elle engendre, les transpositions qui s'opèrent en font une œuvre d'art autonome et en grande partie détachée de son créateur. Il y a donc une forme de discontinuité entre le texte et le ballet, entre le texte et le film. Le passage d'un art à un autre implique le rôle cardinal de toute forme iconique. Métaphoriquement, nous pourrions comparer ce phénomène de passage, de transformation à une anamorphose infinie : l'Œuvre[52] dans sa globalité est encline à se transformer. La question de la liminarité se pose, étant donné que le *Casse-noisette*, par ses traductions intersémiotiques, franchit et dépasse aisément toute forme de frontière. Pour ce faire, nous pouvons nous interroger sur le moment où un art cède la place à un autre. Ce moment de bascule, de passage, de limite plus ou moins rapide correspond à celui de la création. Un moment de suspens, de réflexion, de « souffle » créateur, pour reprendre ici une métaphore chère à Rilke. Les frontières interlinguistiques, interculturelles et intertextuelles s'estompent, l'adaptation scénique et cinématographique se présente comme la principale modalité de traduction. C'est l'œuvre en train de se faire, le passage ou la mutation d'une création en une autre forme de création qui donne corps à l'idée d'hybridité, de transmédialité et de liminarité, d'où le rôle essentiel de l'interprète et du récepteur. La nouvelle œuvre ainsi créée témoigne de la projection d'une individualité ou d'une collaboration, d'un dialogue entre plusieurs individualités[53]. Si la frontière sépare un acte créateur d'un autre, si elle est temporelle (deux artistes d'époques différentes), spatiale et/ou culturelle (réception internationale, connaissance d'un texte source *via* une traduction) ou

52 Voir à ce sujet : Ingrid Lacheny, « Casse-noisette : dialogisme entre littérature et musique, un exemple d'intermédialité », *in* Évelyne Jacquelin et Béatrice Ferrier (dir.), *Voix et voies du conte. Les mutations d'un genre*, Arras, Artois Presses Université, 2019, p. 211-223.

53 Johan Schimanski et Stephen F. Wolfe, *Border Aesthetics. Concepts and Intersections*, New York, Oxford, Berghahn, 2019 © 2016, p. 132 : « *Borders are only the construction of a reality and truth in a certain context, in a certain spatial entity. It is the performative act of believing which makes a border real and truthful [...]. Borders must [...] be seen as a strategic effort of fixation, of gaining distance and control in order to achieve ease.* »

sémiotique (par le biais de deux modalités esthétiques différentes), elle peut délimiter aussi plusieurs imaginaires, plusieurs univers. Mais c'est de cette hétérogénéité et de cette liminarité apparente que naît l'idéal romantique.

L'œuvre romantique produit une idée de totalité (même fragmentaire) associée à un goût d'inachevé, comme tend à le souligner *Heinrich von Ofterdingen* de Novalis : « [...] le romantisme allemand [...] appréhend[e] le passé comme une forme nécessairement inachevée, un processus dynamique à prolonger[54] ». C'est de cette contradiction que l'esprit esthétique du romantisme se nourrit. Le *Casse-noisette* d'E.T.A. Hoffmann s'intègre, nous l'avons vu, dans un récit-cadre, *Les Frères de Saint-Sérapion*, se déclinant en soirées littéraires. Dans sa symbolique, l'architecture même du recueil peut donc se diffracter à l'infini, et ce même si le récit en question conserve bien son unité narrative. Il s'agit, par conséquent, d'un Tout achevé au sein d'un Tout en mouvement – d'une œuvre en devenir – et ouvert sur un possible recommencement. À cela s'ajoutent les formes artistiques, les traductions, les adaptations du *Casse-noisette* qui rendent cette œuvre atemporelle et hybride. En état d'éternelle réécriture, elle finit par échapper à son créateur pour devenir autonome. Elle est alors comme suspendue tant entre les époques qu'entre les formes d'art : « la danse, c'est le corps autonome, le corps en mouvement qui ne va nulle part ailleurs qu'en soi-même[55] ». L'art cinématographique s'offre toutefois davantage au spectateur-récepteur. En définitive, « *créer* c'est faire passer une matière par le souffle de la Loi inconnue, par son inspiration[56] », et les multiples réécritures intersémiotiques du *Casse-noisette* permettent ainsi à l'œuvre de se réinventer sans cesse et de ne pas rester figée dans sa forme initiale.

Ingrid LACHENY
Université de Lorraine (Metz), CEGIL

54 Dumont et Van Eynde, *Modernité romantique*, *op. cit.*, p. 142.
55 *Id.*, p. 140.
56 Sibony, *Le Corps et sa danse*, *op. cit.*, p. 113.

THE VIRGIN SUICIDES DU TEXTE À LA SCÈNE

Genre et transmédialité

Symbole de pouvoir, de charisme, de contrôle du déroulement du spectacle, de direction et de domination des acteurs, le metteur en scène, comme le souligne Denis Hänzi dans son analyse sociologique de la mise en scène *Die Ordnung des Theaters. Eine Soziologie der Regie* (2013), est avant tout un métier d'homme, qui ne commence à s'ouvrir réellement aux femmes, tout du moins pour la scène germanophone, qu'à partir des années 1990. Pour le sociologue suisse, ce rééquilibrage tardif s'explique par le fait que la figure du metteur en scène, depuis son apparition au XIXe siècle, s'associe à une logique de toute-puissance propre à la masculinité. La sphère théâtrale serait historiquement associée aux marqueurs de ce que Raewyn Connell détermine comme « l'hégémonie masculine[1] ». L'émergence au XXe siècle de ce que la scène allemande nomme le *Regietheater* (le théâtre de mise en scène), caractérisé par des spectacles dans lesquels la mise en scène prédomine par rapport au texte de théâtre, a particulièrement renforcé cette position de prestige et de génie du metteur en scène pouvant seule être détenue par un homme[2].

1 Raewyn Connell, *Masculinités. Enjeux sociaux de l'hégémonie*, Claire Richard, Clémence Garrot, Florian Voros, Marion Duval et Maxime Cervulle (trad.), Paris, Éditions Amsterdam, 2014, p. 71-74 : « [L]e genre est une manière de structurer la pratique sociale en général et non un type de pratique sociale en particulier, il compose inévitablement avec d'autres structures sociales. [...] Emprunté à l'étude des rapports de classe d'Antonio Gramsci, le concept d'hégémonie renvoie à la dynamique culturelle par laquelle un groupe revendique et maintient une position sociale de *leadership*. [...] La masculinité hégémonique peut être définie comme la configuration de la pratique de genre qui incarne la réponse acceptée à un moment donné au problème de la légitimité du patriarcat. En d'autres termes, la masculinité hégémonique est ce qui garantit (ou ce qui est censé garantir) la position dominante des hommes et la subordination des femmes. »

2 Denis Hänzi, *Die Ordnung des Theaters. Eine Soziologie der Regie*, Bielefeld, Transcript Theater, vol. 54, 2013, p. 43 : « *[Es besteht] eine dominant männliche Struktur dieses Felds aus einer historisch gewachsenen und kulturell verfestigten Normalitätsvorstellung, die dem modernen*

L'émergence de metteures en scène soulève ainsi des questionnements autour d'une possible détermination genrée de la scène, maîtrisée pendant si longtemps par un regard masculin, mais aussi des rôles traditionnellement dévolus aux femmes et aux hommes en tant que personnages et également en tant qu'acteurs. Depuis plusieurs décennies, adapter scéniquement des textes romanesques est devenu une pratique courante qui permet aux salles régionales d'attirer notamment un public moins familier des arts de la scène à partir de classiques ou de romans populaires, la plupart du temps écrits par des auteurs masculins. Mais lorsqu'une équipe théâtrale féminine s'empare de ce processus, dans quelle mesure ce glissement d'un *medium* vers un autre engendre-t-il un changement de perspective associé à une réflexion sur le genre ?

Cet article prend le cas du spectacle de Susanne Kennedy *The Virgin Suicides / Die Selbstmord-Schwestern. Nach Motiven des Romans von Jeffrey Eugenides*, joué aux Münchner Kammerspiele en 2017, une adaptation scénique très libre d'après le roman éponyme du romancier américain Jeffrey Eugenides, sans toutefois faire l'impasse sur l'adaptation filmique de Sofia Coppola (1999), considérée aujourd'hui encore comme un film culte de la génération des années 1990. Si l'intitulé suscite l'intérêt de nombreux spectateurs nostalgiques de cette époque, le spectacle en lui-même s'éloigne largement de l'atmosphère éthérée du roman et du film et se comprend bien plus comme une performance proche du rituel mortuaire. Pour Susanne Kennedy, *The Virgin Suicides* pose à la scène un tout autre défi : comment aider ces hommes d'âge mûr, plongés dans leurs souvenirs adolescents qui relatent le suicide des cinq filles Lisbon, à dépasser ces événements ? Comment opérer le passage de la fascination morbide pour ces éternels féminins, cette répétition du motif de la jeune fille et la mort, vers un processus de deuil ? À travers l'analyse de l'exploitation du mythe de la jeune fille et la mort, commun aux trois formats de *The Virgin Suicides*, cette étude mettra en lumière

---

Regieberuf seit seiner Herausbildung im 19. Jahrhundert eingeschrieben und bis in unsere Tage wirkmächtig ist : dass es sich beim wahrhaft genialen Regisseur nur um einen wahrhaft genialen Mann handeln könne. » [Dans ce domaine, il existe une structure à dominante masculine issue d'une représentation de la normalité, construite au fil du temps et renforcée par un contexte culturel, qui a marqué le métier de metteur en scène depuis son développement au XIXe siècle et qui perdure encore aujourd'hui : une structure d'après laquelle un metteur en scène réellement de génie ne puisse être qu'un homme de génie], sauf mention contraire, les traductions sont de l'auteure de l'article.

comment Susanne Kennedy utilise le *medium* scénique pour démythifier voire « dégenrer » ces vierges suicidées en concentrant son esthétique théâtrale liminale autour du passage de la vie à la mort.

LA JEUNE FILLE ET LA MORT DANS *THE VIRGIN SUICIDES*

Virgin Suicides est le premier roman de l'Américain Jeffrey Eugenides, publié en 1993. Son adaptation filmique très stylisée de Sofia Coppola en 1999 a érigé cette fiction au rang d'œuvre culte, représentative d'une génération en perte de repères vis-à-vis des codes de séduction confrontés à la fois au féminisme deuxième vague d'un côté et à un certain puritanisme persistant dans les classes moyennes des États-Unis. Cette œuvre relate le suicide des cinq filles Lisbon à leur domicile, élevées par des parents conservateurs et religieux, un père professeur et une mère au foyer, dans un pavillon de banlieue américaine. Les narrateurs, anciens voisins adolescents du quartier qui les observaient depuis une cabane dans un arbre en face de chez elles, hommes d'âge mûr au moment du récit, « avec [leurs] crânes dégarnis et [leurs] ventres mous[3] » tentent au fil de la narration de comprendre les raisons de ce suicide collectif, en se remémorant, à travers des entretiens effectués avec d'autres voisins ou des personnes ayant été en contact à l'époque avec les jeunes filles, mais également en faisant recours à ce qu'ils nomment des « pièces à conviction », des objets retrouvés ou dérobés aux filles Lisbon. L'âge des narrateurs au moment du récit est en revanche totalement occulté dans le film de Sofia Coppola qui les présente comme les adolescents qu'ils furent, la voix *off* étant celle d'un jeune garçon. Ainsi la réalisatrice passe-t-elle sous silence les problématiques des différences d'âge pouvant choquer certains publics et n'aborde-t-elle pas ses personnages sous l'angle de la Lolita mais comme un *teen movie* tragique dont elle reprend les codes. Les jeunes filles blondes, et particulièrement Lux, jouée par Kirsten Dunst, participent d'une esthétique pop proche des images glacées des magazines de mode, éternels féminins contemporains, sans pour autant

3 Jeffrey Eugenides, *Virgin Suicides*, Marc Cholodenko (trad.), Paris, Points, 2010, p. 254.

remettre en question leur valeur dans cette société. Ainsi Sofia Coppola s'adresse-t-elle à un public plus jeune dont elle maîtrise la culture, ce qui lui permet de se présenter comme porte-parole d'une génération, et non pas de mettre au centre les problématiques liées aux angoisses face au vieillissement, à la mort, à la perte de pouvoir de séduction. À l'inverse, Susanne Kennedy renoue avec l'esprit du roman et insiste par exemple sur la figure de l'homme vieillissant par la présence sur scène d'un vieillard silencieux, accoutré en jeune fille virginale, portant de longs cheveux et une robe fluide blanche. Dans une mise en scène métaphysique, à travers des bribes lointaines de souvenirs entrecroisés de rapports factuels, ces hommes tentent de percer un mystère féminin : l'identité de ces jeunes filles et leur attraction pour la mort. Dans le roman comme dans la pièce, qui reprend la citation dès le début, celles-ci se caractérisent d'abord par leur âge : « Les filles Lisbon avaient treize ans (Cecilia), quatorze ans (Lux), quinze ans (Bonnie), seize ans (Mary), et dix-sept ans (Therese)[4]. » À elles cinq, elles couvrent toute la phase de l'adolescence, période de passage entre l'enfant et l'adulte, principalement marquée par son rapport avec une difficile construction de l'identité, physique d'abord mais aussi psychologique. Tout au long du roman, les narrateurs tentent en vain de déterminer le caractère des filles Lisbon qui aurait permis également de faire de ces simples réminiscences de vrais personnages : étaient-elles tristes, joyeuses, vivantes ? La pièce *Die Selbstmord-Schwestern* s'interroge également sur cette impossible construction de l'identité du personnage, d'une part en ne représentant pas directement les filles Lisbon (les acteurs masqués jouent en effet tout à la fois les voix *off* et les vierges suicidées), d'autre part en démultipliant la figure de la jeune fille par l'intermédiaire d'un mannequin en plastique et de multiples écrans diffusant des photos du film de Sofia Coppola, de Kirsten Dunst mais aussi différents tutoriels amateurs de beauté Youtube réalisés par des adolescentes anonymes. Les filles Lisbon ont donc une personnalité indéterminée et ne sont perçues que par des regards extérieurs, ceux des narrateurs. Aussi, malgré une lente exploration des causes de ce suicide groupé, ceux-ci en viennent à conclure : « Nous les appelons à sortir de ces pièces où elles sont entrées afin d'être éternellement seules, seules dans le suicide, qui est plus profond que la mort, et où nous ne trouverons jamais les éléments pour les

4 *Id.*, p. 13.

reconstituer[5]. » Dans ses derniers mots, le roman relie directement la mort à l'indétermination de ces jeunes adolescentes, tout comme le film, et se rattache à la figure littéraire de la « jeune fille ». Dans sa conférence « La jeune fille, une fiction fragile[6] ? », Adrienne Boutang souligne qu'en littérature et au cinéma, cet archétype correspond avant tout à un regard, bien souvent masculin, soutenu par le contrechamp d'un homme plus âgé qui la scrute, seul à savoir l'apprécier, et qui même la construit. Car en effet, sans le récit de ces hommes vieillissants, les filles Lisbon n'ont ni matérialité ni existence. Historiquement et sociologiquement d'abord, la jeune fille est celle qui n'est pas, celle qui n'est pas mariée, qui n'est pas déflorée. Cette non-existence et cette négativité de leur être, renforcée par l'autoritarisme de la mère qui tente de couper chez ses filles tout élan amoureux ou sexuel, les placent déjà dans un état en-deçà de la vie et proche de la mort. Car la libido se définit comme cet élan vital, cette volonté de vivre, qui, supprimée ou réprimée, peut logiquement conduire une personne dans un état de dépression suicidaire. Telle l'image plastifiée de la Vierge Marie, glissant des mains de Cecilia lors de sa première tentative de suicide, ces jeunes filles ne sont que des symboles, déjà mortes avant même leur fin réelle.

La jeune fille ne semble avoir aucune réalité en dehors de sa fiction, en dehors du discours projeté sur elle. Dans la tradition littéraire et artistique, on la retrouve souvent mise en relation avec la Mort. Ce couple, oscillant entre fascination et répulsion, plonge ses racines dans le mythe du rapt de Perséphone par Hadès, jeune fille prisonnière du Dieu des Enfers, symbole de l'alternance des saisons et de l'éternel cycle de la vie et de la mort, du printemps à l'hiver. Il représente l'envie, le désir de la vieillesse face à la jeunesse éternelle, l'opposition entre la vie et la mort, entre l'élan et l'arrêt, la tension des pulsions d'Éros et de Thanatos. Une composante libidineuse reste en effet toujours présente dans la représentation de ce couple, la mort dépeinte sous les traits d'un vieillard prêt à posséder le corps fantasmé de la jeune fille. Dans *The Virgin Suicides*, les filles épousent la mort de leur plein gré, sous un regard masculin perplexe qui s'interroge notamment sur l'incapacité des

---

5 *Id.*, p. 254.

6 Adrienne Boutang, « La Jeune fille, une fiction fragile, conférence », Paris, Forum des images, 12 juin 2015, *dailymotion*, 2015, https://www.dailymotion.com/video/x2u6cec, [consulté le 03/04/2020].

narrateurs à satisfaire (sexuellement et émotionnellement), à instiller le désir chez ces futures femmes. Leur mort est ressentie comme un échec personnel, une atteinte directe à leur virilité qui concentre leur élan de vie. Le vieil homme du spectacle incarne un être présenté dans toute sa vulnérabilité, à la fragilité presque infantile, qui a perdu ses attributs de force virile : les autres figures masquées (à la fois narrateurs et jeunes filles) prennent soin de lui. Il représente tout ce qu'il reste de la masculinité des narrateurs face à cette mort orchestrée de manière collective.

Ces vierges suicidées se rapprochent ainsi d'un autre motif littéraire dans lequel le contrechamp masculin a disparu et est rejeté, comme c'est le cas à la fin du roman : le mythe shakespearien d'Ophélie. Dans le roman comme dans le film, la narration met en avant la scène inaugurale dans laquelle la plus jeune sœur Cecilia tente de se suicider et qui comprend une description saisissante de celle-ci en robe blanche, son visage flottant dans la baignoire ensanglantée, une image qui relie clairement les filles Lisbon à l'archétype ophélien. Cette représentation symbolique de la jeune fille morte en tenue virginale flottant sur l'eau, entourée de fleurs, est également reprise dans le spectacle de Susanne Kennedy de manière ultra-stylisée à travers différents accessoires : la couronne de fleurs entourant le masque, la toge blanche portée par les figures masquées, un corps allongé et au fond de la scène, un écran vert fluorescent rappelant le cours d'eau vert entouré de nature, notamment représenté dans le tableau de John Everett Millais. Comme le souligne Anne Cousseau dans son article « Ophélie : histoire d'un mythe fin-de-siècle » :

> L'histoire d'Ophélie est celle d'un sujet qui ne peut se constituer [...] et ne se construit que dans le regard et le discours de l'Autre, [...] l'aliénation absolue d'Ophélie, objet de tous les désirs sauf du sien. L'égarement mental dans lequel elle tombe constitue au fond l'aboutissement dramatique le plus logique qui soit d'un personnage qui ne s'appartient pas[7].

Là encore, c'est le statut de jeune fille scrutée, d'adolescente en mal d'identité et cet échec à se trouver dans le regard des autres qui condamne la jeune fille à errer dans un état entre la vie et la mort, état liminal que propose d'explorer la metteure en scène Susanne Kennedy. La jeune fille sert avant tout de sujet esthétique qui s'offre au regard de l'artiste masculin

7 Anne Cousseau, « Ophélie : histoire d'un mythe fin-de-siècle », Paris, *Revue d'histoire littéraire de la France*, n° 1, vol. 101, 2001, p. 49.

comme une réflexion sur les pulsions de vie et de mort. Dans quelle mesure l'esthétique scénique permet-elle d'opérer le passage d'une approche genrée de la libido à une compréhension métaphysique de celle-ci ?

DÉMYTHIFIER LES VIERGES SUICIDÉES

La mise en scène de Susanne Kennedy s'inspire ainsi de thématiques du roman pour proposer un spectacle contemplatif visant à déconstruire le fantasme que représentent ces vierges suicidées. Il faut d'abord noter que la conception du spectacle est entièrement réalisée par des femmes, qu'il s'agisse de la mise en scène, de la scénographie, des costumes ou de l'adaptation textuelle, tandis que la pièce est uniquement jouée par des hommes. Elle inverse ainsi les rapports de force habituellement présents au théâtre, en opposant le metteur en scène charismatique à l'actrice soumise à ses exigences, et en imposant un regard féminin sur un récit voyeuriste masculin. Les filles Lisbon ne sont pas réellement incarnées sur scène, elles restent à l'état de fantômes voire de fantasmes, soit par le biais de photos extraites du film de Sofia Coppola, soit par le costume-uniforme porté par les cinq acteurs présents sur scène. Une robe blanche ample et un collier de fleurs couvrent entièrement le corps des acteurs cachés derrière un masque dont la singularité constitue un élément-clé du spectacle : entre masques mortuaires et réminiscences manga, comme vestiges de la génération des années 1990 à laquelle appartiennent la metteure en scène mais aussi très probablement une grande partie du public de ce spectacle, entourés d'une couronne de fleurs en plastique, ces masques, à la fois fascinants et repoussants, transforment les sœurs Lisbon non plus en personnages mais en des figures de cire mortes-vivantes, des symboles rituels dépourvus d'identité et de vie propres, remplacés par des voix électroniques. Dans ce contexte théâtral, on peut ici rapprocher l'utilisation de ces masques de la tradition grecque de la *persona*, ce « masque que portait le comédien et qui indiquait le rôle dans lequel il apparaissait[8] », une codification

8 Carl Gustav Jung, *Dialectique du Moi et de l'inconscient*, Roland Cahen (trad.), Paris, Gallimard, Folio essais, 2017, p. 81.

devant permettre au public de saisir rapidement le spectre caractériel et émotionnel rattaché au personnage, qui fait précisément défaut aux filles Lisbon dans le roman de Jeffrey Eugenides. Quels traits pouvons-nous rattacher à ces figures scéniques, représentant à la fois les jeunes filles et une voix narrative masculine et plurielle ? La *persona* se définit comme une catégorie : dans sa *Dialectique du Moi et de l'inconscient*, Carl Gustav Jung l'identifiait même à « l'élément constitutif de la psyché collective[9] ». Elle se comprend comme un masque social que nous revêtons pour pouvoir nous conformer aux attentes du monde extérieur. Ce masque, ici énigmatique, composite et unique, fait abstraction de l'enveloppe corporelle pour concentrer l'attention du public sur son message métaphysique autour du lien entre la vie et la mort, et proposer une réflexion sur la notion de personnage dans le roman et le théâtre. Le retour à la pratique antique de l'utilisation du masque permet de repenser cette notion que le théâtre moderne avait associée à celles d'individualité et de psychologie. Ici, le masque brouille les frontières entre les figures présentes sur scène, les rendant anonymes et interchangeables. Comme l'explique Hans-Thies Lehmann dans *Le Théâtre postdramatique*[10], les spectacles postdramatiques se rapprochent souvent plus du rituel, de la cérémonie que de la représentation d'une action. L'espace scénique n'est plus un espace dramatique (le lieu de l'action) mais plutôt un paysage audiovisuel, une création et présentation d'une réalité autonome. L'acteur n'incarne plus un personnage et devient superflu. C'est notamment la fin du dialogue, la voix ne joue plus que le simple rôle de haut-parleur. Cet effacement du personnage s'inscrit ainsi dans cette esthétique postmoderne déjà très présente sur les scènes allemandes depuis les années 1990 dans laquelle le personnage disparaît au profit de présences qui reflètent l'éclatement d'un sujet polymorphe, issu de l'assemblage hétéroclite de différents discours et de différents *media* (ici les voix du roman, le *Bardo Thödol*, l'œuvre de Timothy Leary, le film de Sofia Coppola mais également des documents issus d'Internet). Dans le spectacle de Susanne Kennedy, les filles Lisbon sont transformées en catégories sans individualité, elles ont échoué à s'intégrer dans la société, à passer à l'âge adulte. La notion de personnage s'efface mais reste sujet

---

9 *Ibid.*

10 Hans-Thies Lehmann, *Le Théâtre postdramatique*, Philippe-Henri Ledru (trad.), Paris, L'Arche, 2002, p. 108-114.

d'interrogations, par exemple à travers la diffusion de photographies de l'actrice Kirsten Dunst (Lux dans le film de Sofia Coppola), de sa biographie sur Wikipedia et d'interviews de l'actrice sur le casting de *Virgin Suicides*. Ainsi s'opèrent à la fois un clin d'œil ironique pour rappeler au public la place traditionnellement dévolue à l'actrice (ici remplacée par des hommes), image de mode et de fantasme masculin, et une mise en abîme du regard scrutateur qui réifie la jeune fille, reporté dans le film sur l'actrice. Que nous est-il possible de savoir sur l'actrice, au-delà de ces « pièces à conviction » collectées sur Internet ? Kirsten Dunst en tant que personne est-elle accessible au public qui l'observe et la vénère ? Le personnage (et avec lui l'acteur) perd sa substance et ne se limite plus qu'à une image sur laquelle spectateurs et concepteurs du spectacle peuvent projeter tous types de discours.

Si la metteure en scène efface l'identité des filles Lisbon, elle s'applique également à dégenrer la jeune fille en effaçant les frontières entre les sexes : des acteurs hommes incarnent les filles Lisbon, engoncés dans un costume camouflant entièrement leur physique, leurs voix naturelles remplacées par des voix électroniques qui enlèvent toute spécificité genrée. Il semble, à tout point de vue, être possible d'interpréter ce spectacle comme une suite au roman qui se terminait sur ces mots : « À la fin, leur âge, ou le fait qu'elles soient des filles, n'importait pas, mais seulement que nous les avions aimées, et qu'elles ne nous avaient pas entendus les appeler, qu'elles ne nous entendent toujours pas [...][11]. » Le choix d'acteurs masculins pour interpréter les jeunes filles joue un rôle important dans le processus de deuil nécessaire aux narrateurs en se mettant littéralement à leur place, ils tentent de s'identifier à elles, de comprendre leur décès et peuvent ainsi d'une part dépasser leur chagrin, mais aussi lâcher prise par rapport à cette quête obsessionnelle d'adolescentes irréelles. Sur scène, en ne formant plus qu'un avec les jeunes filles, ils peuvent ensemble venir en aide à la figure du vieillard, aussi fragile que celles-ci, qui incarne cette masculinité égarée face au mystère de la jeunesse (tré)passée. Par ces déplacements et décentrements des personnages et la matérialisation de leur souffrance masculine profonde, les acteurs opèrent un processus cathartique de guérison qui les mène à l'acceptation du vieillissement et de la mort, passée, présente et à venir.

---

11 Eugenides, *Virgin Suicides*, *op. cit.*, p. 254.

Au-delà des incompréhensions entre les genres, Susanne Kennedy réalise un travail complet de déshumanisation qui place la réflexion autour des *Virgin Suicides* sur un plan plus élevé que les rapports entre sexes. Son spectacle se comprend comme une tentative de dépasser notre corporéité pour accéder à une sphère plus spirituelle. Le dispositif scénique comprend plusieurs écrans dont deux avant sur lesquels une figure humaine en 3D apparaît, la même figure humaine nue dansant sur les écrans situés à l'arrière de la scène, servant de haut-parleurs à des extraits tirés de *The Psychedelic Experience : A Manual Based on The Tibetan Book of the Dead* (1964) de Timothy Leary. Cette esthétique posthumaine invite le spectateur à s'intéresser d'abord au propos des *Virgin Suicides*, à notre rapport à la mort et à l'identité humaine, au-delà des clivages entre les hommes et les femmes. Le recours à des figures cyborgiennes, définies par Donna Haraway comme des « organisme[s] cybernétique[s], hybride[s] de machine et de vivant [...] qui vi[ven]t dans un monde postgenre[12] », et étroitement liées pour la théoricienne américaine aux mouvements féministes, permet de projeter le public dans un monde utopique, par-delà le masculin et le féminin, pour aborder des problématiques faisant abstraction de l'enveloppe corporelle qui bloquait l'accès à la compréhension des identités présentes dans le récit de Jeffrey Eugenides, et se relier plutôt à l'évolution de l'âme. Ces figures dansantes en trois dimensions rappellent le non-être et même la non-humanité de ces jeunes filles, nous entraînant dans une danse macabre proche du rituel.

(D')APRÈS LE ROMAN ET LE FILM : FANTÔMES, DÉFUNTS ET RITUELS MORTUAIRES

Comment aider les narrateurs à dépasser le traumatisme engendré par le suicide des cinq jeunes filles ? Susanne Kennedy prend appui sur le roman de Jeffrey Eugenides, en utilisant le motif de la mort en pleine adolescence, une période charnière de transition de l'enfance à l'âge adulte, pour fonder sa performance rituelle. Plutôt qu'une adaptation

12 Donna Haraway, *Manifeste cyborg et autres essais*, Laurence Allard, Delphine Gardey et Nathalie Magnan (trad.), Paris, Exils, 2007, p. 30-32.

scénique du roman, la metteure en scène centre sa pièce-performance sur un dispositif scénique imposant et une succession de séquences proches du rite mortuaire. Sur les écrans à l'avant de la scène, le personnage 3D, telle une voix de l'au-delà, par-delà l'humain, prononce des extraits du livre de Timothy Leary *The Psychedelic Experience : A Manual Based on the Tibetan Book of the Dead.* Psychologue de formation, Timothy Leary a consacré ses travaux à l'expérimentation des drogues psychédéliques afin d'atteindre sa propre vérité et d'élargir sa conscience. Le livre, inspiré du *Livre Tibétain des Morts* offre en quelque sorte une méditation guidée ayant pour but de se défaire de son égo afin d'accéder à une conscience plus élevée : le *Bardo Thödol* (« Libération par l'Écoute sur le Plan d'Après la Mort ») correspond en effet à un recueil d'enseignements visant à guider les défunts après leur mort afin de les aider à pénétrer dans l'espace intermédiaire du Bardo qui marque le passage en différentes étapes entre la mort et la réincarnation. Sans intrigue, le spectacle est rythmé par le texte de Timothy Leary, accompagné d'actes rituels effectués par les acteurs dissimulés derrière les *personas.* L'importance de l'écoute notamment dans le passage rituel est mise en avant dans la pièce à travers des musiques en fond sonore, des cris chantés et dansés par les acteurs masqués. En cela, Susanne Kennedy se rattache au théâtre de la « liminalité », émergeant en Allemagne dans les années 1990, et que la théoricienne Erika Fischer-Lichte, dans son *Esthétique du performatif,* caractérise comme un théâtre de la performance qui engendre une telle expérience sensorielle s'approchant de la cérémonie rituelle. La vérité des choses et du monde se révèle au public grâce à une esthétique de la surface poussée à l'extrême, une superposition et une simultanéité de la plupart des *media* disponibles. Aussi le théâtre comme performance rituelle passe-t-il par les sens et vise-t-il à nous apprendre à reconnaître ce dont nous devons nous méfier, et ce d'une manière autre que discursive : par l'expérience sensorielle, effectivement proche de la cérémonie rituelle, qui doit nous faire passer d'un état de conscience à un autre. Erika Fischer-Lichte associe ce théâtre des années 1990 au concept ethnologique de « liminalité », développé par Victor Turner :

> En réalité, le théâtre des années 1990 [...] a traversé une série de transformations qui ont provoqué chez le spectateur un état de transition que Turner nomme « liminalité » : le spectateur doit se défaire de ses prises de positions et de règles habituelles, jusqu'ici valables et se montrer prêt à

> vivre de nouvelles expériences. Les transformations opérées par le théâtre renforcent ainsi cette expérience de crise que les processus de transformation de la société ont déclenchée. Cependant, à la différence de ceux-ci, le théâtre offre la possibilité aux spectateurs de se confronter de manière ludique à l'insécurité et à la déstabilisation, à l'absence et au dépassement de limites, à l'irritation et à la gêne[13].

L'état liminal est lié au rite initiatique, il illustre le passage du novice à l'initié. Le temps de la représentation théâtrale, le spectateur s'expose donc à être bouleversé, affolé, dégoûté, choqué afin de réfléchir par les sens et d'accéder à une nouvelle appréhension des sentiments. Ici, il s'agit d'un rite mortuaire qui a d'une part pour but d'aider les narrateurs à faire le deuil, à se libérer et laisser partir le souvenir des filles Lisbon. D'autre part, il s'adresse au public comme un rite initiatique de passage de la vie à la mort. En interview, Susanne Kennedy explique que « le théâtre est ici un moyen d'expansion de la conscience, on a ici la possibilité d'aborder voire d'expérimenter la réalité d'une toute autre manière [...] de sorte que [le spectateur] atteigne d'une certaine façon un état hallucinatoire[14] ». Le public doit donc être plongé lui aussi dans ce rite de passage, que le sociologue Arnold Van Gennep définit comme un accompagnement dans le passage d'une situation à une autre et d'un monde (cosmique ou social) à un autre. Ici, le passage de la mort à un au-delà se double d'un passage de l'emprisonnement dans un corps genré (celui de la jeune fille) à un état posthumain et symbolique, au-delà des genres. Mais alors comment expliquer ce passage au non-genré ? Comme dans un rite de passage, les *personas* jouent le

---

13 *« Das Theater der neunziger Jahre [...] hat vielmehr seinerseits eine Fülle von Transformationen durchlaufen, die für den Zuschauer eine Art Schwellenzustand herbeiführen, den Turner als "Liminalität" bezeichnet : Der Zuschauer muß sich von vertrauten, bisher gültigen Positionen und Regeln lösen und sich der Möglichkeit zu neuen Erfahrungen aussetzen. Die Transformationen, welche das Theater vollzieht, verstärken so noch die Krisenerfahrung, welche die gesellschaftlichen Transformationsprozesse ausgelöst haben. Im Unterschied zu diesen jedoch eröffnet das Theater dem Zuschauer die Möglichkeit, sich mit Unsicherheit und Destabilisierung, mit Entgrenzung und Grenzüberschreitung, mit Irritation und Verstörung spielerisch auseinanderzusetzen. »* Erika Fischer-Lichte, « Zur Einleitung », *in* Erika Fischer-Lichte (dir.), *Transformationen*, Berlin, Theater der Zeit, Recherchen 2, 1999, p. 10-11.

14 Interview de Susanne Kennedy, Munich, chaîne télévisée allemande ZDF, mars 2017 : *« Das Theater ist hier das bewusstseinserweiternde Mittel, dass man hier eine Möglichkeit bekommt, nochmal ganz anders auf die Realität zu gucken, bzw. zu erfahren, mitten drin. Auch wenn der Zuschauer so weit weg sitzt von der Bühne, dass er dort trotzdem wie reingebeamt wird. Dass er wie zu einer Form halluzinierendem Zustand kommt. »*

rôle de novices, ils ne sont ni vivants, ni morts, et à la fois vivants et morts. Ils se trouvent dans un état « liminal », de seuil, dans un état général d'affaiblissement (notamment bien représenté par la figure du vieillard). Toutes les personnes impliquées dans ce rite de passage, qu'il s'agisse des acteurs/novices comme des spectateurs, forment ce que Victor Turner appelle la *communitas*, à distinguer de la communauté structurée et intégrée dans la société[15]. La *communitas* rassemble ses membres sans structure, sans hiérarchie, sans différencier les personnes, notamment en termes de genre. C'est cet état général d'affaiblissement et d'humilité qui permet d'accéder à une dimension sacrée et de procéder au passage vers un autre état, ici vers un apprivoisement de la mort elle-même et, de manière plus ironique, d'une époque disparue, les années 1990.

Dans ce processus enfin, la notion d'extase joue un rôle important, une recherche assumée dès les premiers mots prononcés au début du spectacle par la figure 3D, extraits de *The Psychedelic experience* de Timothy Leary :

> *You are now about to begin a great adventure, the journey out of your mind, you will travel far beyond familiar reality, enter the level of transcendent awareness, you will leave behind you your ego, your beloved personality, which will be returned to you at the end of this void, the goal of this trip is ecstasy*[16].
>
> « À présent, vous êtes sur le point d'entamer une grande aventure, le voyage de votre esprit, vous allez voyager bien au-delà de la familière réalité, pénétrer le niveau de conscience transcendantale, vous laisserez derrière vous votre égo, votre chère personnalité qui vous sera rendue à la fin de cet espace vide, le but de ce voyage est l'extase. »

Il s'agit là du début de cette œuvre dans laquelle l'auteur propose, après l'absorption de drogues hallucinogènes de type LSD et ecstasy, une méditation guidée dans les états successifs survenant au moment de la mort. C'est à travers la notion d'extase que la bascule de la jeune fille suicidée à l'expérience rituelle mystique peut s'opérer en rapprochant l'orgasme sexuel de la révélation mystique. En effet, comme l'explique Hélène Deutsch dans son article « De la satisfaction, du bonheur et de l'extase », l'extase est un état relié à la fois à la sexualité et au mystique. L'extase se définit comme un état de détachement de son propre corps

15 Victor W. Turner, *Le Phénomène rituel. Structure et contre-structure*, Gérard Guillet (trad.), Paris, PUF, 1990.

16 Timothy Leary, *The Psychedelic experience*, audio-livre, Chicago, Vibrance Press, 2017.

pour être transporté sur un plan d'illumination et d'émerveillement. Elle est associée d'une part à l'état qui peut être ressenti lors de l'orgasme, et d'autre part au sentiment que le moi vit une fusion de la part spirituelle de l'âme avec Dieu et que le sens de soi disparaît en faveur d'une conscience divine, plus élevée[17]. Hélène Deutsch précise que « toutes les confessions des extatiques permettent de démontrer à la fois l'origine sexuelle de l'expérience extatique et le fait que le but est atteint dans l'acte de la sublimation[18] ». Or, comme le montre l'analyse précédente sur le fantasme de la jeune fille et le titre du roman, celle-ci se définit par sa virginité (à l'exception, dans le roman, de Lux qui incarne plutôt le motif de la nymphette) et son impossibilité à accéder à cette extase sexuelle. Le spectacle permet d'opérer cette sublimation. Il y a une volonté d'atteindre l'extase par la pratique de danses et de chants rituels, proches de cris orgastiques. Les sœurs suicidées ne forment plus alors que des corps fantômes, scrutés par le regard des hommes à la fois mystifié et concupiscent, elles sortent de leur corporéité pour nous proposer une expérience transcendantale.

Dans le roman de Jeffrey Eugenides, les *Vierges suicidées* symbolisaient encore cet Éternel féminin récurrent dans l'histoire littéraire. Le motif de la jeune fille plus particulièrement, représentant cet état transitoire de l'adolescence, correspond à l'objet du regard et du désir des narrateurs, mais n'a pas de réalité propre en dehors du discours fictionnel masculin. Leur mort se comprend comme la conséquence de cette impossible construction identitaire, en dehors du fantasme. Ces figures ophéliennes incarnent un suicide virginal qui est ressenti chez les hommes comme un échec de leur virilité, comme s'ils n'avaient pas été en mesure de les faire advenir femmes.

Dans le spectacle *The Virgin Suicides / Die Selbstmord-Schwestern*, le travail de démythification des filles Lisbon opéré par la metteuse en scène transforme ces personnages qui n'ont jamais été que des fantômes en *personas* dégenrées et même déshumanisées. Ainsi dépouillées des fantasmes associés à leur corps, les filles Lisbon redeviennent à nouveau d'abord des âmes défuntes. Cet effacement des différences entre

---

17 Hélène Deutsch, « De la satisfaction, du bonheur et de l'extase », *Revue française de psychanalyse*, Paris, n° 1, vol. 74, 2010, p. 42.

18 *Id.*, p. 43.

les genres ainsi qu'entre narrateurs et filles narrées permet d'établir la *communitas* qui participe à cette performance rituelle centrée sur la liminalité, le passage ici de la mort à une libération de leurs esprits, alors que leur vivant fut marqué par l'échec adolescent de ce passage à la vie adulte. Ce spectacle nous interroge sur la puissance mystique du théâtre et sa capacité à nous transmettre des vérités par les sens. Dans sa dimension rituelle et performative, l'art scénique peut ainsi s'extraire des problématiques genrées, des notions de pouvoir du metteur en scène et de direction d'acteurs pour considérer l'expérience théâtrale comme une expérience communautaire et égalitaire. Mais de manière à la fois ironique et onirique, en croisant les références à une œuvre culte des années 1990, au manga japonais popularisé dans les programmes télévisés et même à l'esthétique théâtrale développée à cette époque, Susanne Kennedy met également en scène la nostalgie de toute une génération désenchantée en mal d'identité, dont sont issus à la fois le public et l'équipe technique, rassemblant une *communitas* de trentenaires et quarantenaires venus commémorer les vestiges culturels de leur propre enfance et part avec nous à la recherche des traces de sa jeunesse perdue, par-delà les stéréotypes de genre.

Priscilla Wind
Université Clermont Auvergne, CELIS

TROISIÈME PARTIE

LITTÉRATURE ET ARTS VISUELS

LE ROBINSON SUISSE DE WYSS À L'ÉPREUVE DE LA TRANSMÉDIALITÉ

Métamorphoses d'un mythe entre représentations littéraires et iconographiques

Robinson Crusoé a donné lieu à de multiples interprétations : Marie-Hélène Weber[1] accentue l'aspect religieux du roman qui couronne l'omnipotence de Dieu dans la réussite humaine ; Jean-Paul Engélibert insiste sur la corrélation entre religion et politique, interprétant le travail insulaire comme « une métaphore du capitalisme moderne[2] » émergeant. Robinson serait devenu une figure mythique car il incarne les contradictions de l'homme moderne à travers les valeurs qui lui sont associées, telles la ténacité, le pragmatisme, la collusion du matériel et de l'intellectuel. Des aspirations personnelles et divines sont toujours présentes dans les adaptations pour la jeunesse. Et le succès qu'elles connaissent au siècle suivant témoigne de la réussite de l'édification et de la distraction mêlées, chaque réécriture attestant de l'essor du genre et de son adaptation aux valeurs du temps des publications. Ainsi les robinsonnades publiées au XIXe siècle s'inscrivent-elles dans la filiation coloniale du *Robinson* de Defoe, chaque titre érigeant l'étendard patriotique sur un nouveau territoire.

Le Robinson suisse n'échappe pas à cette thématique : écrit par le pasteur suisse alémanique Johann David Wyss, il a été édité en allemand à Zurich en 1812 avec pour sous-titre : *Le Robinson suisse ou le Prédicateur suisse naufragé et sa famille. Un livre didactique pour les enfants et les amis des enfants à la ville et à la campagne*[3]. Rédigé pour ses enfants entre 1794 et 1798, il sera publié par l'un de ses fils en 1812 tandis qu'un autre

---

1 Marie-Hélène Weber, *Robinsons et Robinsonnes*, Toulouse, Éditions universitaires du Sud, « Études littéraires », 1993, p. 45.

2 Jean-Paul Engélibert, *La Postérité de Robinson Crusoé. Un mythe littéraire de la modernité (1954-1986)*, Genève, Droz, 1997, p. 61.

3 Johann David Wyss, *Der Schweizerische Robinson*, Zurich, Orell, Füssli & Co, 1812.

l'illustrera. La première traduction française est due à la baronne suisse Isabelle de Montolieu un an plus tard sous le titre *Le Robinson suisse ou Journal d'un père de famille naufragé avec ses enfants* ; en 1824, elle donne une suite à l'histoire inachevée et remanie quelques chapitres, publiée chez Arthus Bertrand[4]. En 1837 paraît *Le Robinson suisse, histoire d'une famille suisse jetée par un naufrage dans une île déserte. Avec la suite donnée par l'auteur lui-même*[5], nouvelle traduction de l'allemand d'Élise Voïart. L'exemplaire traduit en 1864 par Eugène Müller et édité par Pierre-Jules Hetzel est accessible sous le titre *Le Nouveau Robinson suisse, traduction nouvelle par E. Müller. Revu, corrigé et mis au courant de la science par P.-J. Stahl*[6], illustrations de Yan'Dargent, paru dans la « Bibliothèque d'éducation et de récréation » de Hetzel. *Le Robinson suisse* souligne la porosité entre l'acte de traduire et la transmédialité car ses traductions s'accompagnent d'une double exploration narrative et iconographique qui le transforme en roman illustré (traduction de Frederich [Frédéric] Muller chez Mame, avec illustrations de Karl Girardet en 1853). Il prend la forme d'un album de trente-huit pages édité par Pellerin à Épinal avec gravures coloriées par Adrien Linden en 1876. En 1974, il paraît en bande dessinée de quarante-huit pages sous le titre *Le Robinson suisse et sa famille* de Johann Wyss, chez Williams dans la série « Les plus grands auteurs en bande dessinée ». En 1994, *Le Robinson suisse* de Rodolphe Wyss est publié aux éditions Casterman, dans la « Bibliothèque bleue » et clôt la liste des réécritures textuelles et illustrées. Une adaptation cinématographique sort en 1998, *Les Naufragés du Pacifique* (*The New Swiss Family Robinson*), film américain de Stewart Raffill, avec Jane Seymour, David Carradine. Enfin, en 2016 est sorti le film d'animation *La Tortue rouge* de Michael Dudok de Wit. La titrologie révèle un affranchissement de la visée éducative au profit de l'aventure exotique d'un héros pluriel quand ce n'est pas un animal totémique. Notre corpus d'étude s'appuie ainsi sur les publications les plus représentatives des invariants de la

4 Johann Rudolf Wyss, *Le Robinson suisse ou Journal d'un père de famille naufragé avec ses enfans*, Isabelle de Montolieu (trad. et continuation), Paris, Arthus Bertrand, 1824.

5 Johann Rudolf Wyss, *Le Robinson suisse, histoire d'une famille suisse jetée par un naufrage dans une île déserte. Avec la suite donnée par l'auteur lui-même*, Élise Voïart (trad.), Paris, Garnier Frères, 1837.

6 Johann Rudolf Wyss, *Le Nouveau Robinson suisse, traduction nouvelle par E. Müller. Revu, corrigé et mis au courant de la science par P.-J. Stahl*, Eugène Müller (trad.), Paris, Hetzel, « Bibliothèque d'éducation et de récréation », 1864.

robinsonnade dans *Le Robinson suisse.* Cette sélection s'explique par la multitude des traductions et des illustrations de l'œuvre de Wyss, dont le succès a éclipsé le roman de Defoe au XIXe siècle. Ses adaptations filmiques en ont également favorisé la divulgation à tout public.

Notre objectif est d'analyser, à travers l'exemple du *Robinson suisse*, comment le mythe de la robinsonnade a évolué au prisme de ses traductions textuelles, iconographiques et cinématographiques. Est-il dénaturé, revivifié, abandonné ou vulgarisé par les réécritures transmédiales ? Pour répondre à cette question, il faut d'abord envisager comment et pourquoi la réécriture de l'hypotexte *Robinson Crusoé* à destination de la jeunesse a inauguré un phénomène de transmédialité fertile. Un deuxième axe de réflexion portera sur l'exploitation des invariants de la robinsonnade au prisme des nouvelles productions. Enfin, la transmédialité du *Robinson suisse* interroge sur la capacité de résistance ou d'adaptation d'un mythe à l'épreuve de l'horizon d'attente en mutation perpétuelle.

RÉÉCRITURES POUR LA JEUNESSE ET TRANSMÉDIALITÉ

Nous partons du postulat que l'écriture à destination de la jeunesse à partir d'un ouvrage source, initialement à l'intention des adultes, constitue en soi un passage transmédial par la forme adoptée, par les transformations de fond et de forme opérées en vue d'une adaptation à un public juvénile. Les illustrations successives du *Robinson suisse*, de 1812 à nos jours, révèlent les métamorphoses du mythe, sa subordination aux attentes des pédagogues et des éditeurs pour enfants. *Robinson Crusoé* a généré un engouement indéniable à sa parution, mais curieusement le *Robinson suisse* de Wyss l'a dépassé en notoriété un siècle plus tard. D'un Robinson l'autre, doit-on alors parler d'adaptation ou de détournement ? Jean-Jacques Rousseau estime que le livre de Defoe est à cet égard le seul digne d'être proposé à la lecture des enfants, à condition de le remanier : « Ce roman débarrassé de tout son fatras, commençant au naufrage de Robinson près de son île, et finissant à l'arrivée du vaisseau qui vient l'en tirer, sera tout à la fois l'amusement et l'instruction d'Émile [...].

Je veux [...] qu'il pense être Robinson[7] [...] ». Ainsi définie par le philosophe, l'histoire revêt une double fonction didactique et moralisatrice qui confronte l'enfant au principe de réalité et l'incite à « se comporter sérieusement avec son rêve[8] », pour paraphraser Marthe Robert. Ainsi le bonnet de fourrure et la peau de bête qui l'accompagnent dans les premières illustrations sont-ils remplacés par le parasol, la scie et le mousquet, conservant toujours un rapport métonymique avec lui, mais l'inscrivant dans une perspective civilisationnelle de confort.

La première adaptation anglaise du roman de Defoe destinée aux enfants date de 1768, mais selon Isabelle Nières-Chevrel, « c'est l'Allemand Joachim Heinrich Campe qui accomplit la démarche décisive et fait entrer définitivement le personnage de Robinson dans les classiques de la jeunesse[9] ». En 1779, *Robinson der Jüngere* met en scène un père-pédagogue qui s'approprie la parole de Robinson et raconte à ses enfants les aventures du héros né à Hambourg et non plus York. Ici apparaît un système énonciatif qui deviendra central dans les livres pour enfants, qui est la prise de parole à la première personne par un adulte, narrateur-personnage, s'adressant à de jeunes auditeurs intradiégatiques, posant des questions à l'instar de celles que pourraient se poser les lecteurs.

On constate donc que quatre phénomènes de transfert apparaissent et assurent le passage d'une œuvre à l'autre, en étant subordonnés à des enjeux sociétaux : l'iconographie évolutive, la traduction, la réduction et le transfert énonciatif d'un locuteur aventurier à un locuteur paternel, pour ne pas dire paternaliste, comme c'est le cas avec Wyss. Toutefois peut-on parler de défiguration du modèle par *Le Robinson suisse* de Wyss ?

Avec *Der Schweizerische Robinson*, un texte qui aurait pu rester au sein de la famille devient « la seconde grande robinsonnade européenne[10] ». Une famille suisse – le père, la mère et leurs quatre fils (Fritz, Ernst, Jack et Franz) – s'échoue sur une île déserte. Seuls survivants d'un naufrage, ils parviennent à sauver un certain nombre d'animaux et d'objets de l'épave. Ils vont vivre de chasse, de pêche et de cueillette, mais aussi

7 Jean-Jacques Rousseau, *Émile ou De l'éducation*, Livre III, [Paris, Nicolas Bonaventure Duchesne, 1772], Paris, Garnier Flammarion, 1966, p. 238-239.

8 Marthe Robert, *Roman des origines et origines du roman*, Paris, Gallimard, 1981, p. 141.

9 Isabelle Nières-Chevrel, « Avant-propos », *Revue de littérature comparée*, n° 304, « L'invention du roman pour la jeunesse au XIXe siècle », Isabelle Nières-Chevrel (dir.), octobre-décembre 2002, p. 414.

10 *Id.*, p. 415.

domestiquer des animaux sauvages, cultiver des champs et construire toutes sortes d'outils, de bateaux et de cabanes. Ils vont aussi devoir affronter des animaux dangereux – boa, lion, tigre, ours… Au fil des années, ils font de cette île sauvage un petit paradis. Dix ans plus tard, ils y rencontrent une jeune Anglaise naufragée, Miss Jenny. Un navire aborde finalement dans l'île et la famille doit choisir : rester et fonder la colonie de la Nouvelle-Suisse, ou tout abandonner et rentrer en Europe…

Si Wyss reprend bien le naufrage fondateur, il obère totalement le déni symbolique du père au profit d'une expérience familiale destinée à réaffirmer la Loi paternelle. Le pasteur, auteur occasionnel, se reproduit lui-même en tant que pasteur et *paterfamilias* dans son histoire. Selon Danielle Marcoin, le premier *Robinson suisse* révèle une « récupération de l'espace de liberté des enfants par la cellule familiale[11] » et propose un musée d'histoire naturelle sur une île hospitalière qui élude le problème de la rencontre avec l'autre. Dans la filiation des Lumières avides du partage des connaissances par le truchement d'institutions publiques, le roman offre une mise en abyme des savoirs encyclopédiques sous couvert de moralité et d'obédience protestante. Le pasteur ne manque pas une occasion d'honorer la Providence et l'iconographie se charge d'en restituer l'hommage divin comme en témoignent les dessins de Charles Lemercier et Gustave Staal dans l'édition Garnier Frères[12] de la version d'Élise Voïart : la famille regroupée sur un rocher salvateur se réunit dans une prière universelle de remerciements au Sauveur, avec le regard tendu vers le ciel, les mains jointes, les enfants et la femme agenouillés.

Trois phénomènes contribuent à une nouvelle forme de transmédialité : la traduction, l'illustration et l'invention d'une suite s'inscrivent dans un processus d'amplification de l'œuvre à visée éducative. Le nouveau *medium* constitué est duel : la littérarité de la traduction et l'iconographie sous-tendent le didactisme d'une production. La solennité des propos trouve un écho dans des scènes où la religiosité le dispute au pittoresque. L'histoire du *Robinson suisse*, si elle reprend dans ses grandes lignes le schéma narratif de l'hypotexte anglais, n'en demeure pas moins originale par les transformations idéologiques, les suites imaginées par les traducteurs de l'allemand fondées sur un *credo* aristotélicien : « *movere* » et « *docere* ».

11 Danielle Marcoin, *Le Roman d'aventure à l'école. Les héritiers de « Robinson »*, Paris, Bertrand-Lacoste, 1997, p. 17.

12 Wyss, *Le Robinson suisse*, Élise Voïart (trad.), *op. cit.*, chap. I, p. 16.

L'adéquation entre l'œuvre de Wyss et les attentes du lectorat français au moment de ses traductions est mise en exergue dans les notes de traducteur et les préfaces comme celle de Charles Nodier pour la traduction d'Élise Voïart en 1824. C'est un éloge du *Robinson suisse* pour ses qualités morales et scientifiques en faisant un Buffon illustré, une encyclopédie de la nature en action : « Le Robinson de Daniel Defoe est un chef-d'œuvre, mais c'est un chef-d'œuvre froid, qui laisse le cœur froid [...] », la solitude et l'égoïsme du héros éponyme tourmentent plus qu'ils ne touchent. Charles Nodier rappelle que cette insensibilité doublée d'immoralité est palliée par *Le Robinson suisse* de Wyss qui a le mérite de s'interroger sur les capacités humanistes et solidaires de l'homme en qui résonne la phrase de Térence : « *Homo sum ; humani nihil a me alienum puto*[13] ». Et d'ajouter : « [...] imiter comme Monsieur Wyss, [...] c'est prêter une âme à l'ébauche de l'artiste. [...] *Le Robinson suisse* mérite peut-être la première place parmi tous les ouvrages d'imagination destinés à l'enseignement des enfants et à celui des hommes[14] ». La philanthropie exemplaire et la légende des siècles de l'humanité embrassée par l'œuvre sont portées au pinacle par le préfacier.

L'introduction d'Élise Voïart insiste sur son souci scrupuleux de traductrice et la recherche d'une fin nouvelle : d'ailleurs, la mise en regard des épilogues offre un panorama des possibilités d'harmonie finale qui souscrivent à l'esprit colonialiste du moment et aux romances romantiques. Fritz repart avec Miss Jenny en Europe tandis que ses parents et ses frères cadets demeurent sur l'île ; mais le père lègue le manuscrit aux marins qui vont appareiller afin que son témoignage reste dans les mémoires et honore la Suisse. Le manuscrit a valeur de cénotaphe et sa conclusion offre une interprétation de la fable. Les vertus morales et didactiques du texte original sont toujours présentes.

Les notes de traducteurs et les préfaces mettent ainsi en exergue une indispensable modification de *Robinson Crusoé* par le biais des épilogues, mais aussi par les *incipit* qui soulignent les invariants de la robinsonnade.

13 Charles Nodier, « Introduction », *in* [Wyss], *Le Robinson suisse*, Élise Voïart (trad.), *op. cit.*, p. VII.

14 *Ibid.*

LES INVARIANTS DE LA ROBINSONNADE AU PRISME DE LA TRANSMÉDIALITÉ

Les motifs propres à la robinsonnade établissent un dialogue entre les productions au fil des siècles, à travers la comparaison des cinq étapes constitutives du mythe : la présentation du héros et du naufrage, la découverte de l'île, la construction de l'habitat, la rencontre de l'autre, le retour. Quatre types d'images illustrent le roman : les scènes d'imploration, les représentations de la faune et de la flore empruntées pour certaines au *Buffon des enfants*, les séquences spectaculaires confinant au fantastique et s'inscrivant dans la mode gothique du XIXe siècle, les dessins des habitats successifs qui se réduisent au fil du temps pour devenir des allusions métatextuelles comme dans le film de Raffill. Cet amenuisement correspond au prime objectif d'exposition de la mer sauvage, « *den wild see*[15] ».

Les *incipit* offrent toujours un portrait disséminé de la famille. Dans les éditions Casterman et Hetzel, le récit est fait par le père qui présente la famille dès les premières lignes : quatre fils et une épouse, implorant avec ferveur Dieu de les sauver. Fritz, l'aîné, entreprenant et aventureux[16], Ernest le second fils « de douze ans environ, intelligent, mais timide et indolent[17] », Jacques, troisième fils, « un espiègle de dix ans[18] », François, le plus jeune âgé de six ans, ingénieux et calme, sont valorisés par leurs efforts pour sauver la famille du navire échoué et dont elle doit s'extirper afin de gagner le rivage. Le bateau, abandonné par l'équipage au moment du naufrage tient de l'arche de Noé, renfermant en ses cales, deux dogues, une chèvre, deux brebis, un âne, une vache, des poules, des moutons, que les deux aînés accompagnés du père sauront ramener à terre. La famille passe dix ans à apprivoiser l'île, à la « civiliser », bâtissant des demeures, désignées par les noms de résidence principale, résidence secondaire, maison de campagne, avant l'apparition d'une jeune Anglaise, Miss Jenny. C'est Fritz, l'aîné, qui découvre l'existence de cette dernière sur un autre bras de l'île, après une navigation en solitaire.

15 Daniel Defoe, *Robinson Crusoé*, Pétrus Borel (trad., revue par Jean-Pierre Naugrette), Paris, Le Livre de Poche, 2003, p. 84.

16 Rodolphe Wyss, *Le Robinson suisse*, Paris, Casterman, 1994, p. 4.

17 *Ibid.*

18 *Id.*, p. 5.

Les images se rapportant au naufrage sont révélatrices à cet égard de l'évolution des mentalités au fil des siècles. L'iconographie de la version d'Élise Voïart atteste d'une vision pascalienne de la nature dans laquelle l'homme se réfugie au sein d'un petit cachot sur terre et ne peut faire qu'œuvre d'humilité : c'est le cas des deux images qui précèdent l'introduction de Charles Nodier. Le dessin en plongée donne une vision vertigineuse de la pinasse de la famille perdue au sein des flots[19]. Les deux dessins du navire chavirant se rattachent à la vision catastrophique qui inaugure le mythe de Robinson dans toutes les versions : bateau bringuebalé et en équilibre, flots tumultueux à grands traits nerveux, disproportion des éléments pour humilier l'homme et accentuer le péril de la condition humaine. Yan'Dargent ne faillit pas à la tradition des représentations catastrophiques et dessine un naufrage[20], à la manière du *Radeau de la méduse* de Géricault (1818-1819) : les naufragés y ont les mêmes gestes désespérés d'imploration divine au milieu des éléments déchaînés ; la vue en plongée et la miniaturisation des hommes et de leurs constructions accroissent la sensation de perdition et de désespoir. Plus grande sera la reconnaissance envers le Sauveur.

L'acheminement des tonnes est aussi le trait commun à toutes les images avec plus ou moins de simplification comme en témoignent l'album de l'imagerie Pellerin et les illustrations d'Adrien Linden. Au tracé particulièrement fin des illustrateurs soucieux du détail s'oppose la réduction minimaliste du filmage de la scène de l'échouage de la famille Robinson par Stewart Raffill. Après quelques plans d'ensemble sur les vagues et les enfants manquant de se noyer en pleine nuit, le montage en fondu-enchaîné laisse ensuite paraître un panorama de l'île au soleil, dévoilant l'ambivalence de l'île, refuge et exil.

Le début *in medias res* fait partie des transformations apportées à *Robinson Crusoé* par l'œuvre de Wyss et recommandées par Jean-Jacques Rousseau au nom d'une efficacité didactique :

> Wyss a cru devoir se dispenser d'entrer dans des détails d'avant-scène ; l'action commence au moment même du naufrage, et, semblable à un auteur dramatique, il ne nous fait connaître les acteurs que par leur langage et leurs

19 Wyss, *Le Robinson suisse*, Élise Voïart (trad.), *op. cit.*, page de garde.

20 Johann Rudolph Wyss, *Le Nouveau Robinson suisse*, Eugène Müller (trad.), Paris, [Hetzel, 1864], Ramsay/Jean-Jacques Pauvert, 1990, p. 1.

actions. Ainsi que lui, nous renvoyons à la narration le lecteur, qui bientôt sera familiarisé avec les personnages[21].

L'édition de 1853, chez Mame (éditeur catholique), approuvée par l'archevêque de Paris est illustrée de vingt-quatre gravures de Karl Girardet[22]. Dans *Le Robinson suisse*, son trait offre un voyage pittoresque en compagnie de la famille. Habitué des scènes de genre, il trace ici des anecdotes soulignant les faits marquants de la vie insulaire familiale, et notamment les découvertes de la faune par les enfants sous le regard bienveillant du père.

Le pittoresque naît dès les premières lignes ou les premières scènes, par le naufrage au sein des flots déchaînés : le *topos* de la « mer sauvage » est indispensable à l'installation du mythe dans une situation de catastrophe. Yan'Dargent[23] s'adonne particulièrement aux scènes naturalistes et aime surtout insister sur des contrastes entre la petitesse de l'homme et l'immensité de la nature. Il confère au texte une allure fantastique, accordant son trait sinueux aux hyperboles épiques de Wyss qui marque l'étonnement et la fougue de ses personnages enfantins que doit juguler un père toujours raisonnable et porteur de la bonne parole. Peu lui chaut la disproportion, il faut une nature tourmentée qui dissone avec la paix évangélique que veut dispenser le père : des rochers dantesques, des enfants mal tournés, des visages de sacristains, des arbres torturés, des ciels en tumulte concordent strictement avec la scène décrite. L'image exerce une indéniable *captatio* sur l'enfant, et l'éditeur Hetzel en est conscient, à l'instar de Marie Pape-Carpantier[24] qui déclare aux instituteurs réunis à la Sorbonne en 1867 : « Quand un enfant ouvre un livre, la première chose qu'il fait ce n'est pas de regarder

---

21 Johann Rudolph Wyss, *Le Robinson suisse ou Histoire d'une famille suisse naufragée*, Frederich Muller (trad.), 8e éd., illustrée [avec] 24 gravures sur bois d'après K[arl] Girardet, Tours, Mame, 1853, p. 10.

22 Le peintre, soutenu par Louis-Philippe, quitte la France pour l'Allemagne après la Monarchie de Juillet et revient à Montmartre en 1857 où il réside jusqu'à sa mort en 1871. Il se met à illustrer des ouvrages à partir de 1844, dont ceux de Rousseau, Eugène Sue, Töpffer, La Fontaine, le Chanoine Schmid. Illustrateur chez Mame, l'un des principaux éditeurs catholiques pour la jeunesse du XIXe siècle, son abondante production est méconnue.

23 Le peintre breton, encensé par Théophile Gautier pour *Les Lavandières de la nuit*, trouve dans l'illustration, comme son rival Gustave Doré, une rémunération plus régulière que la vente de ses toiles. Il n'illustre pas moins d'une vingtaine d'ouvrages, de Dante aux frères Grimm en passant par Wyss.

24 Cité par François Robichon, *Job ou l'histoire illustrée*, Paris, Herscher, 1984, p. 22.

les pages écrites, mais de regarder s'il y a des images [...], lesquelles, qu'il sache lire ou non, lui disent toujours quelque chose. »

L'image devient un *medium* indispensable à la *captatio* et à l'apprentissage, alliant récréation et éducation. Elle contribue notamment à la plasticité du mythe de Robinson. *Le Robinson suisse* devient ainsi un « magasin des enfants » qui regorge d'images fixes et mobiles enclines à charmer le jeune lecteur et l'adulte. Mais Yan'Dargent et les cinéastes s'emploient également à restituer la domestication de l'île par les constructions successives.

Le point commun à toutes les réécritures du *Robinson suisse* est la présentation des habitats successifs de la famille. Le premier logis est l'espace ouvert de la plage avant qu'il ne soit borné pour ériger une tente à l'abri d'une grotte. Vient ensuite l'étape des barricades autour d'une hutte terrestre improvisée avec des planches et des coffres protégeant l'accès à une tente. Il faut aussi trouver refuge dans un arbre pour être à l'abri des animaux rodeurs. Dès le premier *Robinson suisse* de 1812, Johann Emmanuel Wyss dessine la résidence de Falkenhorst, maison perchée dans un arbre. Le vocabulaire qui désigne les logements des Robinsons est emprunté à la civilisation occidentale et c'est une constante quelle que soit la réécriture : Robinson Crusoé descend de son « appartement[25] » et précise « c'est-à-dire de l'arbre ». L'appropriation insulaire commence par la langue qui institue une fonctionnalité urbaine à l'île, qui devient « la terre du moi » symbolisée par la couverture de l'édition Casterman pour la jeunesse (de Philippe Munch) en 1994 avec des contours cerclés de noir aux allures de croquis, ou bien celle de Lemercier et Staal pour les éditions Garnier Frères avec l'idée qui germe dans la tête de l'épouse et est métaphorisée par le dessin de la voûte d'arbres au-dessus de la mère de famille[26].

Le film de Raffill présente les ébauches crayonnées sur papier par le père et qui accompagnent l'élaboration de la bâtisse aérienne. Tous les projets auctoriaux convergent vers cette bâtisse dont le film propose la genèse comme celle d'un récit. L'habitat aérien jouit d'un certain confort mais ne pallie pas les désagréments hivernaux des pluies torrentielles ; ainsi naît le vœu d'une résidence d'hiver que vient exaucer à point nommé la découverte d'une grotte de sel gemme, fort lumineuse.

25 Defoe, *Robinson Crusoé*, *op. cit.*, p. 89.

26 Wyss, *Le Robinson suisse*, Élise Voïart (trad.), *op. cit.*

L'union familiale également orne le frontispice des éditions Hetzel encore plus symbolique : en effet l'image allie l'espace insulaire de la grotte herbeuse construite dans un arbre étonnamment creux et profond qui regroupe en son centre la sainte famille. Le premier plan duplique la scène du second plan par la présence d'une mère cane et de ses quatre petits, les tonnes à gauche en bas de l'image rappellent le naufrage et ce qui a été sauvé. Mais la partie supérieure de l'image a une valeur proleptique car en présentant les vaches des alpages suisses, elle anticipe la fin de l'histoire et l'objectif nouveau de la robinsonnade au XIXe siècle : une « patriotisation » des terres conquises. En effet, comme le rappelle Lise Andries, « les robinsonnades publiées au XIXe siècle reprennent de façon significative l'héritage colonial et nationaliste du roman : on trouve un Robinson russe, un Robinson américain [...], un Robinson français (*Les Robinsons français ou la Nouvelle Calédonie*, publiés en 1878), etc. ; autant de petits drapeaux plantés sur de nouveaux territoires. *Le Robinson suisse* n'échappe pas à cette tradition, puisque la famille plante un drapeau helvétique sur un promontoire de l'île[27] » et baptise celle-ci du nom de Nouvelle-Suisse.

D'ailleurs, les *excipit* affichent clairement l'intention coloniale par le désir des familles de rester et de faire venir de nouveaux habitants ; celui de l'édition Hetzel ajoute même que l'île est devenue une ville florissante où « les mauvaises passions n'ont point encore pénétré[28] ». Seule la version cinématographique échappe à cette intention puisque l'histoire se termine par une fuite de l'île piégeuse par la faune ou la flore en écho au Buffon des animaux et à un fantastique gothique.

La troisième série d'images rencontrée est en lien avec le caractère encyclopédique donné aux œuvres romantiques pour la jeunesse : le XIXe siècle offre pléthore de publications enfantines à caractère scientifique qui empruntent au *Buffon des enfants* illustré par Félix Lorioux ou bien Adrien Linden, qui a également orné la version écourtée des éditions Pellerin. Le trait nerveux de ce dernier traduit les mouvements des animaux, leurs regards, leur corpulence et leur confrontation à l'homme. Défilent ainsi le boa broyant l'âne, l'autruche poursuivie par un aigle, les ours qui « marchent bravement sur leurs agresseurs[29] ».

27 Lise Andries (dir.), *Robinson*, Paris, Éditions Autrement, 1996, p. 15.

28 Wyss, *Le Nouveau Robinson suisse*, Eugène Müller (trad.), *op. cit.*, p. 461.

29 Johann Rudolph Wyss, *Robinson suisse*, avec gravures coloriées par Adrien Linden, Épinal, Pellerin, 1876, p. 23.

L'édition Hetzel choisit les vignettes travaillées et fines de Yan'Dargent qui transforment la rencontre des hommes et des animaux en scènes spectaculaires, à connotation fantastique dans le face à face entre le gigantisme animal et la petitesse humaine. Le danger dans le film vient de l'autre, incarné de façon caricaturale par un meurtrier américain et par une jeune sauvage, prénommée Françoise (avatar de Miss Jenny ?).

Selon les recommandations rousseauistes et les arguments de Charles Nodier, l'autre n'est pas indispensable à la vertu morale et didactique du nouveau Robinson de Wyss qui nous ramène au berceau de l'humanité et entend montrer comment une famille renoue avec la simplicité de la vie naturelle par ses qualités intellectuelles, manuelles et morales. « Il ne s'agit que d'un inconvénient inévitable de son sujet, d'un vice qui était inhérent à la forme de son ouvrage, et que le rôle épisodique de Vendredi, d'ailleurs si ingénieux et si touchant, ne pouvait pas complètement racheter[30] ». L'absence de l'autre fait écho à celle de la déréliction et exhausse la solidarité familiale. Cependant l'altérité prend de nouvelles formes. Elle est envisagée sous l'angle de la rencontre d'une jeune fille, elle aussi naufragée, qui participe à la maturation des garçons. Outre une présence féminine extérieure, le film de Raffill propose une seconde manifestation de l'altérité à travers la corruption occidentale et la cupidité malveillante incarnée par Shelton, contrebandier, voleur, assassin en herbe bien maladroit et ridicule, comme en témoigne la scène d'exposition ou sa fin pitoyable (il écume de rage dans les flots) au dénouement.

La jeune fille de Wyss, outre le fait qu'elle anglicise le roman alémanique, ouvre de nouvelles perspectives sur le Robinson féminin que saura exploiter Giraudoux dans *Suzanne et le Pacifique*. La naufragée anglaise trouve sa correspondance cinématographique dans le personnage caricatural de la naufragée de l'air orpheline Françoise, dont la métamorphose en jeune fille amoureuse de l'aîné, Chain Robinson (équivalent de Fritz / Frédéric) est tout aussi fulgurante que celle de ses vêtements.

L'altérité n'a donc pas totalement disparu, elle est escamotée puis détournée vers un objectif de formation, ouvrant la voie aux robinsonnes, à une féminisation du mythe que reprennent les films de Raffill et de Dudok de Wit. L'énonciation y offre une passerelle vers le témoignage féminin comme le prouve la voix *off* de la fille Robinson du couple américain du film de Raffill détournant le mythe de Robinson.

30 Wyss, *Le Robinson suisse*, Élise Voïart (trad.), *op. cit.*, introduction de Nodier, p. VII.

DÉTOURNEMENT DU MYTHE DE ROBINSON

Le film de Stuart Raffill s'ouvre et se clôt sur la voix *off* d'Elizabeth Robinson, la fille du couple en partance pour l'Australie. Elle tient un journal sur son ordinateur avant de le remplacer par un manuscrit après le naufrage. La fillette devient la mémoire vivante, orale et écrite avant de s'inscrire au panthéon des Robinsons. Sa déclaration finale pose la question des enjeux actuels des robinsonnades au prisme des *media* : société consumériste, corruption, écologie et sens de la vie selon une réflexion affranchie de tout dogme religieux.

Outre le relais testimonial assuré par l'instance narrative féminine après la voix masculine et paternelle des récits du XIXe siècle, il faut ajouter la mission morale dévolue désormais à l'enfant et la perpétuation du récit de voyage par la cartographie. Les premières illustrations de l'île par Johann Emmanuel Wyss trouvent un prolongement au XXe siècle chez Casterman qui ajoute une carte de l'île de la famille Robinson afin de topographier le mythe par l'an/encrage des noms de l'île du Requin, de la rivière du Chacal, de la baie des Singes mais aussi de dessiner l'histoire des constructions humaines avec la tente de Zeltheim, le château d'arbre de Falkenhorst. La simplification littéraire et iconographique laisse place à une épure qui atteint son paroxysme avec le film de Dudok de Wit, *La Tortue rouge*, épure poétique.

Oscar du meilleur film d'animation, prix spécial « Un certain regard » au Festival de Cannes en 2016, *La Tortue rouge* de Michael Dudok de Wit renvoie aux mythes fondateurs avec l'histoire d'un naufragé sur une île déserte, au milieu d'une nature luxuriante et de quelques animaux. À chaque fois qu'il tente de s'échapper, une mystérieuse tortue rouge détruit son embarcation au large, l'obligeant à regagner sa prison à ciel ouvert. De la carapace de cet étrange animal va sortir une jeune femme de rêve et la naissance du couple. Un enfant va naître de cette union, et la fable traverser tous les âges jusqu'à la vieillesse et la mort.

D'abord assailli par la peur de mourir seul loin de tout, le Robinson est guidé par une « tortue totémique » qui rappelle les *kami*[31] shintoïstes

31 *Kami* : divinité ou esprit vénéré dans la religion shintoïste. Le *kami* est souvent un élément naturel, un animal, une force de l'univers. Un vivant peut devenir un *kami* après sa mort

chères à Miyazaki[32]. Ce n'est qu'après avoir renoncé à l'idée d'un retour qu'il peut entamer sa marche vers la quiétude. Le vide de l'île se mue en repères de vie, comme dans l'hypotexte suisse ou anglais. Le cinéaste recourt à une synesthésie permanente pour mettre en images le vagissement de la houle, le bruissement sec des pattes d'une bande de crabes fascinés par le spectacle du naufragé acharné à construire son radeau ; la tessiture de la pluie est modulée par le chant des grillons qui se synchronise sur le souffle des humains et l'ensemble compose une « symphonie robinsonnienne ». Le réalisateur matérialise l'éveil de la passion en filmant en plongée et en travelling le cheminement du couple dans les hautes herbes. Tout le *Robinson suisse* se retrouve dans son plus simple apparat : l'amour, l'initiation, la nature, la survie qui devient vie, la mort y constituent une légende des siècles épurée.

Les réécritures cinématographiques reprennent la trame narrative du *Robinson suisse*, la dépouillent de la Bible mais pas pour autant d'une religiosité naturelle dans le cas de *La Tortue rouge* qui joue constamment d'un syncrétisme naturel et humain. La vertu éducative initiale se mue en poésie initiatique. Dudok de Wit reprend la pensée géographique embryonnaire de Wyss par des aplats chromatiques de bruns et de bleus. Il rompt avec l'engouement classique « pour une taxonomie fondée sur l'observation des caractères visibles[33] » au profit d'une relation harmonieuse avec l'environnement et de la sérénité. Son film file une métaphore de l'amour rousseauiste, de la vie en famille dans un espace aquatique dont Bachelard souligne qu'il est espace de rêverie. La séquence d'un tsunami dévastateur remplace avantageusement toutes les descriptions alanguies des mauvais jours d'hiver de l'île tropicale. Elle innerve une parabole animée dans laquelle l'homme accepte d'être partie intégrante de la nature. La femme sort de la tortue rouge (telle Vénus sortie des eaux) et y revient en fin de vie comme dans une parabole biblique, mais le récit renoue avec les grands mythes de l'existence comme celui de

---

à force d'incarner les vertus d'un *kami*.

32 Hayao Miyazaki est un dessinateur et réalisateur de films d'animation japonais, dont les thèmes de prédilection sont la relation entre l'homme et la nature, et dont les protagonistes des films ont à voir avec les *kami*. Michael Dudok de Wit, le réalisateur néerlandais, est reconnu comme le digne épigone de celui-ci, et s'est inspiré des paysages du Japon et des Seychelles pour son premier long métrage, *La Tortue rouge*.

33 François Walter, « Lecture d'un espace insulaire. Le "Robinson suisse" de J.-D. Wyss », *Geographica Helvetica*, n° 3, 1983, p. 122.

Sisyphe car le naufragé recommence vainement trois fois la construction de son radeau.

Le film offre une piste eschatologique par l'enfant que donne la femme au naufragé, le déliant ainsi de son aliénation du désir de partir, de fuir. Les âges de la vie sont tous récapitulés en une heure vingt minutes dans un film d'animation qui porte bien son nom : *anima* et *animus* désignent l'âme et l'esprit, le féminin et le masculin, qui dédouanent du dualisme cartésien corps/âme, offrant ainsi une belle illustration du passage de l'écrit à l'écran.

De l'écrit à l'écran, la métamorphose du *Robinson suisse* repose sur des invariants qui assurent une transmission mythique adaptée aux problèmes contemporains et à tout public. Contrairement aux idées reçues, l'iconographie et les réécritures cinématographiques peuvent dépasser l'objectif simpliste de vulgarisation d'un classique ou de divertissement gratuit. En effet, le travail mené par les fils de Johann David Wyss est déjà une première étape dans le prolongement du texte source, tant par les illustrations que la suite inventée, éléments que reprendront les continuateurs du XIXe au XXIe siècle. L'île se prête toujours autant aux jeux de la subjectivité qui est composante du réel et si les réécritures textuelles se conforment à l'absence d'affectivité de l'hypotexte, elles trouvent une expression inédite dans l'écriture cinématographique de longs métrages.

Les réécritures comme les illustrations abondent dans le sens de l'éducation et de la vertu moralisatrice par des vignettes larmoyantes de Lemercier et Staal. Elles amorcent une ébauche fantastique avec les scènes dantesques de Yan'Dargent, et trouvent elles-mêmes une hyper-iconographie dans les productions filmiques. Ces dernières dévient le projet apologétique et religieux de Wyss : il n'est plus question de rendre grâces à Dieu dans des scènes d'oraison, mais il s'agit de prôner un retour à la simplicité de la vie naturelle en famille, soit par le truchement d'une aventure policière aux ficelles faciles comme avec Stewart Raffill, soit par un panthéisme nécessaire au repos de l'âme, affichant une orientation eschatologique avec Dudok de Wit. Le roman est devenu un conte aquatique, une fable écologique, une parabole muette. Un double mouvement d'amplification et d'épure caractérise le phénomène de transmédialité appliqué au *Robinson suisse* de Wyss : à l'élargissement des fins familiales heureuses et équilibrées s'opposent le retour en famille sur le continent salvateur de Raffill ou bien la persistance d'une vie cosmique et naturelle chez Dudok de Wit.

Le langage foisonnant et didactique de l'œuvre *princeps* de Wyss connaît une première simplification quasi caricaturale de la voix enfantine et féminine dans le film de Raffill ; la parole évincée de l'œuvre de Dudok de Wit donne un relief inattendu à la situation du naufragé. La musique, le silence et l'image animée y offrent un code linguistique épuré. Le dernier maillon de la chaîne transmédiale, *La Tortue rouge*, est un exemple de mutation d'autant plus réussie qu'il renoue avec « la passion de la patience[34] » endurée par le naufragé britannique et édulcorée par *Le Robinson suisse.*

Laurence OLIVIER-MESSONNIER
CELIS

34 Jacques Dubois, « Robinson ou la passion de la patience », *in* Daniel Defoe, *Robinson Crusoé*, Pétrus Borel (trad.), Arles-Bruxelles-Montréal, Actes Sud-Labor-Leméac, « Babel », 1995, p. 411.

TRADUCTION (GALLAND, MARDRUS, BENCHEIKH ET MIQUEL) ET ADAPTATION CINÉMATOGRAPHIQUE (PASOLINI) DES *MILLE ET UNE NUITS*

Transmis de la Perse jusqu'en Europe, les contes de *Alf layla wa-layla*, dont les sources et la nature sont protéiformes, bénéficient d'un engouement à l'échelle mondiale à partir de leur adaptation, de l'arabe au français, par Antoine Galland entre 1704 et 1717. Au cours des deux siècles suivants, les traductions se multiplient dans les principales langues européennes, assurant une large diffusion de cette œuvre. Le premier volume de la traduction de Joseph Charles Mardrus, *Les Mille et Une Nuits*, paraît en 1899 à l'époque de la traduction dite littérale et à la fin de l'âge d'or de l'orientalisme. « Les premières traductions des *Mille et Une Nuits* étant bien antérieures à l'achèvement, au plus tôt à la fin du XVIIIe siècle, du processus de développement de l'œuvre, leur histoire ne saurait être comprise qu'en liaison avec celle du texte arabe[1] », prévient Claude Bremond. L'origine de *Alf layla wa-layla* donne lieu à des controverses en raison de l'absence de manuscrit connu antérieur au XIVe siècle et de la rareté des sources anciennes relatives au texte. Des auteurs arabes du Xe siècle indiquent cependant que circulait en leur temps à Bagdad un recueil de contes traduit du persan, connu sous son titre original *Mille récits* (*Hèzâr afsânè*), mais aussi sous celui de *Mille nuits* (ou *Mille et une nuits*). L'histoire des *Alf layla wa-layla* se résume alors à celle d'un travail d'assemblage de récits empruntés à des sources diverses, le but des copistes étant de parvenir à un découpage en mille et une « nuitées ». Deux principales éditions marquent la fin de ce processus de montage : l'édition égyptienne de Bûlâq (1835) et la seconde édition de Calcutta (1839-1842). Le désir de traduire scrupuleusement

1 Sylvette Larzul, *Les Traductions françaises des Mille et une nuits. Étude des versions Galland, Trébutien et Mardrus*, Paris, L'Harmattan, « Traditions, traductions, trahisons », 1996, p. 13.

le texte tout en proposant une écriture élégante anime les pratiques traductrices du XXe siècle. Jamel Eddine Bencheikh affirme à propos de la traduction qu'il entreprend en collaboration avec André Miquel : « La fidélité sans concession ne nous a jamais détournés de rechercher avec patience la beauté du texte[2]. »

En Occident, le corpus des *Mille et Une Nuits* se transforme en images et en représentations visuelles dans l'édition, à l'opéra ou au théâtre, au cinéma, puis à la télévision. Les histoires adaptées à l'écran deviennent des machines productrices de « nouvelles combinaisons des stéréotypes [...] ou des patronymes évoquant les fastes, les mystères, la magie, les cruautés de l'Orient autour de quelques clichés[3] ». L'Orient fascine et inquiète : le désir de l'Orient fantaisiste et érotique est contrebalancé par la peur de l'Orient cruel et fatal. Cette fantasmagorie orientale nourrit notamment des films d'action et un cinéma d'animation. L'abondance, la variété et la constance des productions confirment l'enchantement de ces contes et leur statut de source de création. L'écrivain Robert Irwin note que « l'histoire des *Mille et Une Nuits* au cinéma est presque aussi ancienne que l'histoire du cinéma lui-même[4] ». En effet, *Aladdin and the Wonderful Lamp* de George Albert Smith et *Aladin et la Lampe merveilleuse* de Ferdinand Zecca ont été produits respectivement en 1899 et 1900, soit quelques années après la première séance publique payante qui eut lieu au Salon Indien du Grand Café le 28 décembre 1895, boulevard des Capucines, actuel Hôtel Scribe, à Paris. L'ère du spectacle cinématographique commence alors grâce à cette prouesse technique fondatrice des frères Lumière qui initient, également, l'expérience collective du partage des images. D'innombrables films et courts-métrages inspirés des *Mille et Une Nuits* proposent des variations selon des registres allant de la comédie au fantastique, en passant par l'aventure et le merveilleux. La libre mise en scène des histoires, des décors, des costumes, des couleurs, des paysages ou du cadre historique a fini par créer une

2 Jamel Eddine Bencheikh et André Miquel (trad.), *Les Mille et Une Nuits 1*, Paris, Gallimard, « Folio », 1991, p. 24.

3 Hervé Dumont, « L'univers des "Mille et Une Nuits" », *Cinéma & Histoire / Histoire & Cinéma*, http://www.hervedumont.ch, [consulté le 31/01/2020].

4 « The history of *Arabian Nights* on film is nearly as old as the history of film itself. », Robert Irwin, « The *Arabian Nights* in Film Adaptations », p. 22-25, *in* Ulrich Marzolph, Richard van Leeuwen, Hassan Wassouf (dir.), *The Arabian Nights Encyclopedia*, vol. 1, Santa Barbara, ABC-CLIO, 2004, p. 24.

perception cinématographique de l'Orient. Le cinéma transforme Ali Baba, Aladin, Sindbâd et le Voleur de Bagdad en héros emblématiques des contrées orientales mythifiées[5].

La réflexion sur le processus de transformation, par la vigueur de la langue ou d'un autre *medium*, s'appuiera sur des exemples puisés dans les traductions des *Mille et Une Nuits* de Galland, Mardrus, Bencheikh et Miquel et dans *Il Fiore delle Mille e Una Notte*, littéralement « La Fleur des Mille et Une Nuits » (1974). Dans ce dernier volet de la *Trilogie de la Vie*, Pier Paolo Pasolini redouble le geste du traducteur par l'adaptation cinématographique, qui peut être considérée comme un transfert de *media* ou un passage dans un autre système sémiotique. Il s'agira de voir comment la transposition, dans une autre langue ou au cinéma, du personnage-pivot de Shahrâzâd, de la structure d'emboîtement, de la quête de la passion ou de la poésie, correspond à un processus de transformation permettant de saisir la spécificité du *medium*.

TRADUCTION, CINÉMA, MÉTAMORPHOSE

Chez Walter Benjamin, c'est autour de la question du langage que se nouent les thèmes du récit, de la traduction, de la transmission. La réflexion sur l'origine du langage se démarque de l'idée de restauration d'une origine perdue, et la traduction n'a pas pour visée de reconstituer un langage originaire. De même, le constat de la disparition de l'univers des formes traditionnelles du récit amène à affirmer que la narration subsistera, mais sous des formes inédites. L'enjeu consiste à rechercher de nouvelles manières de raconter tout en s'interrogeant sur la place que peut y occuper la langue orale[6]. Dans son essai *Sur le langage en général et sur le langage des humains* (1916), Benjamin écrit : « La traduction est le transfert d'une langue dans l'autre à travers un continuum de métamorphoses. La traduction traverse des continuums de métamorphose, non

5 Dumont répertorie chronologiquement les adaptations cinématographiques des *Mille et Une Nuits*, « L'univers des "Mille et Une Nuits" », *op. cit.*

6 Alain Naze, *Temps, récit et transmission chez W. Benjamin et P.P. Pasolini. Walter Benjamin et l'histoire des vaincus*, Paris, L'Harmattan, « Esthétiques », 2011.

pas des zones abstraites d'équivalence et de ressemblance[7]. » Benjamin récuse toute conception mimétique de la traduction, au sens d'une ressemblance sensible, étant entendu que l'original, comme le langage, se modifie continûment. Loin d'être une copie passive, la traduction est appelée à produire une ressemblance non sensible :

> Toute traduction [...] participe d'un mouvement de transformation global des langues et des cultures qui [...] sont intimement sommées de s'ouvrir à la fécondation de l'œuvre étrangère qui elle-même sollicite, à son insu, les auspices d'un épanouissement insoupçonné à la faveur d'une traduction obéissant à cette loi inhérente à l'œuvre, sa "traduisibilité"[8].

Par ailleurs, la réflexion de Benjamin sur l'œuvre d'art l'amène à s'intéresser à l'apparition de la photo, dont il interroge les effets sur l'art lui-même ; ce questionnement vaut aussi pour l'apparition du cinéma. En effet, si une dimension narrative demeure dans tout film, « la spécificité du cinéma, [...] pourrait bien consister en la provocation d'un certain type de *choc*, ou de *télescopage* qui, par la rupture ainsi introduite dans un continuum temporel, ne serait pas sans rapport avec cet "arrêt dialectique" que Benjamin désigne comme constitutif de "l'image dialectique", pensée comme un certain rapport entre "l'Autrefois" et le "Maintenant"[9] ». Le devenir de l'œuvre traduite est lié à celui de la langue-hôte et à l'évolution de celle-ci, d'où la retraduction qui, à chaque fois, marque un état de la langue, un transfert. De même, la transposition d'une œuvre au cinéma, ou dans un autre *medium*, suppose une relation et une transformation, une mémoire et une distance.

---

7 Walter Benjamin, cité par Laurent Lamy, « Compte rendu de Antoine Berman, *L'Âge de la traduction. "La tâche du traducteur" de Walter Benjamin, un commentaire* », [texte établi par Isabelle Berman avec la collaboration de Valentina Sommella, Saint-Denis, Presses Universitaires de Vincennes, « Intempestives », 2008], *TTR – Traduction, terminologie, rédaction*, vol. 23, n° 1, 2010, *érudit*, 10 novembre 2010, https://www.erudit.org/fr/revues/ttr/2010-v23-n1-ttr3945/044937ar, [consulté le 03/04/2020].

8 *Ibid.*

9 Alain Naze, « Le cinéma, de Walter Benjamin à Pier Paolo Pasolini », *Appareil*, 4 novembre 2009, https://journals.openedition.org/appareil/875, [consulté le 03/04/2020]. Voir aussi Alain Naze (dir.), *Walter Benjamin. Politiques de l'image*, Paris, L'Harmattan, « Esthétiques », 2015.

ABSENCE-PRÉSENCE DE LA CONTEUSE, STRUCTURE D'ENCHÂSSEMENT

Anonymes, variées, mystérieuses, les *Mille et Une Nuits* reposent sur « l'idée merveilleuse de faire coïncider la nuit et la rêverie du conte[10] ». Par la voix de Shahrâzâd, le conteur transforme toute la nuit en un espace vivant de parole et de désir. Pour persuader un roi, tyrannique et pervers, de renoncer à faire tuer chaque matin son épouse de la nuit, Shahrâzâd suspend son histoire à un moment tel que le roi souhaite, la nuit suivante, en entendre la suite, chaque aube signifiant pour elle la mort ou la vie. La victoire finale de cette héroïne sera sa reconnaissance comme épouse et mère. Ce drame initial, « ce scénario perpétuellement interrompu et relancé[11] », commande le découpage en nuits et la mise en abyme des contes enchâssés. Les traducteurs signalent le découpage en nuits et rappellent la présence de la conteuse. Galland entreprend sa traduction à l'époque des « belles infidèles », où prévalent la conception de la traduction libre et la volonté de communiquer à l'œuvre un aspect familier, conformément aux règles de la bienséance. Dans ses *Mille et Une Nuits*, il ponctue les transitions entre les nuits, convoque d'emblée celle qui, s'adressant au roi, inaugure le récit par la formule : « il y avait autrefois[12] ». Cependant, le traducteur présente son histoire comme un prétexte mettant en branle des contes divertissants et ne signale pas le rôle rédempteur de ce personnage-clé : « La conteuse demeure dans les coulisses du livre comme productrice de contes, totalement extérieure au drame de ce premier récit[13]. » Dans la préface de l'édition originale, Mardrus attribue la maternité des « nuits arabes » à la conteuse : « Naïves elles sont, et souriantes, et pleines d'ingénuité, à l'égal de la musulmane Schahrazade, leur succulente mère, qui les enfanta dans le mystère en fermentant avec émoi, dans le sein d'un prince sublime – lubrique et

10 Bencheikh et Miquel (trad.), *Les Mille et Une Nuits 1*, *op. cit.*, p. 11.

11 *Id.*, p. 12.

12 Antoine Galland, *Les Mille et Une Nuits 1*, Paris, Garnier-Flammarion, 1965, « Le marchand et le génie », p. 45.

13 Margaret Sironval, « Shahrâzâd à l'aube du romantisme », *Romantisme*, n° 78, *Le conte et l'image*, 1992, *Persée*, https://www.persee.fr/doc/roman_0048-8593_1992_num_22_78_6077, [consulté le 03/04/2020].

farouche[14]. » Il se contente d'indiquer la prise de parole inaugurale de Shahrâzâd : *« Première nuit. Schahrazade dit* [...][15] » ainsi que les interruptions et les reprises du récit, renvoyant Shahrâzâd hors de l'écrit. Chez Bencheikh et Miquel, la génération des contes, où se joue l'affrontement d'un désir et d'une loi, est systématiquement remémorée :

> Et lorsque ce fut la première nuit, elle dit [...].
>
> Et l'aube chassant la nuit, Shahrâzâd dut interrompre son récit. Sa sœur lui dit :
>
> – Que ta manière de raconter est agréable, gracieuse, savoureuse et douce.
>
> Shahrâzâd lui répondit :
>
> – Qu'est-ce que tout cela comparé à ce que je vous raconterai la nuit prochaine, si le roi me laisse en vie.
>
> – Par Dieu, dit le roi, je ne te tuerai point avant d'avoir écouté la fin de cette étonnante histoire[16].

Le personnage de la conteuse assure la cohérence et l'unité du recueil, et installe un rituel qui arrache le lecteur à la magie de l'univers fictionnel pour lui rappeler que, à travers ces contes, parler et vivre sont les moments d'une même vérité puisque le meurtre de deux reines précède l'arrivée sur scène de Shahrâzâd. Celle-ci, devenue « le mythe littéraire du recueil des *Nuits* » au début du XXe siècle, « se place résolument du côté de l'oralité », « ne revendique pas de titre d'auteur », et « sa survie dépend de ses récits[17] ». Cependant, dans *Il Fiore delle Mille e Una Notte*, Pasolini propose une histoire à tiroirs sans mentionner le conte-cadre ; Shahrâzâd est ainsi la grande absente du film. Pourrait-on interpréter l'ellipse du personnage de la conteuse comme une invitation « à regarder quelque chose de perdu qui revient, quelque chose de mort qui revit[18] » ? Pasolini affirme avoir « cherché à capter certaines survivances[19] », mais il met en exergue les péripéties de la passion de Nûr ed-Dîn et Zumurrud au détriment du destin de Shahrâzâd, dont la parole incarne, pourtant,

14 Joseph Charles Mardrus, *Les Mille et Une Nuits*, Paris, Robert Laffont, « Bouquins », 2013, p. 1.

15 *Id.*, « Histoire du marchand avec l'éfrit », p. 14. En italique dans le texte.

16 Bencheikh et Miquel (trad.), *Les Mille et Une Nuits I*, *op. cit.*, « Conte du marchand et du démon », p. 53 et 58.

17 Sironval, « Shahrâzâd à l'aube du romantisme », *op. cit.*

18 Olivier Coulon, « Les *Mille et Une Nuits* de Pier Paolo Pasolini », *Ciné-club Ulm*, avril 2015, https://www.cineclub.ens.fr, [consulté le 20/06/2019].

19 « Pasolini à propos des *Mille et Une Nuits* », *Ina.fr*, 10 juillet 1974, https://www.ina.fr/video/I04155776, [consulté le 03/04/2020].

« l'éternité de cette quête[20] ». En l'absence de l'héroïne du prologue-cadre, c'est la transhumance du héros pasolinien qui assure l'enchaînement des contes et la remémoration des aventures de Hârûn er-Rashîd, Azîz et Azîza, ou encore Shahzamân et Yûnân.

Il Fiore delle Mille e Una Notte se compose d'un florilège de courts récits d'où sont exclus les plus connus, ce qui offre au cinéaste une plus grande liberté dans le traitement du matériau humain, géographique, architectural, pictural. Il faut rappeler que, dans leur traduction, Bencheikh et Miquel excluent Aladin, Ali Baba et Sindbâd, qui sont devenus « les représentants trop connus d'un Orient fictif, peuplé de tapis volants et de lampes merveilleuses[21] ». Original, le film de Pasolini « ne ressemble en rien à tout ce qui a été fait sur le sujet auparavant, tant sur le plan visuel qu'au niveau de la virtuosité narrative et du ton général[22] ». Le transfert des contes s'accomplit par le moyen de choix audacieux de narration, de montage et d'interprétation : à partir de la structure de l'enchâssement, il s'agit de rompre avec les images conventionnelles de l'orientalisme occidental et de renouveler la mise en scène de l'amour et de l'érotisme. Les récits sélectionnés par Pasolini s'emboîtent au sein d'une trame initiale qui n'a de cesse de s'amplifier pour convoquer d'autres rêveries. Zumurrud, vendue comme esclave sur un marché oriental, choisit son acheteur, Nûr ed-Dîn, un puceau ruiné. Les jeunes protagonistes jouissent de leur amour, mais un jour Zumurrud est enlevée. Désespéré, le jeune homme part à sa recherche : il fait alors des rencontres et entend d'autres histoires. Sur la route, comme dans un conte, tout peut arriver, voilà ce qui fait du jeune amant la charnière des récits adaptés à l'écran. La séparation de Nûr ed-Dîn (interprété par Franco Merli) et Zumurrud (interprétée par Ines Pellegrini, surnommée la « Mangano noire », en référence à Silvana Mangano) ouvre sur la réalité et le merveilleux. Dans ce film-quête, les aventures de Nûr ed-Dîn et Zumurrud enlacent toutes les autres selon ce que le cinéaste appelle une « disposition concentrique ». Une grande fantaisie commande l'agencement et l'enchevêtrement des épisodes au sein d'une structure labyrinthique. Les choix de l'angle de vue et l'art du montage recomposent, à la manière d'un kaléidoscope, les combinaisons de formes et de couleurs puisées dans les décors naturels d'Asie, du Yémen, de la Perse et du Népal.

20 Jamel Eddine Bencheikh, *Les Mille et Une Nuits ou la parole prisonnière*, Paris, Gallimard, 1988, p. 12.

21 Bencheikh et Miquel (trad.), *Les Mille et Une Nuits I*, *op. cit.*, p. 19.

22 Dumont, « L'univers des "Mille et Une Nuits" », *op. cit.*

QUÊTE DE LA PASSION

Les motifs du désir, du manque, de l'errance, de la quête amoureuse et spirituelle nourrissent l'interprétation pasolinienne du conte traduit par Mardrus (« Histoire de la belle Zoumourroud avec Alischar fils de Gloire », nuits 316 à 331) et par Bencheikh et Miquel (« Conte de 'Alî Shâr et de sa servante Zumurrud », nuits 308 à 327). Dans l'économie de *Alf layla wa-layla*, ce conte se présente comme une « histoire d'amour exemplaire » :

> D'abord par la revendication d'une liberté essentielle : c'est la femme qui, ici, choisit la première l'objet de l'amour. C'est elle ensuite qui mène le jeu, veille au bonheur, contre les égarements de son compagnon. Elle ensuite qui se tire d'affaire, toute seule, saisit sa chance, acquiert le pouvoir nécessaire pour se venger de ses ennemis : le compagnon n'est plus guère qu'un comparse. Mais l'exemplarité tient aussi à la conclusion : les valeurs du monde refusées au nom de l'amour retrouvé, pour une vie heureuse et solidaire des autres. Ici comme en tant de contes, la poésie scande le déroulement de l'histoire, mi-amoureuse mi-morale, comme pour mieux en souligner les deux lignes de force[23].

Galland met en place des « modulations à valeur compensatoire » lorsqu'il renonce à traduire une scène érotique en veillant à la cohérence diégétique et au bon déroulement de l'action. Il recourt, parfois, à l'interpolation en substituant à une scène jugée obscène une autre en conformité avec l'horizon littéraire et culturel du lecteur. Cette évacuation des épisodes érotiques « gomme de la traduction française l'expression d'une sensualité souvent solidaire de la passion. Mais, par un jeu de correspondances sémantiques, l'élan amoureux manifesté dans le texte arabe en actes peut se trouver transposé dans celui de Galland au plan du discours[24] ». À l'époque de Mardrus, le dogme de la littéralité vise à cultiver l'éloignement spatio-temporel de la traduction. Les *topoï* en vogue reproduisent un Orient exotique, sensuel, torride, « qui incarne pour une Europe puritaine la terre des plaisirs, le lieu de toutes les voluptés[25] ». En dépit de sa ferme revendication de la méthode littérale et fidèle, Mardrus n'hésite pas à remanier la structure et le contenu du

23 Bencheikh et Miquel (trad.), *Les Mille et Une Nuits II*, *op. cit.*, p. 211.

24 Larzul, *Les Traductions des Mille et une nuits*, *op. cit.*, p. 109.

25 *Id.*, p. 141.

matériau contique aboutissant au détournement de sens de nombreux contes. Le traducteur « ne se contente d'ailleurs pas de pratiquer coupures et interpolations, mais, à la manière d'un *râwî*, d'un conteur, se croit en droit d'innover[26] ». Sur le plan sémantique, les multiples écarts, ajouts, manipulations servent essentiellement l'exotisme et l'érotisme. Dans l'« Histoire de la belle Zoumourroud avec Alischar fils de Gloire », la scène de la reconnaissance entre les deux amants exhibe les procédés sur lesquels repose le projet esthétique du traducteur :

> [L]e roi lui dit : « Sache, ô Alischar, que mon zebb est habitué à s'ériger seulement quand on le manipule avec les doigts ! [...] » Et Alischar, à ce toucher, sentit une rondeur haute comme un trône, et grasse comme un poulet, et plus chaude que la gorge du pigeon, et plus brûlante qu'un cœur brûlé par la passion [...] ! Et soudain il la sentit, sous ses doigts, se cabrer comme un mulet piqué aux naseaux, ou comme un âne aiguillonné au milieu du dos. [...]
>
> Et Alischar [...] fondit sur elle comme le lion sur la brebis, et, reconnaissant la route, il enfonça le bâton du berger dans le sac à provisions, et alla de l'avant sans se soucier de l'étroitesse du sentier. Et, arrivé au terme de la route, il resta longtemps droit et rigide, portier de cette porte et imam de ce mihrab[27].

Mardrus sature son texte par divers détails et accumulations, « l'expansion étant l'un des modes de gonflement[28] » qui lui est familier. Dans sa traduction, la scène ci-dessus est deux fois plus longue que chez Bencheikh et Miquel. Tout est exagéré, y compris le jeu sur l'intonation due à l'abondance du point d'exclamation exprimant la surprise, l'émerveillement, la crainte. Certes, la manipulation poétique vise à pallier un style jugé parfois « trop plat[29] » du texte-source, mais la récurrence de certains procédés et ajouts finit par former des isotopies orientalistes stéréotypées. Les plaisirs de la chair, notamment, « font l'objet d'une manipulation paroxystique, l'érotisme envahissant véritablement tous les contes[30] ». Pour rendre les scènes sexuelles, Mardrus privilégie l'inflation verbale, la substitution, l'interpolation diégétique, les expressions crues, les lexies signifiant la chaleur, la brûlure, la consumation. Il gonfle la scène entre Zumurrud et 'Alî en multipliant les actions, en développant les métaphores de la porte et de la route, en forgeant des images associées à une sensualité torride

26 *Id.*, p. 153.
27 Mardrus, *Les Mille et Une Nuits*, *op. cit.*, p. 768-769.
28 Larzul, *Les Traductions des Mille et une nuits*, *op. cit.*, p. 157.
29 *Id.*, p. 158.
30 *Id.*, p. 181.

et à un solide appétit sexuel. Le traducteur insiste sur les détails à effet visuel : il expose la nudité, met en relief le phallus et le vagin, décrit minutieusement les poses et les mouvements des corps. Ainsi, il « procède à la manière d'un peintre » et produit des croquis « qui constituent comme autant de gros plans sur la toile achevée[31] ». L'évocation de la dimension sonore du plaisir, faisant alterner les « soupirs » et les « cris », complète le tableau. L'expansion de l'érotisme « se caractérise aussi par sa dégradation dans l'obscène[32] » car le traducteur recourt à des champs lexicaux vulgaires pour évoquer l'acte sexuel et désigner le phallus. L'acte amoureux est un combat, un « assaut » auquel est associée l'image de la « lance ». La désignation phallique prend « une connotation salace » : pour traduire « le membre viril » (*dhakar*), Mardrus répète à l'envi le substantif « zebb », un mot d'argot militaire qui dérive du terme arabe *zûbb*. Ce vocable grossier, quelquefois employé dans les textes arabes, renferme ici « une connotation plus vulgaire[33] ».

Bencheikh et Miquel optent, au contraire, pour l'euphémisme, la puissance suggestive du langage, les scènes sommaires. Les séquences érotiques sont solidaires de la quête de l'amour qui se situe au cœur d'un conflit opposant un désir et une loi. Loin de se réduire à une anecdote licencieuse, la scène sexuelle participe de la passion qui entraîne les amants hors d'un territoire socialement assigné :

> – 'Alî, dit alors Zumurrud, je suis ainsi fait : je ne bande que si on me frotte. [...].
>
> Et ainsi, couchée sur le dos, elle prit la main de 'Alî et la posa entre les cuisses [...]. Alors, le désir le prit, son membre devint dur, dur...
>
> À ce spectacle, Zumurrud éclata de rire :
>
> – Mais qu'est-ce qu'il te faut donc pour me reconnaître ?
>
> [...]
>
> 'Alî, comprenant tout, l'embrassa, l'étreignit, se rua sur elle comme le lion sur la brebis et la reconnut, sans doute aucun, pour sa servante. Il plongea sa verge dans la besace tout ouverte, il fut, sans défaillir, le portier de cette porte, l'imam de ce mihrâb, et elle le suivit, corps ployés, prosternés, debout, assis, sauf que toutes ces adorations s'accompagnaient chez elle de mille pâmoisons entrecoupées de soubresauts [...][34].

31 *Id.*, p. 192.
32 *Id.*, p. 184.
33 *Id.*, p. 186.
34 Bencheikh et Miquel (trad.), *Les Mille et Une Nuits II*, *op. cit.*, p. 263.

Une telle scène relatant comment les amants se consument dans le désir, jusqu'à l'épuisement ou l'anéantissement, rejoint le sens ultime de l'œuvre arabe : « Le but n'est pas de réserver à l'amour un sort heureux ou malheureux, mais de représenter sa passion, dût-elle se conclure par la joie ou par le malheur[35]. » La dialectique de la perte et de l'aboutissement de la passion, ainsi disséminée dans une multitude de contes dont aucun n'épuise la signification de l'œuvre, est rendue précisément chez Pasolini. Dans la scène finale, le cinéaste montre les retrouvailles des amants d'une manière sobre et suggestive. Les brèves répliques prosaïques – « Fais-moi un massage aux pieds », ordonne Zumurrud ; « Tu es fait comme une femme », remarque Nûr ed-Dîn – sont suivies de la récitation de quelques poésies d'amour. La nudité de l'amante, le mouvement des acteurs, le rire, le regard, la poésie, l'étreinte amoureuse : tous ces éléments composent un cadre d'ombre et de lumière qui met en mouvement l'imaginaire du spectateur. La choralité du film est produite par la mise en scène de nombreux personnages, différenciés dans l'âge, l'aspect ou le statut social, et rapprochés par les échos qui relient leurs destins ; par leur manière d'habiter l'espace « qui n'est pas un simple décor, mais plutôt une sorte de protagoniste de l'histoire[36] » ; par la musique, l'omniprésence des bruits ; par le montage accéléré qui, ici, recourt au fondu « pas tellement pour marquer le passage d'une histoire à l'autre, mais pour marquer les évolutions à l'intérieur de la même histoire. Les épisodes se suivent dans la continuité d'un tout, sans ponctuation, comme dans la vie[37] ».

TRADUIRE LA POÉSIE

La poésie occupe une place importante dans *Alf layla wa-layla*. Bencheikh et Miquel comptent 1250 poèmes insérés de manière fonctionnelle et organique dans le conte « pour souligner l'atmosphère lyrique,

35 Bencheikh, *Les Mille et Une Nuits ou la parole prisonnière*, *op. cit.*, p. 12.

36 Silvestra Mariniello, « La résistance du corps dans l'image cinématographique. La mort, le mythe et la sexualité dans le cinéma de Pasolini », *Cinémas*, vol. 7, n° 1-2, Automne 1996, *érudit*, 21 février 2011, https://www.erudit.org/fr/revues/cine/1996-v7-n1-2-cine1498743/1000934ar/, [consulté le 03/04/2020].

37 *Ibid.*

élégiaque ou épique d'un épisode[38] ». Surtout, la poésie sert à transformer cette œuvre, totalement ou en partie d'origine orale, en une littérature écrite, « la seule, alors, que l'on considérât comme littérature véritable[39] » ou noble. Galland ignore l'essentiel des poèmes, qui sont pourtant la forme idéale pour dire l'amour, mais il traduit en prose quelques vers : « Cette préservation minimale du sens jointe à une réécriture fondée sur une modulation à valeur compensatoire, lui permet en définitive d'exprimer la force du sentiment amoureux agissant dans les contes[40]. » De son côté, Mardrus introduit les intermèdes poétiques, qu'il rend en prose, par ces formules : « Il répondit par ce vers », ou « Le poète a dit ». Découvrant la disparition de son amante, le jeune homme pleure, court à travers la ville, déchire ses vêtements, crie le nom de Zumurrud :

> Et Alischar lui répondit par ce vers :
> « C'est l'absence d'une qui m'a fait perdre la raison ! Ô vous qui croyez à ma folie, ramenez celle qui l'a causée, et sur mon esprit vous mettrez la fraîcheur d'un dictame[41] ! »

Ce même extrait est ainsi traduit par Bencheikh et Miquel :

> Il lui répondit par ces vers :
> *On me dit : « Ton amour te rend fou. » Je réponds :*
> *« le plaisir de la vie n'est connu que des fous.*
> *Laissez donc ma folie et rendez-moi qui m'a fait fou :*
> *Ma folie guérira, plus ne serai blâmé*[42]. »

Nostalgique du passé heureux, Zumurrud se plaint et récite ces vers :

> *L'amour où tu me tiens avec le temps se renouvelle,*
> *Mon œil, jour après jour, brûle de plus de pleurs,*
> *Ces larmes chaque fois disent mon deuil, ma peine ;*
> *Ah ! séparation trop cruelle aux amants*[43] !

La traduction de la poésie implique un choix de registre : refusant à la fois la littéralité (au sens d'un mot à mot pesant) et « la tentation

38 Bencheikh et Miquel (trad.), *Les Mille et Une Nuits I*, *op. cit.*, p. 14.
39 *Ibid.*
40 Larzul, *Les Traductions des Mille et une nuits*, *op. cit.*, p. 110.
41 Mardrus, *Les Mille et Une Nuits*, *op. cit.*, p. 754.
42 Bencheikh et Miquel (trad.), *Les Mille et Une Nuits II*, *op. cit.*, p. 234. En italique dans le texte.
43 *Id.*, p. 243. En italique dans le texte.

de rimailler », Bencheikh et Miquel optent pour des « vers libres qui s'efforcent de préserver le rythme et le développement de l'écriture arabe tout en faisant partager au lecteur le sentiment qu'il s'agissait bien là de poésie[44] ». Les fragments ou citations poétiques subliment l'expression des sentiments grâce à la concision, à la répétition, aux assonances et allitérations, à l'hyperbole, au dialogisme. Ni secondaire, ni ornementale, la poésie intensifie les émotions des personnages et des auditeurs (ou lecteurs), et invite à tirer la leçon d'une expérience devenue exemplaire : « En différant ainsi du reste du texte, ces vers radicalisent l'effet de l'écrit, y assumant le rôle d'un *supplément* décisif, qui vient combler dans le flux narratif un manque, et en rehausser l'expressivité[45]. »

Pasolini prend le parti de la poésie puisque les peuples qu'il observe sont, dit-il, « comme des poètes[46] ». La récitation de nombreux vers émaille l'œuvre cinématographique du début jusqu'à la scène finale. Conçu comme « un voyage dans le temps[47] », le film propose d'interpréter les signes d'un univers disparu, et d'en repérer les survivances telles la poésie et l'oralité. En effet, « sous la surface visionnaire et onirique, il y a un autre film réaliste, documentaire[48] ». *Il Fiore delle Mille e Una Notte* est, ainsi, « un document de la réalité[49] » des paysages et des peuples filmés. Pasolini y figure à la fois l'âge d'or de la tolérance et la perversité du pouvoir, le sexe et le destin, le profane et le sacré, la vie et la mort, l'art et la politique. Attaché à l'humanité des personnages qui évoluent dans la réalité quotidienne d'un monde précaire, plutôt qu'au caractère féerique de la tradition occidentale des *Mille et Une Nuits*, Pasolini « fait sien l'univers des contes pour nous offrir un film très personnel[50] ». Il travaille soigneusement le visuel, le décor, les costumes, les couleurs, l'imagerie, le langage. La recherche esthétique et la photographie participent de « la mythologie à laquelle il adapte tous ses films » : sa façon de filmer, qui s'accorde avec le contexte, « parvient à faire rejaillir la magie des contes orientaux, tout en y mélangeant un

44 *Id.*, p. 21-22.

45 Kadhim Jihad Hassan, *Le Labyrinthe et le géomètre. Essais sur la littérature arabe classique et moderne, suivis de Sept figures proches*, Bruxelles, Éditions Aden, 2008, p. 93-94.

46 « Pasolini à propos des *Mille et Une Nuits* », *op. cit.*

47 *Ibid.*

48 *Ibid.*

49 *Ibid.*

50 Janick Beaulieu, « *Arabian Nights* », *Séquences*, 23 août 2010, https://www.revuesequences.org/pier-paolo-pasolini, [consulté le 03/04/2020].

érotisme nouveau[51] ». La force du regard de l'autre marque à la fois la manifestation de l'aura et sa disparition : les rêveries s'incarnent dans les corps des figurants, « mais leur regard plongé dans la caméra rompt le fil du récit, de l'enchantement, et donc s'il y a bien manifestation de l'aura à travers ce regard, il y a en même temps désamorçage de la rêverie, les visages nous regardant apparaissent dans leur réalité corporelle prosaïque, misérable[52] ». Cependant, s'adressant à la mémoire du spectateur avec qui elle initie un dialogue, la poésie supplémente, et transforme, ce prosaïsme. Le cinéaste, qui est aussi poète et philosophe, façonne l'image selon la poésie et une certaine idée du destin, la poésie lui permettant d'exprimer son refus du conformisme et de l'oppression[53].

La fortune singulière des traductions de Galland et Mardrus, notamment, témoigne de la fascination de l'Occident pour une œuvre considérée comme emblématique de l'art du récit dans la tradition arabe, et comme une source d'un mythe de l'Orient. En effet, « c'est bien au niveau de la fabulation qu'il faut situer l'enchantement des traductions. Dans la distance creusée, le lecteur découvre en fait plus son ego que son alter ego, et c'est la vision spéculaire contenue dans les versions françaises les plus célèbres qui semble en partie responsable du charme qu'elles n'ont cessé d'exercer[54] ». Aux yeux de Jorge Luis Borges, la traduction de Galland nous invite, nous lecteurs anachroniques, à y goûter « la saveur douceâtre du XVIIIe siècle français et non l'arôme oriental disparu qui fit sa nouveauté et sa gloire » ; et l'écrivain argentin en conclut que le « passage à une autre langue est parfois néfaste[55] ». Quand l'œuvre arabe explore l'amour sous ses multiples facettes en insistant sur la corrélation qui existe entre le plaisir et la passion, la traduction de Mardrus, « à travers une pléthore de déviations et d'interpolations[56] », privilégie l'amour charnel et inscrit « les fantasmes d'un Occident qui projette

51 Alice In Oliver, « *Les Mille et Une Nuits* », *E-Pôle-Art*, 22 juillet 2015, http://epoleart.canalblog.com/archives, [consulté le 03/04/2020].

52 Alain Naze, « Ni liquidation, ni restauration de l'aura. Benjamin, Pasolini et le cinéma », *Appareil*, 14 janvier 2009, https://journals.openedition.org/appareil/711, [consulté le 03/04/2020].

53 Carlo Mandolini, « Pasolini : un cinéma de poésie », *Séquences*, *op. cit.*

54 Larzul, *Les Traductions françaises des Mille et une nuits*, *op. cit.*, p. 219.

55 Jorge Luis Borges, *Histoire universelle de l'infamie – Histoire de l'éternité*, Roger Caillois et Laure Bataillon (trad.), Paris, Christian Bourgois, 1951, p. 233-234.

56 Larzul, *Les Traductions françaises des Mille et une nuits*, *op. cit.*, p. 199.

sur l'Orient ses rêves de femmes offertes et de chaude sensualité[57] ». La métamorphose que Pasolini propose dans son film se place sous le signe d'une vérité insaisissable ou évanescente : « La vérité n'est pas dans un seul rêve, mais dans nombre de rêves[58]. » Quand les figurants fixent la caméra, cela introduit un télescopage entre un monde ancien et le nôtre : l'irruption théâtrale de ces visages introduit une interruption dans le continuum temporel. L'Orient, dont la chaleur est suggérée par une teinte sablée et orangée, est revisité comme une source d'érotisme et de libération sexuelle dans le but d'envisager les enjeux contemporains de ces questions. L'écrivain Robert Irwin juge *Il Fiore delle Mille e Una Notte* comme « sans doute la meilleure et la plus intelligente adaptation des *Mille et Une Nuits* au cinéma », Pasolini étant « le plus fidèle de tous les cinéastes[59] ». En réalité, le cinéaste révèle les contradictions qui gouvernent son univers personnel en tant qu'un homme du XXe siècle écartelé « entre le sexe et le sacré[60] ». Finalement, le transfert de *Alf layla wa-layla* rend compte de la spécificité et de l'imaginaire des *media*, et révèle que « chaque réécriture exige un véritable processus de création artistique[61] ».

Mounira CHATTI
Université Bordeaux Montaigne,
TELEM

57 *Id.*, p. 182.

58 *« La verità non sta un solo sogno, ma in molto sogni »* : épigraphe du film : *Il Fiore delle Mille e Una Notte.*

59 *« […] The most faithful of all film men to work with the* Nights *[…] what is perhaps the best and certainly the most intelligent of* Nights *films. »*, Irwin, « The *Arabian Nights* in Film Adaptations », *op. cit.*, p. 24.

60 Beaulieu, « *Arabian Nights* », *op. cit.*

61 Kristen Von Hagen, « Comment transformer l'autoréflexivité à l'écran : *Don Quichotte* au miroir des adaptations cinématographiques », *Intermédialités*, Caroline Fischer et Anne Debrosse (dir.), Paris, SFLGC, Lucie éditions, « Poétiques comparatistes », 2015, p. 116.

DESTINATION : *SOLARIS*

Transposition narrative et intermédiale dans le corpus *Solaris* (Lem, Tarkovski, Soderbergh)

UN ROMAN DANS TOUS SES ÉTATS

Solaris est sans doute le roman le plus célèbre de Stanislas Lem, et celui qui a connu le plus d'adaptations dans divers *media* artistiques (à notre connaissance, pas moins de vingt-quatre productions pour le cinéma, l'opéra, le théâtre, le ballet ou la radio depuis sa parution en 1961). Or peu de ses lecteurs auront eu la chance de lire l'œuvre dans sa version originale polonaise. L'important engouement public, critique et artistique dont elle fait l'objet repose donc principalement sur des traductions. Si ce cas de figure n'a rien d'unique, d'intéressantes observations peuvent être faites dès le début du parcours éditorial de *Solaris*, en particulier pour ce qui est de sa version anglophone : l'édition américaine de Joanna Kilmartin et Steve Cox, parue en 1970, n'est ainsi que la retraduction de la traduction française par Jean-Michel Jasienko, de 1966, toujours rééditée, avec, par rapport à l'œuvre d'origine, d'inévitables déviations de détail[1]. Celles-ci paraissent d'ailleurs parfaitement assumées par le duo Kilmartin et Cox, qui va jusqu'à modifier de son propre chef certains des patronymes du roman : le docteur Snaut devient ainsi dans cette version « Snow », et Harey, le personnage féminin, son anagramme « Rheya ». Dans une interview, Lem signale avec amusement comment l'ignorance de ce

1 Une traduction anglaise effectuée directement à partir du texte original n'a été fournie qu'en 2011 par Bill Johnston. Pour des raisons de droits, elle n'a pu jusqu'ici voir le jour qu'en livre audio et livre numérique.

type de modifications a pu conduire à des interprétations biaisées de son roman[2].

La renommée de *Solaris* repose par ailleurs pour une bonne part sur l'adaptation cinématographique qu'en propose, sur un scénario co-écrit avec Friedrich Gorenstein, Andreï Tarkovski en 1972 et pour laquelle il remporte la même année le Grand Prix du Festival de Cannes. Lorsque Steven Soderbergh est amené en 2002 à réaliser sa propre version de *Solaris*, le statut de son œuvre par rapport à ces deux modèles, entre « adaptation » du premier et « *remake* » du second, est à première vue ambigu, d'autant que le scénario rédigé par Soderbergh se réclame des deux[3]. Soderbergh emprunte de nombreux éléments au film de Tarkovski ; il reprend par ailleurs les noms de personnages « Snow » et « Rheya », établissant clairement un lien de filiation avec la traduction « seconde » de Kilmartin et Cox.

Les rapports existant entre l'œuvre de Lem, celle de Tarkovski et celle de Soderbergh fournissent une belle illustration des interactions auxquelles peut donner lieu la pratique de la transposition d'un texte littéraire vers le *medium* cinématographique. Pour appréhender ce type de configuration intermédiale, où l'œuvre de départ est de nature textuelle, nous partons du cadre global fourni par l'analyse narratologique et la typologie des relations transtextuelles de Gérard Genette, avec toutes les précautions de mise[4] relatives à la spécificité des *media* en jeu. On considérera que l'œuvre résultant de la transposition d'un texte-source (hypotexte) dans un autre *medium* entretient avec celui-ci une forme particulière d'*hypertextualité*, où chaque caractéristique thématique et formelle de l'hypotexte est potentiellement concernée par une opération de « réécriture », porteuse d'un caractère d'interprétation plus ou moins marqué. Rappelons que Genette exclut de l'hypertextualité les relations

---

2 Entretien de Peyman Esmaeili avec Stanislas Lem pour le journal iranien *Shargh*, traduit et reproduit sur le site Internet officiel consacré à Lem, « "Shargh" daily newspaper », *LEM.PL*, https://english.lem.pl/home/reading/interviews/shargh-daily-newspaper, [consulté le 03/04/2020].

3 *Solaris by Steven Soderbergh. Based on the novel by Stanislaw Lem and the screenplay by Freidrich Gorentstein* [sic] *and Andrei Tarkovsky*, en bonus sur le DVD, Fox Pathe Europa, 2003. Il est à noter que le générique final du film, cependant, ne mentionne que « *Based on the novel by Stanislaw Lem* ».

4 Voir les réserves prononcées par Genette lui-même sur la tentation d'« étendre la notion de texte, et donc d'hypertexte, à tous les arts ». Gérard Genette, *Palimpsestes* [1982], Paris, Éditions du Seuil, « Points », 1992, p. 436.

ayant trait au commentaire, celui-ci étant, dans sa typologie, du ressort du *métatexte*, même s'il signale que « l'hypertexte a toujours peu ou prou valeur de métatexte[5] ». Or il semble que la métatextualité propre à la catégorie de l'hypertextualité que Genette appelle « transposition » (et qui compte, parmi d'autres pratiques textuelles, la traduction et la transmodalisation[6]), soit appelée à prendre une place d'autant plus déterminante qu'est important le « degré » d'hétérogénéité sémiotique entre le code de l'œuvre-source et celui de l'œuvre d'arrivée. Le processus de transposition *intermédiale* peut ainsi être abordé d'abord comme le lieu d'une confrontation entre, et d'une réflexion sur, les contraintes et les possibilités des deux *media* concernés. La prise en compte de cette dimension métatextuelle fondamentale de la transposition intermédiale, qui soulève la question des *équivalences* possibles entre *media* différents, permet d'apprécier la portée interprétative des *transformations* des caractéristiques formelles (augmentation, réduction…) et thématiques (transvalorisation, proximisation…) de l'hypotexte qui pourront être constatées dans le nouveau *medium*. En nous livrant les signes de la qualité particulière de sa *lecture* de l'hypotexte, l'œuvre d'arrivée nous offre alors un moyen de porter un nouveau regard sur l'œuvre d'origine.

LE ROMAN D'UN LECTEUR

Au-delà du lieu commun, la question de la pluralité des lectures possibles apparaît, dans le roman de Lem, comme un trait revendiqué (et sans doute l'une des explications de son vaste succès transmédial), tant le récit demeure réfractaire à toute interprétation unifiée[7]. Alors même que, de l'hypothèse scientifique à la spéculation théologique, un

5 Genette, *Palimpsestes*, *op. cit.*, p. 554.

6 Ce que Genette nomme *transmodalisation intermodale* ne peut, malgré le raccourci fait en ce sens par certains commentateurs, prétendre inclure au sens strict la transposition intermédiale (à moins, dans le cas de l'adaptation cinématographique d'un roman, de circonscrire l'étude au stade du scénario).

7 À diverses occasions, Lem s'est plu à souligner l'équivocité de son roman : « J'ai écrit un livre que j'estime, quoique je ne le comprenne pas en tout moi-même (Solaris). » Stanislas Lem, préface à *La Voix du maître*, Anna Posner (trad.), Paris, Denoël, « Présence du futur », 1976, p. 9.

vaste inventaire de modèles d'explication est dressé dans le roman, le mystère des manifestations d'« intelligence » de la planète Solaris ne sera pas élucidé, celles-ci résistant à tout effort humain de compréhension[8]. Le « Contact » tant espéré par des générations de chercheurs n'aura lieu que de façon fort équivoque, par l'apparition, sur la station spatiale gravitant autour de la planète, de « visiteurs » matérialisant les fantasmes réprimés ou la culpabilité de ses occupants (les docteurs Gibarian, Snaut et Sartorius) et qui, plus qu'à « l'Autre », les confrontent à une part occultée d'eux-mêmes. Dernier arrivant sur la station, Kris Kelvin est bientôt surpris par l'apparition d'une réplique de sa femme Harey, qu'il a involontairement poussée au suicide dix ans plus tôt. La configuration amoureuse précaire qui en résulte se dissipe lorsque cette Harey « bis » a recours contre elle-même à l'arme développée par Sartorius pour annihiler les Visiteurs. La fin du roman voit Kelvin désœuvré, évaluant un improbable retour sur Terre et espérant d'autres « miracles cruels » de la part de Solaris. L'enjeu général du récit d'une communication concertée de l'homme avec une intelligence extra-terrestre n'aura, pour finir, été réalisé que bien accessoirement, par le biais d'une histoire d'amour tragiquement truquée.

L'ouverture du livre de Lem à toutes les lectures est encore accentuée par le caractère particulièrement multiple de sa généricité, souvent relevé par les commentateurs : *Solaris* combinerait ainsi les modèles du roman chevaleresque, de la fable, de l'épopée, de la parodie[9]. On peut lire ce texte à la fois « comme une satire à la Swift, une histoire d'amour tragique, une parabole existentielle kafkaïenne, une parodie métafictionnelle de l'herméneutique, un roman ironique à la Cervantes, ou une méditation kantienne sur la nature de la conscience humaine[10] ». Rappelons que la disposition de Lem à jouer sur les catégories génériques et, plus largement, transtextuelles parcourt son œuvre entière, et trouve ses expressions les plus revendiquées dans les recueils de préfaces ou de recensions de

8 Le thème du contact impossible entre l'homme et une intelligence extraterrestre, récurrent dans l'œuvre de Lem, est également au cœur de ses romans *Fiasco*, *La Voix du maître* et *L'Invincible*.

9 Patrick Parrinder, *Science fiction. Its criticism and teaching* [1980], Londres, New York, Routledge, 2003, p. 122.

10 Istvan Csicsery-Ronay, Jr., « The Book Is the Alien: On Certain and Uncertain Readings of Lem's "Solaris" », *Science Fiction Studies*, vol. 12, n° 1, mars 1985, p. 7. On pourrait ajouter à cette liste le conte philosophique voltairien, la nouvelle fantastique, l'histoire de fantômes…

livres inexistants que sont *Grandeur imaginaire* et *Le Vide parfait*[11]. Aux références plus ou moins explicites à des œuvres ou thèmes littéraires canoniques (allusions à Faust, Don Quichotte, au mythe d'Orphée, à celui d'Écho et Narcisse, au thème romantique du double[12]…) s'ajoute dans *Solaris* le même type d'intertextualité feinte (intradiégétique) : le roman est ainsi ponctué de références à des articles et ouvrages scientifiques, reproduit le contenu du procès-verbal d'un interrogatoire, cite des titres de presse, évoque la thèse de doctorat de Kelvin, la note de suicide de Harey ou encore le rapport final envoyé à la Terre, dont le contenu, d'ailleurs, nous reste inconnu. Si d'autres supports d'information sont présents dans le roman (telle la bande magnétique laissée par Gibarian avant sa mort, que Kelvin n'écoutera jamais mais qui offre à son insu au double de Harey l'occasion de comprendre sa condition de simulacre), la présence massive et plurielle de l'écrit et la propension – *a priori* plutôt anachronique dans un récit de science-fiction – de Kelvin à consulter des livres sont frappantes.

La bibliothèque est, en conséquence, un lieu essentiel du roman. « Vaste salle circulaire » où Kelvin se rend à plusieurs reprises, elle est « située au centre même de la station[13] ». Cette pièce sans fenêtres, « parfaitement isolée des autres salles[14] » contient les milliers d'hypothèses scientifiques contradictoires sur Solaris, incapables de rendre compte de la planète mystérieuse autour de laquelle tourne la station. De l'aveu de Lem, cette bibliothèque est pour lui l'une des occasions d'introduire dans son roman ce qu'il nomme un « microcosme réflexif[15] », c'est-à-dire une séquence narrative « reproduisant » à plus petite échelle la trame globale du récit. On constate en effet que Kelvin, parallèlement à l'action (ou « quête ») principale, est amené à poursuivre une enquête d'un autre type à partir du message que lui laisse à sa mort son mentor Gibarian, et qui n'est autre qu'une série de références bibliographiques. S'ensuit

11 Ces deux ouvrages n'ont pas été publiés en français.

12 Sans parler des noms donnés par Lem aux vaisseaux spatiaux du roman (« Prométhée », « Laokoon »…) qui, par-delà leurs référents premiers, entraînent le lecteur vers toutes sortes d'associations « secondes » (*Frankenstein ou le Prométhée moderne* de Mary Shelley, le *Laocoon* de Gotthold Ephraim Lessing…).

13 Stanislas Lem, *Solaris*, Jean-Michel Jasienko (trad.) [1966], Paris, Denoël, 2017, p. 172.

14 *Id.*, p. 197.

15 Istvan Csicsery-Ronay, Jr., « Twenty-Two Answers and Two Postscripts: An Interview with Stanislaw Lem. Translated by Marek Lugowski », *Science Fiction Studies*, vol. 13, nº 40, novembre 1986, p. 255.

la recherche des ouvrages concernés et, en leur sein, des passages censés mener à l'élucidation du mystère. Par un jeu d'analogie, tout comme la bibliothèque est en quelque sorte le « noyau » de la station, le texte *Solaris* s'avère au final contenir en son cœur le rapport du pilote André Berton (!), dont on comprend qu'il aurait été le premier témoin de l'interaction créatrice entre la planète Solaris et l'être humain[16]. De façon remarquable, ce jeu de piste introduit avec ingéniosité reste sans conséquence sur la suite du récit où, plus généralement, les thèmes de la quête ou de l'apprentissage ne paraissent développés que pour mieux éconduire le lecteur ou le priver d'une « solution » définitive. La quête bibliographique de Kelvin n'aboutit qu'à des interrogations, et reflète en ceci l'épopée scientifique des chercheurs solaristes[17].

LA FABRIQUE DE L'INDÉTERMINATION

On voit par cet exemple que Lem ne se contente pas de subvertir à dessein une fonction possible de l'intertextualité, qui serait de créer une connivence avec le lecteur, voire de le guider dans la compréhension du texte. Comme le remarque Istvan Csicsery-Ronay, l'écrivain a veillé à reproduire dans la structure de son roman le mystère et l'indétermination qui nourrissent son histoire, mettant le lecteur dans une situation d'incertitude analogue à celle des scientifiques évoqués par le récit. Csicsery-Ronay met à juste titre en regard l'ambition formelle de *Solaris* avec l'article « Metafantasia : les possibilités de la science-fiction[18] », où Lem réclame pour le traitement des thèmes les plus ambitieux que la

16 À condition toutefois de combiner son témoignage avec le document au statut encore plus obscur évoqué à la suite : « la photocopie du dernier feuillet d'une lettre – du brouillon d'une lettre – feuillet trouvé par l'exécuteur testamentaire, après la mort de Messenger », Lem, *Solaris*, *op. cit.*, p. 138.

17 Ce jeu de miroirs est poursuivi à plusieurs autres niveaux : voir notamment, chapitre 7, l'épisode de l'analyse effectuée sur le sang de Harey, qui révèle, derrière une structure moléculaire en apparence normale, un « vide » mystérieux.

18 Stanislas Lem, « Metafantasia: The Possibilities of Science Fiction », Etelka de Laczay et Istvan Csicsery-Ronay (trad.), *Science Fiction Studies*, vol. 8, n° 1, mars 1981, p. 54-71. Il s'agit du chapitre conclusif de l'ouvrage de Lem, *Fantastyka i futurologia* (1970), qui n'a pas été publié en français.

science-fiction manipule des formes nouvelles de narration, adaptées aux cadres conceptuels qu'imposent à l'humain les développements scientifiques modernes. Lem suggère qu'un roman de ce type nouveau serait susceptible de prendre la forme d'une « œuvre fracturée, comportant d'une part des fragments littéraires, et de l'autre des passages discursifs [...] ». Il s'agirait

> [...] d'une structure narrative entièrement nouvelle, possiblement calquée sur l'historiographie, la biographie de chercheurs, ou peut-être d'un collage d'extraits de textes scientifiques, de coupures de presse, de discours de lauréats du prix Nobel, et autres fac-similés[19].

Plus loin dans l'article, Lem évoque divers exemples d'innovation formelle en littérature, et cite notamment Kafka et Robbe-Grillet pour l'état de « flottement sémantique » dans lequel ces auteurs mettraient, chacun à sa façon, le lecteur. Le texte du *Château*, alors qu'il semble construit en vue de produire un sens, laisse le lecteur dans l'incertitude quant à son interprétation, proposant ainsi « l'équivalent structurel du secret existentiel[20] » ; dans *Les Gommes*, la superposition de systèmes narratifs en partie contradictoires, sur un mode apparemment aléatoire, priverait de même l'œuvre d'une lecture univoque. Lem paraît bien avoir tenté dans plusieurs de ses romans, et en particulier dans *Solaris*, de mettre en œuvre ces réflexions et de doter structurellement son texte d'une « indétermination multidimensionnelle[21] », par quoi on peut comprendre qu'une cohérence globale est suggérée par le récit, mais en fin de compte jamais avérée, notamment à l'aide de constituants narratifs conventionnels sciemment détournés en vue de tromper l'attente du lecteur. Ce traitement déceptif d'éléments paradigmatiques peut être mis en évidence dans *Solaris* par quelques observations d'ordre narratologique, dont il pourra ensuite être intéressant d'évaluer l'incidence sur les deux adaptations cinématographiques évoquées.

---

19 Stanislas Lem, « Metafantasia: The Possibilities of Science Fiction », *op. cit.*, p. 58 (traduction de l'auteur de la contribution).

20 *Id.*, p. 64.

21 *Id.*, p. 66. *Le Château* et *Les Gommes*, par l'influence de leurs qualités formelles, viennent ainsi enrichir l'intertexte déjà fourni du roman de Lem.

STRATÉGIES NARRATOLOGIQUES

Le roman s'ouvre sur un début *in medias res* – Kelvin arrive sur la station – et un système élaboré d'analepses externes (à la chronologie du récit) est ensuite mis en place pour établir les antécédents du récit. Ces analepses sont autant de récits enchâssés, qui entretiennent avec le récit principal une relation aussi bien *causale* (fonction explicative) que *thématique* (fonction d'analogie ou de contraste)[22]. L'intérêt majeur du choix de ce début est de permettre de laisser en suspens les raisons de la venue de Kelvin, qui ne seront jamais clairement explicitées. Bien que le récit suggère la forme traditionnelle d'une « quête » du héros (ses « épreuves » sont bien réelles), l'*objet* de celle-ci reste ainsi à déterminer. Elle paraît d'une part liée au sens de la recherche du « Contact » : si Kelvin est initialement animé d'une curiosité purement scientifique doublée d'un esprit étroitement rationnel, le récit permet dans une certaine mesure de supposer qu'à la fin ce personnage a acquis une compréhension plus large – bien qu'incommunicable – des phénomènes incompréhensibles auxquels il a assisté (transformation intérieure du héros). Or cette interprétation, qui est celle d'une partie des commentateurs de l'œuvre, ne repose que sur des éléments secondaires du récit, en rapport assez lointain avec la séquence narrative fondamentale. Celle-ci place tout d'abord Kelvin dans une situation de survie (du moins psychique) : confronté au « double » de sa femme, il tente tout d'abord de s'en débarrasser (en l'envoyant en orbite sur une fusée). Cette action échoue (rebondissement) : Kelvin ignorait que les Visiteurs se rematérialisent indéfiniment auprès de leur « hôte ». Au retour de Harey, Kelvin s'y attache et décide de vivre avec elle. Là encore, il échoue, puisque Harey parviendra (à la seconde tentative) à se supprimer définitivement. Dans ce schéma, le héros rompt avec sa « quête » initiale (aussi bien celle de la connaissance scientifique que celle, plus circonstancielle, de rétablir un équilibre mis en danger par les Visiteurs) pour embrasser un objectif opposé, et d'ailleurs considéré comme chimérique et puéril par tous les autres personnages (Harey comprise). Du fait de cette volte-face, il se voit en quelque sorte sanctionné par le déroulement de la séquence narrative. Le dénouement – la

22 *Cf.* Gérard Genette, *Figures III*, Paris, Éditions du Seuil, 1972, p. 242-243.

disparition sans retour de Harey – a lieu à son corps défendant (l'une des dernières actions sera d'ailleurs de mettre en œuvre un subterfuge pour *empêcher* la fabrication de l'« annihilateur » de Sartorius), ce qui renforce le caractère ouvert de l'interprétation de la situation finale. Ainsi, on a affaire dans *Solaris* à un héros qui se dissocie de la séquence narrative qui lui est consacrée. Force est de constater qu'à partir de la moitié du récit, Kelvin n'a pour ainsi dire plus aucune influence sur le cours de l'action présentée, au point qu'on serait tenté de se désintéresser de lui s'il n'était pas chargé d'assumer le rôle de l'instance narrative.

En effet, Lem choisit de faire raconter son histoire par un narrateur autodiégétique, dont la perspective est volontairement limitée (focalisation interne) au personnage de Kelvin. L'effet de cette option, qui est de laisser le lecteur dans l'ignorance des événements dont le personnage n'a pas connaissance, prend une portée remarquable dès lors que ce narrateur-« héros » cesse d'influer sur l'action. Le lecteur ne saura ainsi rien du développement de l'arme fatidique de Sartorius, et se voit réduit à des conjectures[23]. Pareillement, c'est pendant que Kelvin dort que Harey prend son destin en main (en écoutant la bande de Gibarian, ou en tentant une première fois de se suicider). Le principal élément de dénouement, l'annihilation de Harey à l'initiative même de celle-ci, a lieu à l'insu de Kelvin (elle lui a glissé un somnifère) et avec la complicité des deux autres savants. À mesure que l'action échappe au narrateur ainsi réduit à l'impuissance, l'économie temporelle du récit se fait de plus en plus distendue et vague[24], ce dernier se réduisant bien souvent à un constat par Kelvin d'une absence d'action ou d'événements[25]. Le lecteur assiste certes encore à quelques épisodes, mais qui semblent ne pas avoir d'incidence (le récit d'un rêve, une sortie de Kelvin sur la surface de Solaris, dont

---

23 Voir par exemple au 12e chapitre (« Les rêves ») l'épisode s'ouvrant par « Une fois, pourtant, au milieu de la nuit, j'entendis un cri puissant, un cri surhumain, aigu et prolongé », qui reste sans explication, Lem, *Solaris*, *op. cit.*, p. 287.

24 Si le narrateur nous laisse la possibilité de déterminer que la temporalité couverte par les chapitres 1 à 4 correspond à la première journée de Kelvin sur la station, et que les onze premiers chapitres représentent sept jours, on comprend au chapitre 13 que deux mois se sont écoulés depuis le début du récit. L'indétermination temporelle est totale au 14e et dernier chapitre, avec des spéculations du type « Pendant des mois, je resterais là [...] », *id.*, p. 306.

25 « Je n'avais encore rien décidé, pris aucune résolution. » (*id.*, p. 248) ; « Mais je repoussais l'idée même d'un changement quelconque ; j'étais incapable de prendre aucune décision. » (*id.*, p. 280) ; « Et les jours s'écoulaient, ternes, toujours semblables. » (*id.*, p. 284) ; « Assis devant la grande fenêtre, je regardais l'océan. Je n'avais rien à faire. » (*id.*, p. 305).

le narrateur ne tire curieusement aucune sorte de conclusion) et dont l'interprétation est, là encore, entièrement laissée au lecteur.

Pourtant, le roman présente une narration ultérieure d'apparence classique, qui fait supposer qu'un terme de l'histoire a eu lieu, dont le narrateur a connaissance. Mais Lem s'ingénie à rendre indiscernables les traces de l'acte / du moment de la narration : les occurrences du présent d'énonciation sont ambiguës, l'expression « aujourd'hui » souvent assimilable au temps du récit[26]. La situation du temps de l'énonciation narrative par rapport à celle de l'histoire racontée reste ainsi remarquablement imprécise. La situation narrative, l'espace-temps dans lequel le narrateur raconte l'histoire au narrataire, suggéré dans de très rares passages du type « Quand, aujourd'hui, je revis ces moments [...] », semble impossible à définir. Les jeux de Lem avec la temporalité du récit ne s'arrêtent pas là : lorsque, vers la fin du roman, le narrateur montre Kelvin en train d'envisager son retour sur Terre, il se met à parler au futur : prolepse externe (en principe) au cadre temporel du récit, dont la réalisation restera hypothétique, et qui voit pour finir le narrateur parler à la troisième personne et scinder en deux son personnage : « Et ce Kelvin de l'avenir ne vaudra pas moins que le Kelvin du passé[27] [...] ». La réticence du narrateur de *Solaris* à se manifester au niveau extradiégétique (et à fournir ainsi le cadre de son récit) atteint son comble dans les dernières phrases du roman, formulées au passé[28], qui laissent la conclusion en suspens. Si une utilisation du présent aurait enfin clarifié la situation du narrateur (restant désormais en attente après les événements relatés) le lecteur est en l'occurrence définitivement réduit à l'incapacité de déterminer à quel moment, par rapport aux événements relatés, Kelvin s'est mis à narrer son histoire, et quelle en est selon lui la conclusion.

Cette fin ouverte, où le narrateur se dédouane de son devoir tacite de clôturer le récit (n'accomplit pas, tout comme son personnage au niveau diégétique, sa *mission*), est d'autant plus remarquable si l'on considère que, structurellement, Kelvin constitue le dernier maillon d'une chaîne intertextuelle conduisant censément à l'élucidation du mystère, et que la logique du personnage (par ailleurs fort enclin à partager son érudition

26 « Aujourd'hui, nous ne sommes plus que trois dans la Station. [...] Oui, aujourd'hui, malgré la présence de nos fidèles "visiteurs", la Station était singulièrement dépeuplée. », *id.*, p. 296-297.

27 *Id.*, p. 308.

28 « Je l'ignorais, j'ignorais tout, et je persistais dans la foi que le temps des miracles cruels n'était pas révolu. », *id.*, p. 320.

dans de longues digressions) voudrait qu'il présente son récit comme un important témoignage. Or, s'il est bien question dans *Solaris* de la thèse universitaire de Kelvin, par laquelle il se rattache au corpus de la littérature scientifique solariste, le narrateur du roman ne se manifeste jamais comme *scripteur* : à aucun moment le récit en lui-même n'est donné comme un écrit, destiné à être lu – si ce n'est par certains signes fournis par le paratexte (les titres donnés aux chapitres, ou la page portant le mot « FIN ») qui ancrent délibérément le texte dans la tradition romanesque.

Tout en thématisant de façon multiple la précarité de la communication, du contact et de la connaissance, le roman *Solaris* joue ainsi sur l'information qu'il est convenu de confier au narrataire dans le cadre d'une expérience de lecture classique. Les nombreuses entorses au pacte de la représentation qu'il met en œuvre à dessein au niveau de la narration produisent un effet qu'on pourrait qualifier de métaleptique (transgressant les niveaux de narration) en ce que l'objet premier du roman, l'indétermination face à une réalité inconnue, est directement communiqué au lecteur par sa forme même.

« INTERFILMICITÉ » ET FILM D'AUTEUR

Considérer à présent, comme nous nous proposons de le faire, les adaptations cinématographiques de *Solaris* comme autant d'hypertextes du roman ne va pas sans une part de simplification. Le réseau de relations qu'entretiennent ces films avec d'autres œuvres dépasse bien entendu ce type de configuration restreinte. Pour en rester au seul domaine de la fiction d'anticipation cinématographique, on peut noter qu'à sa sortie, le *Solaris* de Tarkovski a fréquemment été présenté comme une « réponse » soviétique à *2001, l'Odyssée de l'espace* de Stanley Kubrick (1968), ce qui pousserait à explorer les parallèles qui indéniablement existent entre les deux films. Par ailleurs, l'un des enjeux du film de Soderbergh est évidemment de trouver à se positionner, non seulement après celui de Tarkovski, mais de toute une série d'œuvres emblématiques du cinéma de science-fiction américain, qui abordent certains des thèmes soulevés par le roman (*2001, l'Odyssée de l'espace*, bien entendu, mais notamment aussi *Contact* de Robert Zemeckis (1997) pour le thème de la rencontre de l'humain avec une intelligence extra-terrestre, ou encore *Blade Runner* de Ridley Scott (1982) sur la question de la « réplique » humaine[29]).

Par ailleurs, le « texte » cinématographique, comme on sait, recouvre une création par nature collective, ce qui peut rendre épineuse la question des intentions et choix auctoriaux. La portée de ce problème est relativement réduite dans le corpus envisagé : on peut rappeler que Tarkovski était intransigeant sur le fait de maîtriser ses films de bout en bout malgré sa forte dépendance, dans la première partie de sa carrière, vis-à-vis des instances soviétiques. Dans le cas de *Solaris*, le prix décerné par le festival de Cannes lui permit d'éviter d'opérer sur son film les nombreuses demandes de modification réclamées par la commission de censure. Soderbergh, qui évolue pour sa part dans les contraintes du système de production nord-américain, a abordé sa propre adaptation comme un projet personnel, et obtenu des producteurs d'avoir le « contrôle créatif » sur le film. Notons qu'il est non seulement à l'origine du scénario, mais qu'il occupe également au générique, outre le rôle de réalisateur, celui de chef-opérateur et de monteur[30] sous des noms d'emprunt. Aussi dissemblables qu'ils soient en tant que cinéastes, Tarkovski et Soderbergh partagent donc sans ambiguïté dans le corpus *Solaris* un statut d'« auteur », et l'ensemble des choix narratifs ainsi que l'agencement final de l'œuvre peuvent leur être pleinement imputés.

De façon remarquable, les deux cinéastes ont également en commun une indifférence affichée face aux enjeux traditionnels de la science-fiction. Tarkovski n'aurait proposé ce projet aux autorités soviétiques que parce qu'il semblait plus « vendeur » que le scénario de l'autobiographique *Miroir*, pour lequel il peinait à trouver des financements. Son but initial était d'ailleurs, avec cette adaptation qui met l'accent sur l'enjeu moral et spirituel de l'histoire, « d'éliminer tous ses rapports avec le genre de la science-fiction[31] », ce qui ne fut pas possible, Lem menaçant de retirer

29 On peut noter que ces films sont tous des adaptations, respectivement de romans d'Arthur C. Clarke, de Carl Sagan et de Philip K. Dick.

30 Du fait des importantes décisions qui y ont été prises au montage par rapport au scénario et aux scènes tournées (coupes, changement d'ordre de séquences, chevauchements son-image…), le film de Soderbergh illustre tout particulièrement l'importance de cette étape dans le processus filmique.

31 Ian Christie et Mark Le Fanu, « Tarkovski à Londres », *Positif*, n° 249, décembre 1981, p. 24-28. *Cf.* aussi Andreï Tarkovski, *Œuvres Cinématographiques Complètes I*, Paris, Exils, 2001, p. 383.

son aval au projet. Soderbergh, qui au cours de sa carrière éclectique a abordé une multitude de genres différents, choisit plus encore de renoncer à tout effet spectaculaire, réduisant en particulier au minimum les effets spéciaux, pour se concentrer sur les aspects psychologiques et amoureux du roman. Il en résulte des films inclassables, du moins pour ce qui est de leur publicité officielle : dans les deux cas, il est difficile de concevoir des bandes-annonces plus éloignées de la réalité des œuvres qu'elles prétendent annoncer, le film de Tarkovski, tout en lenteur méditative, étant présenté comme un film d'action et d'aventure[32], et celui de Soderbergh comme un mélodrame amoureux, sans tenir compte de sa froideur stylisée et de sa pente ironique. De fait, aussi bien Tarkovski que Soderbergh s'appliquent à brouiller les pistes du genre. Malgré toutes les infidélités par rapport au roman que les commentateurs (dont Lem lui-même) ont pu leur reprocher, les deux cinéastes se révèlent ici en bon accord avec la stratégie de l'œuvre d'origine. Si certains aspects du roman, comme sa dimension épistémologique (le contenu des longues analepses digressives détaillant les différentes écoles de pensée solaristes), n'ont pas passé l'épreuve de la transposition, c'est qu'ils relèvent à l'évidence trop manifestement du domaine textuel. Tarkovski, et à sa suite Soderbergh, font néanmoins preuve d'une indéniable finesse de lecture en s'appliquant à transposer de façon spécifiquement filmique certaines caractéristiques majeures du roman.

INTERTEXTUALITÉ ET INTERMÉDIALITÉ

Si l'hypertextualité apparaît dans la transposition comme une forme particulièrement assumée d'intertextualité, dans quelle mesure la coprésence de textes divers dans l'hypotexte peut-elle trouver à s'exprimer de façon pertinente dans l'hypertexte filmique qui le transpose ? Alors qu'elle n'est pas strictement indispensable à la mise en place de l'histoire, on constate dans les deux adaptations que leurs auteurs

32 On peut remarquer que, pour sa sortie en Italie, le distributeur Dino de Laurentiis soumit le *Solaris* de Tarkovski à une quantité importante de coupes et de modifications du dialogue au doublage afin d'accommoder le film à une conception plus attendue du film de science-fiction.

se saisissent de cette dimension si présente dans le roman d'origine comme d'une caractéristique formelle offrant l'occasion, notamment, d'affirmer l'appartenance de leur œuvre au sein d'un canon culturel. Dans le cadre du *medium* cinématographique, l'intertextualité est amenée à devenir plus largement référence *intermédiale* : coutumier des citations picturales dans ses films, Tarkovski truffe les différents espaces de la station spatiale de reproductions de gravures et de tableaux anciens (mais aussi de bustes, céramiques et autres objets d'art visuel). On notera en particulier que la bibliothèque est ornée des cinq tableaux conservés du *Cycle des saisons* de Pieter Brueghel l'Ancien. Ces références, qui sont autant de signes adressés par le réalisateur au spectateur, ne revêtent pas pour autant de sens explicite. Loin cependant de se résumer à une sorte de muséographie personnelle, elles sont occasionnellement réinvesties et incorporées à la matière du récit. Ainsi d'un des tableaux du *Cycle des saisons*, *Les Chasseurs dans la neige*, qui acquiert un rôle diégétique fondamental dans le film de Tarkovski et dont l'exploration donne lieu à une séquence majeure[33]. Un autre exemple est l'allusion (qui apparaît déjà sous diverses formes chez Lem) au *Don Quichotte* de Cervantes, par l'apparition à deux reprises d'un livre ouvert sur une gravure représentant l'Hidalgo et son écuyer. À un moment, le personnage de Snaut, dont Tarkovski a pertinemment identifié qu'il est dans le roman (du fait notamment de sa tendance à s'alcooliser) un vecteur majeur d'intertextualité, retire à Kelvin un ouvrage scientifique et le remplace par *Don Quichotte*. Il lui en fait lire un passage faisant écho au contexte du film (l'éloge du sommeil de Sancho Pança), puis, prenant le rôle de Quichotte, lui donne la réplique. Remarquons que, chez Tarkovski, c'est également à Snaut qu'il est donné d'« interpréter » (au sens théâtral) Harey lorsqu'il est amené à lire à haute voix la note de suicide finale de celle-ci à un Kelvin trop affaibli. La référence intermédiale n'est pas chez Tarkovski obligatoirement empreinte de gravité, et dénote au contraire souvent un humour certain : lorsque Sartorius (qui incarne déjà chez Lem jusqu'au ridicule l'intransigeante rigueur de la posture scientifique), excédé par les propos philosophiques de Snaut et Kelvin, les accuse de faire « du Dostoïevski de bas étage », on peut voir dans cette sortie une allusion réflexive au reproche, adressé par Lem lui-même à Tarkovski, d'avoir

33 Ce tableau est également convoqué dans le film suivant de Tarkovski, *Le Miroir*.

fait « non pas *Solaris*, mais *Crime et Châtiment*[34] ». Non sans ironie, le cinéaste rappellerait ainsi dans son propre film à l'écrivain sa liberté de tirer parti des virtualités du roman.

Soderbergh, comme pour prendre le contre-pied de Tarkovski, opte à l'inverse pour un décor dépouillé à l'extrême. La vision « aseptisée » de l'avenir qu'il nous propose peut être mise en rapport avec son choix d'insister sur le thème de l'incommunicabilité, qu'il décline systématiquement dans son film au niveau interpersonnel[35]. Dans l'appartement de Kelvin, comme le remarque au cours du film Rheya, il n'y a pas d'images ou de tableaux. La station apparaît similairement vide de références et d'effets personnels. Soderbergh, ainsi, ne reprend pas à Tarkovski l'idée d'un rôle humanisant et salvateur de l'art. Chez lui, le recours à la référence intermédiale, à la fois fonctionnel et ironique, semble chercher à en remettre en question la solennité inhérente : à son arrivée sur la station, Kelvin est surpris par une ambiance sonore évoquant le film d'horreur et la fête foraine, qui s'avère être une chanson de hip-hop que Snaut/Snow écoute dans sa cabine[36]. Vers la fin du film, on observe une allusion assez explicite, par la posture des personnages, à la *Création d'Adam* de Michel-Ange, qui évoque au second degré l'utilisation qu'en fait fameusement Steven Spielberg dans son film *E.T., l'extra-terrestre*. La référence majeure est cependant, dans le film de Soderbergh, d'ordre poétique et mémoriel. Le cinéaste consacre une bonne partie de son film à présenter la rencontre initiale, sur Terre, entre Kelvin et Rheya et l'évolution de leur relation amoureuse. Or Kelvin séduit celle-ci en évoquant le poème de Dylan Thomas au titre prémonitoire « And Death Shall Have no Dominion » (qui annonce les résurrections ultérieures de Rheya). Lorsque la Rheya « terrestre » se suicide, elle tient dans son poing

34 Cette anecdote est tirée du livre d'entretien de Stanislaw Bereś, *Rozmowy ze Stanisławem Lemem*, Cracovie, Wydawnictwo Literackie, 1987. L'extrait traduit en anglais figure sur le site officiel consacré à Lem, « Lem about the Tarkovsky's adaptation », *LEM.PL*, https://english.lem.pl/arround-lem/adaptations/solarisq-tarkovsky/176-lem-about-the-tarkovskys-adaptation, [consulté le 03/04/2020].

35 Par la représentation de la communication par écran interposé, déjà présente dans le livre, mais aussi l'usage de champs-contrechamps dialogués où le second interlocuteur reste invisible, ainsi que par une réduction significative des dialogues par rapport au roman, au film de Tarkovski et à son propre scénario.

36 « Riddle Box » du groupe Insane Clown Posse (1995). Snow fait par ailleurs preuve de goûts musicaux assez éclectiques. Plus tard dans le film, on entend dans sa cabine la quinzième des *Variations Goldberg* de Bach, dans l'interprétation de Glenn Gould (1955).

fermé une page de livre affichant ce même poème, qui sera même lu en « off » par la voix de Kelvin. Là encore, cependant, la référence n'est pas traitée sans une certaine espièglerie : le cinéaste s'amuse à en miner le pathos dans une scène rétrospective où, confondu par Rheya (dans une librairie de livres anciens), Kelvin est obligé d'avouer son ignorance de tout autre poème de Thomas et de la littérature en général[37].

TRANSPOSITIONS NARRATIVES, DU SIMPLE AU DOUBLE HYPOTEXTE

Passons à présent à la structure narrative en elle-même qui, dans le cas du roman *Solaris*, constitue un défi de taille pour la transposition intermédiale. Le risque bien connu, dans l'adaptation au cinéma d'un livre formellement audacieux, est d'aboutir à un film beaucoup plus « sage » et conventionnel que l'œuvre d'origine. On sait que Tarkovski fait précéder la séquence narrative principale du roman, qu'il respecte globalement, d'une longue introduction sur Terre qui lui permet d'amener ses propres thèmes (notamment le lien indéfectible avec la nature terrestre et la relation père-fils). Plus précisément, il s'agit d'un ajout, aux deux extrémités de la séquence narrative, d'une paire de macro-propositions[38] (prologue/épilogue) qui se répondent symétriquement. Cette intervention, tout sauf fortuite, permet notamment au cinéaste de pallier les deux problèmes techniques que pose le début *in medias res* du roman et sa fin « impossiblement » ouverte. L'introduction, dans ce prologue, du personnage de Berton, dispense Tarkovski de recourir à toute analepse risquant de disperser le courant du film (en suggérant

37 Un commentaire approprié de l'utilisation de la musique, ou plutôt de l'environnement sonore créé par Edouard Artemiev pour le *Solaris* de Tarkovski, d'où se dégage en leitmotiv un prélude de choral de Bach interprété au synthétiseur optoélectronique, demanderait un article à part entière. Dans le cadre de notre propos, nous nous contentons de signaler que Soderbergh a repris pour son film l'idée d'une « atmosphère » musicale à tendance tantôt électronique, tantôt plus orchestrale, tout en demandant au compositeur Cliff Martinez de s'inspirer de l'utilisation que fait de la musique de György Ligeti le film *2001, l'Odyssée de l'espace*.

38 Nous reprenons ici la terminologie de Jean-Michel Adam, *Les Textes : types et prototypes. Récit, description, argumentation, explication et dialogue*, Paris, Nathan Université, 1997.

notamment d'emblée la motivation de la mission de Kelvin : celle d'évaluer la « liquidation » de la station). Par ailleurs, on se souvient que, chez Lem, le rapport de Berton, ainsi que la vérité élusive qu'il contient, se trouve au terme d'un parcours de textes de statuts divers. Tarkovski, à qui ce procédé n'a pas échappé, va s'attacher à le reproduire par des moyens purement cinématographiques : en multipliant dans ce prologue les extraits audiovisuels de nature différente (procès-verbal filmé, images tournées par la caméra de bord de Berton, reportage télévisé, interrompu par une communication visiophonique de Berton), il obtient sensiblement le même effet de « microcosme réflexif » que Lem. Tarkovski poursuit par la suite le recours, dans son propre *medium*, au même type de « collage » intertextuel que pratique Lem. Kelvin emmène ainsi sur la station un vieux film de famille (dont l'atmosphère hivernale répond aux *Chasseurs dans la neige*), qu'il projettera à Harey, et le « message » que lui laisse Gibarian est chez Tarkovski, de même, un enregistrement filmé. On peut rattacher à cette inter*filmicité* intradiégétique le jeu sur le *medium* lui-même que constitue le fait d'alterner des scènes en noir et blanc et en couleur.

L'épilogue du film répond directement à ce prologue : après avoir montré Kelvin sur la station dans l'état où le laisse le roman (sans que le narrateur de celui-ci, rappelons-le, nous garantisse qu'il s'agit bien là de la fin de l'histoire), on l'y voit apparemment de retour dans le parc de la maison de son père. Cependant, certains détails signalent que quelque chose « cloche » : le chien de son enfance (qu'on a vu jeune dans le film de famille) vient à sa rencontre, alors qu'il est assurément mort depuis longtemps. Lorsque Kelvin s'approche de la maison paternelle, on s'aperçoit qu'il pleut *à l'intérieur* de la maison. Ces anomalies poétiques renvoient le spectateur aux imperfections des copies que Solaris génère à partir des souvenirs humains (ou d'ailleurs à la nature imparfaite de ces souvenirs), et notamment à la robe sans fermeture avec laquelle Harey apparaît dans la station, comme si elle avait été créée d'une seule pièce dans son vêtement. Dans le célèbre plan final, la caméra se détache du sol pour montrer que toute cette scène avait lieu sur un îlot à la surface de Solaris. Si, visuellement, l'enchâssement du récit premier à l'intérieur d'un cadre donne l'effet d'un ensemble unifié (d'une clôture formelle du récit), celui-ci se révèle donc trompeur, et l'ambiguïté d'interprétation quant au sort de Kelvin reste entière. Bien que Lem ne se soit pas montré favorable à cette solution[39], force est de constater qu'elle tente au moyen du langage cinématographique de créer dans l'esprit du spectateur l'état d'indétermination que le texte de *Solaris* inspire au lecteur.

Les choix formels de Soderbergh, quant à eux, nous intéressent tout particulièrement dans la mesure où l'on y retrouve la trace de ses deux « hypotextes ». Pour ce qui est du recours de Lem aux analepses, on observe ainsi que Soderbergh incorpore à la structure de son film un jeu savant de *flash-backs*. Si ceux-ci, chez lui, visent exclusivement à reconstituer l'histoire d'amour passée entre Kelvin et Rheya, le procédé n'en évoque pas moins cet aspect de la technique narrative que le roman de Lem adopte pour raconter l'épopée tragi-comique de la Solaristique. Par ailleurs, on constate que le film de Soderbergh, en dépit de tout ce qui semble l'opposer à celui de Tarkovski, reprend son idée formelle d'un prologue (qui clarifie entre autres la raison du départ de Kelvin – chez Soderbergh un enregistrement vidéo de Gibarian l'appelant à son secours), dont le complément est un épilogue en trompe-l'œil. Kelvin, à la fin du film, se retrouve comme au début dans son appartement terrestre, en train de débiter une courgette. Une anomalie est signalée visuellement au spectateur : une photographie en noir et blanc de Rheya sur le réfrigérateur, alors que la « réplique » de celle-ci, sur Solaris, se souvenait qu'il n'y avait chez lui nulle part de tableaux, ou d'images, « pas même sur le réfrigérateur ». À nouveau, il se coupe le doigt, mais s'aperçoit que sa blessure, cette fois-ci, se résorbe miraculeusement : allusion au pouvoir de régénération des Visiteurs sur la station. Soderbergh effectue cependant sur ce schéma une modification subtile. Par une opération de montage, l'épilogue est montré en deux parties : la première peut faire croire un instant au retour effectif de Kelvin[40],

39 Lem s'est toujours montré très hostile à l'adaptation de Tarkovski, qui trahissait selon lui l'intention de son livre. Notons cependant qu'il admet lui-même ne pas avoir regardé le film au-delà des vingt premières minutes et s'être contenté d'en lire le scénario. Entretien de Lem avec Stanislaw Bereś, « Lem about the Tarkovsky's adaptation », *op. cit.* L'écrivain était un peu plus indulgent à l'égard du film de Soderbergh, auquel il prête « ambition, goût et atmosphère », tout en signalant initialement qu'« à [s]a connaissance, le livre n'est pas consacré aux problèmes érotiques de personnes dans l'espace » (*cf.* « Folha de S. Paulo », *LEM.PL*, https://english.lem.pl/home/reading/interviews/folha-de-spaulo et « Solaris by Soderbergh. The Solaris station », *LEM.PL*, https://english.lem.pl/arround-lem/adaptations/solaris-soderbergh/147-the-solaris-station, [pages consultées le 03/04/2020]).

40 L'effet produit par cette fausse annonce est de donner momentanément au spectateur l'impression que le retour subséquent à la trame principale du film est un *flash-back* : illusion qui prend fin dès lors qu'on comprend que Kelvin reste à bord de la station.

alors que la seconde a lieu après que l'on comprend que la station s'est écrasée sur Solaris, avec Kelvin à son bord. La similitude de structure reste patente[41] malgré la différence des thèmes qu'abordent les fins respectives des deux films : là où Tarkovski propose une figuration de la parabole biblique du retour du Fils prodigue (en citant par la posture des personnages le tableau éponyme de Rembrandt), Soderbergh livre, avec la réunion de Rheya et Kelvin, une évocation du stéréotype hollywoodien du *happy end* réunissant un couple adamique. Dans les deux cas, la conclusion est subvertie par le fait que le Kelvin de la fin ne serait qu'un simulacre créé par Solaris, et le spectateur laissé libre de s'en forger sa propre interprétation.

Par ailleurs, dans les deux films, l'épilogue, amené par une utilisation subtile de la musique, est *annoncé* par le texte du passage proleptique qui voit dans le roman le narrateur envisager son retour sur Terre. Tarkovski le fait advenir au cours d'une dernière conversation avec Snaut, pendant laquelle la caméra s'approche progressivement de l'oreille de Kelvin jusqu'à la filmer en très gros plan. Suivent alors des images de nuages au-dessus de la surface de Solaris, donnant un instant l'impression d'une voix *off* avant de retourner sur les deux personnages. Or Tarkovski (comme d'ailleurs Soderbergh[42]) a évité dans son film tout recours à une voix *off* « explicative » qui, en plus de constituer une facilité narrative, aurait rompu l'immédiateté du donné visuel en évoquant la présence d'un narrateur doté d'un recul par rapport au récit, chose précisément que n'admet pas le récit de Lem. Au vu du rôle particulier de cette prolepse dans le roman, le fait de suggérer l'espace d'un instant cette voix *off*, ou de l'assumer comme telle, mais, de façon trompeuse, au *passé*, comme le fait Soderbergh dans la première partie de son épilogue, donne à ces deux moments un rôle de commentaire en acte du passage concerné du roman.

41 On peut constater qu'elle l'était plus encore dans la première version du scénario de Soderbergh.

42 La récitation en « off » du poème de Dylan Thomas, chez Soderbergh, aurait plutôt une fonction poétique, ou musicale. On observe par ailleurs que Soderbergh joue en permanence dans son film sur un *effet* de voix *off* induit par des chevauchements sonores souvent très longs d'un plan à l'autre.

FOCALISATION ET PROXIMISATION

Pour ce qui est de cet autre trait narratif distinctif du roman qu'est la focalisation interne du narrateur et ses conséquences sur le récit, on observe que Tarkovski a veillé à en trouver l'équivalent filmique : dans la séquence principale, en effet, chaque plan est lié au regard de Kelvin[43], tous les événements auxquels il n'assiste pas étant laissés en hors-champ. Soderbergh reste lui aussi fidèle au principe qui consiste à lier le spectateur à la perception de Kelvin, mais introduit ici encore sa différence, en présentant par moments la perspective mémorielle de Rheya. Sur les huit inserts analeptiques consacrés à l'histoire amoureuse de Rheya et Kelvin sur Terre, seuls les deux premiers et le dernier sont « déclenchés » par ce dernier. Le montage nous fait comprendre pour les autres (qui concernent d'ailleurs plus spécifiquement l'histoire de Rheya) que c'est la jeune femme qui se remémore par elle-même (se réapproprie) son passé[44].

Plus que Lem et Tarkovski, Soderbergh insiste en effet sur le portrait psychologique du personnage de Harey/Rheya. Là où Lem campe à grands traits une femme-enfant dévouée à son mari, lisant, pendant qu'il se documente en bibliothèque sur des choses sérieuses, « Le cuisinier interplanétaire », Tarkovski met davantage l'accent sur le processus d'humanisation de la « réplique » de Harey, mais n'évite pas un portrait de fragilité féminine proche du stéréotype patriarcal. Si Harey prend chez lui l'allure biblique d'une martyre, elle est par ailleurs notablement absente de l'épilogue du film. Soderbergh choisit pour sa part pour le rôle de Rheya une femme plus mûre, dotée d'un passé relativement détaillé. Son personnage « terrestre », montré comme tourmenté et psychologiquement instable, est celui qui incarne au mieux dans le film une sorte d'aspiration spirituelle s'opposant à la rationalité étroite dont témoigne initialement Kelvin ; on notera d'ailleurs dans le film le désir signifiant de la jeune femme de devenir écrivain. Soderbergh

43 La séquence où Harey observe le tableau des *Chasseurs dans la neige* constitue une exception signifiante : ici, Kelvin la regarde en train de regarder le tableau, et assiste à son « humanisation ».

44 Dans le septième *flash-back*, d'ailleurs, comme chez Tarkovski (voir note précédente), Kelvin *regarde* Rheya en train de se souvenir.

insiste sur l'autonomisation progressive de la « réplique » de Rheya. En privilégiant son point de vue au lieu de celui de Kelvin dans les *flash-backs* centraux, il « rééquilibre » les rapports au sein du couple, ce qui prend un sens d'autant plus pertinent que Soderbergh entreprend manifestement sur l'histoire de Lem une proximisation[45] visant à rendre une image de la femme plus conforme aux vues de son spectateur. Dans ce même esprit, le choix de Soderbergh de faire endosser par une femme (le docteur Gordon) le personnage de Sartorius et la rigueur dogmatique qu'il représente a un effet déterminant dans la mesure où il permet de désamorcer ce que Lem appelait, avec quelque condescendance, « l'évidente interprétation freudienne[46] » de son roman. Il paraît en effet difficile, parmi les lectures possibles de *Solaris*, de ne pas prendre en compte celles qu'induit la configuration particulière des personnages (des scientifiques, tous masculins, scrutant le mystère d'une énigmatique planète-océan et de son émissaire féminin). Chez Lem, le seul autre Visiteur que Kelvin aperçoit à part Harey est celui issu des souvenirs (ou des fantasmes) de Gibarian : « Une femme géante, de type négroïde », vêtue d'une simple « jupe de paille ». Aucun des deux cinéastes ne choisit de reprendre visuellement cette image volontairement choquante, qui renforcerait la tentation d'associer la planète Solaris à un « dark continent[47] » à caractère fantasmatique. Dans les deux films, la « fonction » des apparitions causées par la planète est laissée dans le vague. Chez Tarkovski, le Visiteur de Gibarian est une jeune fille éthérée, chez Soderbergh, assez curieusement, le propre fils de Gibarian. Le fait que, dans le film de 2002, Sartorius/Gordon soit joué par une femme noire (Viola Davis) ne doit certes pas être surinterprété, mais dans les faits, on constate que Soderbergh extrait la « femme noire » du registre du fantasme masculin auquel elle est assignée dans le roman de Lem pour la placer en quelque sorte au poste de commande : n'oublions pas que, déjà chez Lem, alors que Kelvin se contente de subir les évènements et renonce progressivement à toute velléité d'influer sur l'action, c'est Sartorius qui en devient, de façon occulte, le véritable moteur jusqu'à

45 « L'hypertexte transpose la diégèse de son hypotexte pour la rapprocher et l'actualiser aux yeux de son propre public. » Genette, *Palimpsestes*, *op. cit.*, p. 351.

46 Entretien de Peyman Esmaeili avec Stanislas Lem, cité en note 2.

47 Pour reprendre l'expression qu'utilisa Freud, en référence à l'ouvrage *Through the Dark Continent* de Henry Morton Stanley (1878), pour qualifier l'énigme posée par la sexualité féminine à la psychanalyse.

la disparition de Harey (après quoi il disparaît d'ailleurs lui-même du récit). Sartorius/Gordon et Harey/Rheya, en effet, restent les seuls à *réaliser une intention.*

DÉVELOPPEMENT DIÉGÉTIQUE

Sur ce dernier point, Soderbergh est amené à effectuer une importante modification par rapport à ses prédécesseurs. Là où Tarkovski respecte la situation finale de la séquence narrative principale de Lem (Harey disparue, Kelvin reste dans un état d'indétermination), il ajoute un singulier rebondissement, qui développe une des virtualités proposées par le roman[48] : Snow se révèle être un « visiteur » (la « copie » de son frère jumeau) ayant tué le « véritable » Snow. Du point de vue narratologique, la conséquence de ce choix est de taille, puisque la situation finale (la disparition de tous les Visiteurs) n'est plus assurée. Cependant, le faux Snow se charge d'annoncer une « fin » plus radicale : l'utilisation de l'annihilateur a vidé les ressources d'énergie à bord (rendant impossible le retour sur Terre) ET provoqué une augmentation de la masse de Solaris, qui attire de ce fait irrémédiablement la station vers sa destruction certaine. Ce scénario-catastrophe assez outré est manifestement introduit moins pour un motif de vraisemblance (dont Soderbergh se montre relativement peu soucieux dans son film) que de cohérence proprement narrative : Kelvin sera donc placé pour finir devant un *choix*, celui de rentrer sur Terre avec Gordon à bord de la navette par laquelle il est arrivé, ou de rester sur la station en perdition avec Snow (et le « fils » de Gibarian). Ayant opté pour la seconde solution, il doit traverser une ultime *épreuve* (figurée par le son effroyable qui le terrasse à mesure que la station s'approche de Solaris), dont il sortira victorieux, comme en témoigne sa réunion finale avec Rheya[49]. L'irréalité troublante de cette

48 On notera que Soderbergh développe ainsi une des virtualités proposées par le roman de Lem, où Snaut déclare à Kelvin : « L'océan [...] aurait pu faire n'importe quoi, m'opposer ton sosie, t'opposer le mien, par exemple. » Lem, *Solaris*, *op. cit.*, p. 118.

49 Le caractère d'épreuve « glorifiante » (au sens que lui donne le modèle actantiel de Greimas) de ce passage était souligné dans le scénario, où à la fin Rheya dit à Kelvin la phrase (non retenue au montage) « *You made it* ».

idylle finale montre cependant que le propos de Soderbergh n'est pas simplement d'accommoder le récit de Lem aux techniques du *storytelling* américain, mais bien plutôt de souligner, par leur application un peu trop explicite, le caractère factice de celles-ci. Au regard de la « fin » choisie par Gordon, qui met à profit son caractère de *sujet* de l'action dans la séquence narrative initiale, le « choix » de Kelvin n'équivaut d'ailleurs qu'à un suicide de plus dans la longue série qu'en compte l'histoire de Lem. Aucune des deux « fins » que Soderbergh propose ainsi pour pallier l'absence de fin du roman – ramener sur Terre (ce qui reste de) l'équipage sur le mode du film d'aventure traditionnel, accomplissant la mission initiale de Kelvin d'une part, et de l'autre le sacrifice rédempteur final sous l'angle du thème canonique de la « seconde chance » que croit saisir (ce qui reste de) Kelvin – n'est propre à emporter l'adhésion. À la morosité de la routine qui l'attend sur Terre, Kelvin préfère un anéantissement donnant accès à un paradis artificiel. Bien que la « focalisation » du film reste du côté de Kelvin, Soderbergh ne prend pas parti, laissant le spectateur libre d'explorer en esprit les pistes narratives proposées. On notera surtout que cette manipulation des stéréotypes de genre fait écho à la technique choisie par Lem de brouiller les pistes du récit à l'aide d'éléments paradigmatiques détournés de leur fonction attendue.

VARIATIONS SUR LE THÈME DE LA COPIE

L'importance que Soderbergh accorde au thème de l'artifice, de la copie et du simulacre (notamment par l'invention du « sosie » de Snow, ou encore le traitement de la scène du roman, non retenue par Tarkovski, de l'apparition à Kelvin du « fantôme » de Gibarian[50]) invite à considérer son film sous l'angle de la réflexivité filmique[51]. La planète Solaris

50 Par rapport à cette scène du 9e chapitre du roman, le film de Soderbergh augmente le dialogue d'une réflexion sur « le rêve de la marionnette » : « KELVIN : Tu n'es pas Gibarian. GIBARIAN : Non ? Qui suis-je alors ? KELVIN : Une marionnette. GIBARIAN : Et pas toi ? Tu es peut-être ma marionnette à moi. Mais comme toute marionnette, tu crois que tu es un être humain. C'est le rêve du pantin : être humain. »

51 Voir notamment Steven Dillon, *The Solaris Effect. Art and Artifice in Contemporary American Film*, Austin, University of Texas Press, 2006, p. 21-44 et Michael Valdez Moses,

pourrait ainsi représenter l'« usine de rêves » hollywoodienne, produisant à l'envi des simulacres pour satisfaire les besoins d'identification du spectateur. Soderbergh thématiserait dans son film le propre statut artificiel de celui-ci, et en particulier son caractère de *remake*. Au vu de nos observations, il semble en tout cas manifeste que Soderbergh a une conscience aiguë des relations qu'il met en jeu aussi bien avec le roman de Lem qu'avec le film de Tarkovski. En prenant des libertés parfois considérables par rapport à son double hypotexte, tout en témoignant d'une réflexion souvent très fine à son égard, il paraît avoir pour objectif de brouiller les horizons d'attente propres à une œuvre « originale » et ceux qui président à sa transposition.

Les divers emprunts de Soderbergh au film de Tarkovski confirment cette impression, tant leurs manifestations évitent de suivre un schéma conducteur reconnaissable et semblent plutôt répondre au souhait d'expérimenter et de combiner les possibilités inter- et hypertextuelles, de l'adoption d'une caractéristique formelle à la citation ou imitation plus ou moins littérale. Prenons l'exemple de la scène du suicide manqué de Harey/Rheya à l'oxygène liquide : Tarkovski, pour rendre plus étranges les convulsions dont Harey est agitée à sa résurrection, montre la scène à rebours. Soderbergh, que l'efficacité de cet « effet spécial » aussi vieux que le cinéma ne pouvait que séduire, a recours à la même technique dans sa propre version de l'épisode. Dans le film de Tarkovski, Snaut assiste à la scène et prononce la phrase, absente du roman, « Je ne m'habituerai jamais à ces résurrections ». Soderbergh reprend la même phrase et la met dans la bouche de Gordon. Réécriture ? Plagiat ? Hommage ? S'ils ancrent l'œuvre de Tarkovski dans celle de Soderbergh, le statut ambigu de ces emprunts évoque en tout cas fortement l'emploi éclectique que fait de l'intertextualité le roman de Lem.

Une des séquences les plus célèbres du film de Tarkovski est celle où l'on voit Kelvin, fiévreux, « rêver » un plan-séquence où apparaît à plusieurs endroits Harey, qui se confond dans son rêve avec l'image de sa mère jeune. L'allusion marquée de Soderbergh à ce plan pourrait prendre ici l'allure d'un exercice de style de cinéphile si le cinéaste n'entrecoupait pas par la suite sa séquence d'un *flash-back* morcelé montrant Kelvin sur Terre, découvrant le corps sans vie de la première Rheya. Faisant

---

« Solaris, cinema and simulacra », p. 281-303, *in* R. Barton Palmer et Steven Sanders (dir.), *The Philosophy of Steven Soderbergh*, Lexington, University Press of Kentucky, 2010.

ainsi revivre à Kelvin le suicide de Rheya, Soderbergh rend explicite la fonction que revêt la scène chez Tarkovski : figurer, sans la montrer, les derniers instants de la « deuxième » Harey, auxquels il n'est pas donné à Kelvin d'assister. De manière intéressante, le dernier plan de ce *flash-back* rompt exceptionnellement avec la focalisation de type « interne » du protagoniste. Soudain, l'on voit de *l'extérieur* (focalisation « zéro »), à travers l'encadrement d'une fenêtre (par un plan évoquant d'ailleurs fortement *Fenêtre sur cour* d'Alfred Hitchcock), le tableau de désolation de Kelvin enlaçant sur le lit sa compagne morte. Il semble que Soderbergh interroge ici le regard du spectateur/narrataire, qui se trouve mis en situation de voyeur en même temps que de narrateur censément « omniscient », chargé de donner un sens à ce qui est offert au regard[52].

Un dernier emprunt, plus discret, paraît important à signaler. Tarkovski reprend assez fidèlement à Lem une scène où Harey, paniquée de ne plus voir Kelvin auprès d'elle, déchire d'une force surhumaine la porte métallique de sa cabine. Si chez Lem, l'incident est rapidement oublié, sa trace éminemment visuelle, une brèche laissée dans la porte, est montrée à plusieurs reprises dans le film de Tarkovski. Le film de Soderbergh omet cet épisode. Cependant, dans la scène de rêve évoquée plus haut, le regard de Kelvin rencontre une porte métallique trouée d'une brèche[53]. Présent sans cause établie, cet élément visuel n'a aucune fonction narrative et son intérêt, dès lors purement symbolique, détonne dans l'économie générale du film, par ailleurs assez resserrée. Que donne à voir par cet intrigant signe indiciel Soderbergh ? Une sorte de vestige intertextuel, témoignant de l'ouverture du film à ses hypotextes (que paraît aussi signaler, au niveau du paratexte, l'absence de générique de début) ? Une « brèche » dans le film même, par laquelle celui-ci montrerait son souhait d'échapper, tout en l'actant, à son statut de « copie » ? La figuration même du mystère de Solaris et de l'impossibilité de le combler par une explication ? Là encore, Soderbergh prend soin de nous laisser la liberté de trancher.

---

52 Un autre exemple patent d'« inclusion » du spectateur dans le dispositif a lieu dans la scène finale, où le champ-contrechamp entre Kelvin et Rheya est filmé de façon frontale, de sorte que les personnages semblent s'adresser au public.

53 On apprend dans le commentaire audio du DVD que Soderbergh a tourné, puis coupé au montage cet épisode (qui figurait dans le scénario final), comme il l'a fait de plusieurs scènes jugées après-coup trop spectaculaires pour la tonalité générale de son film, car mettant en avant le côté « monstrueux » de Rheya.

DE *SOLARIS* À *SOLARIS* : L'ODYSSÉE DU MÉTATEXTE

La transposition d'une œuvre littéraire vers un autre *medium* narratif, loin d'être aussi immédiate qu'on la présente parfois, ne peut par définition aller sans un important processus de lecture et de réécriture. Le dégagement d'une séquence narrative fondamentale, permettant de déterminer et éventuellement d'écarter des actions secondaires, apparaît comme la première condition nécessaire à ce type de projet. Le roman de Lem pose dès ce stade d'intéressants défis. Si l'on se propose d'en raconter « simplement » l'histoire principale, on s'aperçoit qu'on est amené à compléter certains pans restés volontairement lacunaires. Une lecture plus approfondie mobilisant les outils d'analyse narratologiques permet de mettre en évidence les stratégies auxquelles s'est livré l'auteur au niveau de la forme et de la technique narrative, notamment un recours constant à l'intertextualité, associé à un usage « déceptif » de composants paradigmatiques du récit mettant en échec l'attente du lecteur. Ces éléments, associés au traitement à divers niveaux du thème de l'énigme insoluble, confèrent au roman un caractère autoréflexif appuyé. Il est certes possible de laisser de côté ces aspects « formels » : la première adaptation filmique de *Solaris*, réalisée pour la télévision soviétique en 1968 par Boris Nirenburg (et dont Tarkovski a sans doute eu connaissance), propose, à partir de la séquence narrative principale, une forme linéaire éclipsant les caractéristiques structurelles du récit d'origine (et en particulier toute dimension intertextuelle et spéculaire). Il en résulte une touchante histoire d'amour sur fond d'énigme scientifique, montrée sur le mode du huis-clos théâtral. Pour assurer sa cohérence, cependant, le film est amené à adopter des partis-pris narratifs qui contribuent à l'éloigner encore de l'œuvre d'origine : ainsi l'usage appuyé de la voix *off* du protagoniste en début (expliquant les raisons de sa venue sur la station) et en fin (exposant sa décision finale d'y demeurer) de film, à la façon d'un narrateur littéraire qui marquerait nettement sa distance temporelle avec les faits racontés (chose qu'évite à dessein le narrateur du roman). Cette référence à la focalisation interne du roman sur son narrateur autodiégétique est par ailleurs contredite dès qu'il s'agit de traiter les événements qui échappent à son attention : lorsque Harey profite du sommeil de Kelvin pour prendre son destin en main (pour écouter la bande magnétique laissée par Gibarian, faire sa première tentative de suicide ou se livrer à l'« annihilateur » de Sartorius), la caméra quitte Kelvin pour la suivre, et nous faire partager des événements qui échappent à celui-ci. Ce parti-pris a certes l'intérêt de mettre en lumière que, dans les moments correspondants du roman, Harey s'arroge le rôle de protagoniste que Kelvin n'assume plus. Mais le fait d'amener le spectateur à partager ainsi l'« omniscience » propre par défaut au dispositif narratif cinématographique nous laisse assez loin de l'expérience de privation d'information à laquelle la focalisation restreinte adoptée par Lem soumet son lecteur.

En comparaison, le film de Tarkovski manifeste une réflexion intermédiale d'une tout autre ampleur. Son ambition est manifestement de répondre de manière adéquate aux éléments narratifs « problématiques » du roman. Ses ajouts scénaristiques, en apparence étrangers au texte, ne modifient pas tant la structure narrative du roman qu'elles s'y ajoutent pour résoudre certains des défis qu'elle pose à l'adaptation filmique. Son effort de transposition de caractéristiques formelles du roman dans des codes propres au *medium* d'arrivée, en particulier, est remarquable, et l'adaptation cinématographique apparaît ainsi chez lui un moyen privilégié de démontrer la spécificité de son *medium* artistique par rapport à celui du *medium* littéraire. La pratique de l'allusion intertextuelle chez Lem, enfin, trouve un pendant convaincant dans l'usage que fait le cinéaste de références intermédiales. Alors que le roman de Lem présente en filigrane un discours sur le support textuel et les potentialités de la science-fiction d'acquérir ses lettres de noblesse en tant que genre littéraire, Tarkovski livre avec son film une réflexion sur la matière et les possibilités du cinéma envisagé comme art « majeur ».

Loin de l'ambition d'une version « définitive » de *Solaris*, le film de Soderbergh s'applique à saper l'illusion qu'une transposition filmique, fut-elle aussi « magistrale » que celle de Tarkovski, puisse venir clôturer le corpus des possibles prolongements du roman. Son *Solaris* refuse le statut d'œuvre subordonnée ou seconde tout en tirant pleinement profit de la « leçon » cinématographique de Tarkovski. Prenant position sur les choix narratifs de l'œuvre de Lem autant que sur les solutions trouvées par Tarkovski pour les transposer, la proposition que constitue son film n'acquiert tout son sens qu'en regard des deux œuvres dont il livre une relecture. De ce fait, il rend flagrant le rôle de métatexte qui accompagne toujours l'hypertexte, au sens où « ce n'est pas le texte premier qui détermine le texte second mais bien le texte second qui (re)donne accès au texte premier, comme pourrait le faire un commentaire[54] ». Indéniablement, l'un des mérites du film de Soderbergh est de fournir un accès « actualisé » à ses deux hypotextes dans leur *medium* respectif, dans la mesure où il se prête au jeu de la transposition, ne se contentant pas du traitement libre d'une trame narrative préexistante, mais prenant concrètement en compte les éléments formels qui contribuent au sens des œuvres d'origine. Son film, ainsi, n'élude pas tant les caractéristiques structurelles des deux « hypotextes » qu'il les souligne (les commente), y compris lorsqu'il les rectifie. Tout en assumant pleinement ses « dettes », l'hypertexte évite ici toute impression de littéralité. La présence assumée des hypotextes prend des formes variées, se manifeste par des emprunts, parfois mineurs, de nature diverse. Parallèlement au public « général », le film de Soderbergh convoque ainsi en permanence un spectateur « encyclopédique », auquel la nature palimpseste assumée de son film ne peut échapper. Au vertige spéculaire que veut susciter le roman de Lem, Soderbergh, à partir du film de Tarkovski, ajoute celui d'associer le traitement de la thématique de la copie à la *pratique* intertextuelle de celle-ci, évoquant librement ses diverses modalités et interprétations possibles pour interroger les notions même d'œuvre originale et d'auteur.

Hugo HENGL
Université Clermont Auvergne, CELIS

54 Sophie Rabau, *L'Intertextualité*, Paris, Flammarion, GF Corpus, 2002, p. 37.

HER (SPIKE JONZE, 2013)

Réseaux et sentiments, ou la question du post-cinéma[1]

Nous vivons dans un monde où la technologie occupe une place toujours croissante, et où le rôle de médiation joué par la technologie est crucial. Il n'est donc guère étonnant que le cinéma se fasse l'écho de cette situation, notamment dans le traitement des relations entre les personnages – un exemple frappant est le film de Nora Ephron, intitulé *You've Got Mail* (*Vous avez un mess@ge*), sorti en 1998, comédie romantique dont l'intrigue se fondait sur l'idéal urbain d'hyper-connexion, rendu possible par l'émergence des réseaux sociaux à l'époque. Ce film, marqué par un *happy ending* très caractéristique d'une approche utopique ainsi que d'un modèle « romantique », s'inspirait d'un film de Lubitsch datant de 1945, *The Shop Around the Corner* (*Rendez-vous*), et permettait de mettre en avant une certaine continuité avec la tradition filmique précédente dans ce discours sur l'impact des avancées technologique sur les modes de relation entre les personnages[2]. Mais ce film de 1998 renvoie à une époque désormais révolue, celle des débuts de la révolution numérique, car aujourd'hui une grande part du public est née après l'avènement de cette révolution, et a intégré les changements qui en ont découlé. Le numérique a donné naissance à de nouveaux *media* très nombreux qui tendent parfois à affaiblir et parfois à renforcer notre rapport au cinéma comme *medium* né à une époque qui précède cette révolution numérique. Cette étude va tenter de montrer comment le film de Spike Jonze reflète cette ambivalence des relations entre le numérique et le *medium* cinématographique, et la manière dont cette question renvoie à des interrogations sur l'avenir du cinéma lui-même. Certains critiques

1 Une version anglaise de ce texte est parue en ligne dans la revue *Ekphrasis*, vol. 2, 2019, p. 41-53, DOI : 10.24193/ekphrasis.22.3

2 Jeff Scheible, « Longing to Connect: Cinema's Year of OS Romance », *Film Quarterly*, vol. 68, n° 1, automne 2014, p. 22-31.

comme André Gaudreault et Philippe Marion ont été jusqu'à suggérer que nous étions à cet égard entrés dans l'ère du « post-cinéma ». Il s'agira ici également de déterminer dans quelle mesure ces nouvelles modalités de représentation d'une « romance numérique » confirment ou infirment l'hypothèse de la persistance d'un type d'approche du cinéma caractéristique de ce que Laura Mulvey appelait la « pulsion scopique », essentiellement rattachée à un désir voyeuriste attribué au regard masculin.

> La pertinence étrange des propos de Laura Mulvey (à la fois dans leur forme initiale et après révision) concernant le rapport introspectif au film des spectateurs femmes se voit confirmée par la réification extrême des corps féminins, de plus en plus manifeste, que l'on voit apparaître dans ces films qui, sur un plan littéral, symbolique ou figuré, démembrent ces corps à travers le récit[3].

Virginás travaille dans cette étude sur un *corpus* de films qui mettent en scène une réduction par le numérique du corps féminin ; elle fait valoir ici que cette numérisation, qui aboutit à un « démembrement » du corps, nous fait passer d'un univers analogique à un univers numérique en un mouvement de transmédiation qui évoque des échos significatifs avec le sujet de la romance numérique. Ce mouvement aboutit également à remettre en question le rapport du spectateur au film, comme nous allons le voir dans cette étude.

Une première étape consiste d'abord à présenter le cadre culturel général dans lequel s'inscrit cette réception du numérique comme nouveau *medium*, avant de s'intéresser aux rapports entre cinéma et numérique, notamment dans le film de Spike Jonze. Plusieurs monographies ont théorisé notre rapport au numérique au début des années 2010, mais l'une des plus marquantes est l'essai de Sherry Turkle, *Alone Together*, paru en 2012. Cette étude regroupe et analyse une série d'entretiens réalisés par l'auteur avec des chercheurs du MIT (Massachusetts Institute of Technology) qui travaillaient à la conception

3 *« The uncanny validity of Laura Mulvey's original and revised observations on introspective female spectacularity is supported by the extreme processes of objectification the female bodies, apparently gaining visibility, must undergo in these films, as they are literally, symbolically or figuratively dismembered throughout the narratives. »*, Andrea Virginás, « Gendered Transmediation of the Digital from *S1m0ne* to *Ex Machina*: "Visual Pleasure" Reloaded ? », *European Journal of English Studies*, vol. 21, n° 3, décembre 2017, p. 289-290. Sauf mention contraire, les traductions sont de l'auteur.

de robots ou au développement de l'intelligence artificielle, mais également avec des interlocuteurs non spécialisés dans le domaine, mais placés dans des situations d'interaction avec des robots, qu'il s'agisse d'infirmières en gériatrie, d'assistantes maternelles, de couples divorcés, d'enfants, ou d'adultes en situation de dépression. La conclusion générale à laquelle aboutit Turkle est l'idée selon laquelle nous sommes en train de vivre un avènement du robotique, c'est-à-dire une période historique dans laquelle les êtres humains sont prêts à déléguer leurs relations affectives à des robots et des machines fonctionnant grâce à des intelligences artificielles. L'argument qui revient souvent dans ces entretiens est celui selon lequel les robots ne sont pas simplement un pis-aller – dans les cas notamment où il s'agit de ne pas laisser un parent âgé sans surveillance – mais qu'ils représentent la meilleure solution possible dans la gestion des rapports humains. Les robots, par exemple, réagiront de façon calme et égale même avec un patient atteint du syndrome d'Alzheimer, et ils permettront aux personnes seules d'éprouver un sentiment (injustifié ?) de partage avec autrui sans avoir à réellement s'engager avec un autre être humain. Cet argument est particulièrement frappant lorsque l'auteur relate sa conversation avec un journaliste qui lui vante les mérites du mariage entre humains et robots :

> Plus encore, ce journaliste considérait que les machines apportaient un avantage dans une relation intime, et que celle-ci devait être reconnue comme telle. Pour lui, un robot que l'on épousait, que l'on aimait, et avec qui l'on avait des relations sexuelles, était bien plus qu'un substitut ou qu'un pis-aller. Le robot était bien plutôt préférable à quoi que ce soit ou qui que ce soit d'autre – notamment, pour de très nombreuses raisons, il était préférable aux relations parfois embrouillées, souvent insatisfaisantes et toujours complexes que nous avions avec les autres êtres humains[4].

Sherry Turkle désapprouve ce type de jugements car elle considère que dans nos échanges avec les robots nous renonçons à ce qui rend l'interaction humaine significative, et ce de façon injustifiée. Bien que

4 « *More than this, the reporter was insisting that machines would bring their own special qualities to an intimate partnership that needed to be honored in its own right. In his eyes, the love, sex, and marriage robot was not merely "better than nothing," a substitute. Rather, a robot had become "better than something." The machine could be preferable – for any number of reasons – to what we currently experience in the sometimes messy, often frustrating, and always complex world of people.* », Sherry Turkle, *Alone Together – Why We Expect More From Technology and Less From Each Other*, New York, Basic Books, 2011, p. 18.

le point de vue de Turkle soit parfois jugé excessivement normatif[5], cet auteur met en avant le paradoxe qui associe cette approche utilitariste de la technologie des robots et le malaise que cette technologie suscite chez les humains. Par le biais de cet investissement affectif et libidinal qui a pour objet des artefacts technologiques, nous perdons en partie les désirs qui étaient auparavant investis sur d'autres personnes humaines. C'est pourquoi Flisfeder et Burnham parlent à ce sujet d'« épuisement libidinal » ou d'« hédonisme dépressif[6] ». Lorsque l'objet ultime des interactions humaines est de nature artificielle, comme dans le cas des relations sentimentales ou sexuelles nouées avec des robots, l'intimité qui se voit reconstruite avec les machines nous dépossède d'une autre forme d'interaction plus riche et il devient alors délicat d'éprouver de véritables sentiments[7].

C'est bien la situation qui est décrite dans le film de Spike Jonze, *Her*. Qui traite non seulement de notre rapport à la technologie mais également de la manière dont ce rapport peut modifier notre approche du cinéma. *Her* raconte l'histoire de Theodore Twombly (joué par Joaquim Phoenix), employé par le site internet *Beautifulhandwrittenletters.com*, entreprise qui dans ce monde fictionnel propose aux particuliers d'écrire à leur place la correspondance privée (et souvent intime) qu'ils ne se sentent pas capables de rédiger eux-mêmes. Un critique a même baptisé le personnage de « Cyrano des temps modernes[8] ». Alors qu'il est lui-même confronté à la solitude et qu'il est sur le point de divorcer de sa femme, il commence à entretenir une relation intime avec un système d'exploitation – du nom de Samantha – qu'il a installé sur son

5 Eva-Lynn Jagoe, « Depersonalized Intimacy: The Cases of Sherry Turkle and Spike Jonze », *English Studies in Canada*, vol. 42, n° 1-2, mars-juin 2016, p. 161.

6 Matthew Flisfeder, Clint Burnham, « Love and Sex in the Age of Capitalist Realism : On Spike Jonze's *Her* », *Cinema Journal*, vol. 57, n° 1, automne 2017, p. 28.

7 Alla Ivanchikova interprète cet état dépressif chez Theodore comme la conséquence d'une situation dans laquelle les humains sont exploités par les machines et leur procurent un corps matériel (p. 74). C'est également ce qu'elle définit comme une « xénosexualité », c'est-à-dire une relation parasitique entretenue avec une entité non-humaine et située au-delà des capacités de compréhension humaine. Alla Ivanchikova, « Machinic Intimacies and Mechanical Brides: Collectivity between Prosthesis and Surrogacy in Jonathan Mostow's Surrogates and Spike Jonze's *Her* », *Camera Obscura. A Journal of Feminism, Culture, and Media Studies*, vol. 31, n° 91, 2016, p. 65-91.

8 « Latter-day Cyrano ». Voir Scott Foundas, « Film Review: *Her* », *variety.com*, 12 octobre 2013, https://variety.com/2013/film/reviews/film-review-her-1200710608/, [consulté le 01/10/2019].

ordinateur et pour lequel il éprouve peu à peu des sentiments d'attirance, de jalousie, parfois jusqu'à l'auto-dénigrement, dans une relation en miroir de celle que deux êtres humains pourraient entretenir. Samantha n'a pas de corps, elle n'est qu'une voix, la voix très séduisante de Scarlett Johansson en l'occurrence, et l'intrigue se conclut lorsque Samantha, avec d'autres systèmes d'exploitation, décide de mettre un terme à leurs relations avec les humains et de se limiter à des interactions virtuelles entre systèmes d'exploitation uniquement, en ligne. Le film relate donc une histoire d'amour qui se termine par un échec, bien que la dernière scène suggère que Theodore pourrait vivre une autre histoire d'amour avec Amy, une voisine et collègue qui elle aussi vient d'être « abandonnée » par le programme qu'elle avait installé sur son ordinateur et dont elle était tombée amoureuse.

Au-delà du discours manifeste que tient le film sur les dangers de la technologie, et sur les menaces qui portent sur les rapports humains, *Her* tient également un discours important sur notre rapport au cinéma. En montrant comment la relation entre Samantha et Theodore, bien qu'il s'agisse d'une relation ouvertement artificielle, débouche sur de réels sentiments éprouvés par le personnage, le film de Spike Jonze reflète et critique l'illusion mimétique qui est au fondement même du cinéma – l'une des pratiques artistiques où une image reconstruite artificiellement produit des émotions réelles. Il est essentiel à cet égard que Samantha, dans le film, soit un être désincarné, sans corps. C'est un élément qui revient dans la scène où Theodore et Samantha se disputent parce que Theodore lui reproche de « mimer » les bruits de la respiration humaine, alors que de toute évidence elle n'en a pas le besoin [1'17'10-1'19'20]. Theodore semble ainsi éprouver quelques réticences à reconnaître la réalité de son implication affective avec une intelligence artificielle, implication que les chercheurs ont baptisé du nom d'effet ELIZA, d'après une expérience réalisée avec un robot :

> Le film met en scène des questions portant sur l'intelligence et la conscience qui renvoient aux débuts des travaux sur l'intelligence artificielle et à la mise en place du test de Turing ; ces questions reviennent aujourd'hui à travers les doctrines philosophiques antihumanistes liées à l'ontologie de l'objet et au réalisme spéculatif. Samantha provoque un effet ELIZA, c'est-à-dire qu'elle réactive chez les humains la tendance à comprendre leur interaction avec les ordinateurs sur le modèle de l'interaction humaine. Le nom ELIZA est tiré d'un logiciel créé dans les années 1960 [...]. Malgré son aspect rudimentaire,

> selon les utilisateurs ce logiciel produisait des interactions très fortes. Samantha, en tant que système, est bien plus complexe et programmée pour apprendre de façon intuitive et pour intégrer des informations qu'elle obtient en ligne et *via* ses interactions avec Theodore[9].

Si Theodore accuse Samantha de singer les humains, elle lui répond de façon très pertinente qu'il s'agit sans doute d'un « tic » qu'elle a contracté au contact de Theodore lui-même – renvoyant ainsi Theodore à sa propre nature de faussaire puisqu'il écrit des lettres pour d'autres et se fait passer pour eux. Plus encore, cette scène suggère comment comprendre les rapports entre le cinéma et l'avènement du robotique. Theodore reproche à Samantha de pratiquer un artifice qui s'applique très largement au cinéma à l'ère numérique. Même si *Her* n'utilise pas d'images de synthèse, le sujet même du film est de savoir comment des émotions réelles peuvent naître d'une représentation artificielle : les images de synthèse peuvent-elle en effet créer chez le spectateur une émotion réelle ou constituent-elles un obstacle à notre implication émotionnelle dans le film et à notre empathie pour les personnages ? Comment l'histoire de Theodore peut-elle nous toucher si nous savons, au fond, qu'il n'est en train de dialoguer et d'interagir qu'avec une machine[10] ?

---

9 *« The film negotiates questions about intelligence and consciousness that go back to the days of early AI and the Turing Test and which are now returning in the antihumanist philosophies emerging in object-oriented ontology and speculative realism. Samantha has the ELIZA effect, which refers to the tendency of humans to assume computer behaviour is analogous to human behaviour. The name comes from the ELIZA computer program of the 1960s […]. Even though the program was quite formulaic, users reported having profound interactions with it. Samantha, however, is a much more sophisticated system, programmed to intuitively learn and process information that she gathers from across the Internet and in her interactions with Theodore. »*, Jagoe, « Depersonalized Intimacy : The Cases of Sherry Turkle and Spike Jonze », *op. cit.*, p. 167.

10 Cette question renvoie au débat sur le réalisme au cinéma en tant que *medium*, débat dans lequel André Bazin a pris une large part dans les années 1950. Mais l'irruption du numérique dans le *medium* cinématographique modifie la nature même de ce débat, car elle met en avant la possibilité d'une artificialité constante et non intermittente, au point de menacer la foi que nous pouvons avoir en ces représentations qui sont (du fait de la pratique des images de synthèse) toujours susceptibles d'avoir été retouchées artificiellement. Le numérique représente donc de plus en plus une dimension indépendante à l'intérieur du cinématographique mais *hors cinéma*, et le film de Spike Jonze signale cette autonomie par l'emploi d'objets ou de procédés intégrés dans la diégèse et *représentant* le numérique comme *medium*, qu'il s'agisse des écrans d'ordinateurs apparaissant dans le cadre, de la voix désincarnée de Samantha ou des outils par lesquels Theodore communique avec elle (une oreillette et une interface sous forme de tablette comportant un objectif de caméra pour permettre à Samantha de voir la réalité vécue par Theodore). Ces divers artefacts problématisent les rapports non seulement entre Samantha et la réalité

Ce discours sur notre rapport au cinéma est incarné dans le film de Jonze par un certain nombre de scènes qui métaphorisent notre lien au numérique et son impact sur l'expérience spectatorielle. Le travail même de Theodore, qui consiste à dicter des lettres à son ordinateur, avant qu'elles ne soient imprimées de façon à ressembler à des lettres écrites à la main, met en relation une source numérique et un produit final qui imite l'analogique (cette grille de lecture est suggérée par Muhlhauser et Arnal[11], à l'appui de leur présentation du travail de Theodore comme artificiel). D'autres scènes traitent plus directement de la place du cinéma dans un monde où le numérique a pris une telle place. Tout d'abord, il faut noter que Theodore crée Samantha comme un réalisateur crée un personnage[12], mais que l'inverse est vrai également. Samantha demande ainsi à Theodore de fermer les yeux pour le guider dans un endroit qu'elle a choisi en secret pour lui faire une surprise (il s'agit d'une pizzeria, tout simplement [23'37][13]) et Theodore, dans une autre scène, joue à courir dans la rue et à esquiver les passants au dernier moment pour donner le tournis à Samantha qui « observe » la scène depuis l'interface épinglée à la chemise de Theodore – comme si le film livrait ici un discours réflexif sur le contrôle exercé par le réalisateur sur la représentation et sur l'expérience du spectateur.

Durant l'unique scène évoquant la sexualité de Theodore « avec » Samantha, l'écran devient progressivement de plus en plus sombre, comme s'il s'agissait de suggérer que le film ne peut décidément pas représenter ces ébats avec une entité désincarnée. Ces éléments intègrent le numérique dans un discours sur le film et sur l'incompatibilité entre le numérique et la représentation filmique. La scène la plus marquante à cet égard est l'*incipit* du film qui montre Theodore occupé à dicter une lettre à son ordinateur, sans que cet ordinateur apparaisse au début de la scène, de sorte que le personnage semble réellement en train de parler à un autre personnage qui serait situé hors-champ. Voici la version française qui figure sur le DVD :

---

diégétique de Theodore, mais entre le cinéma et le numérique comme *media* différents bien que coexistant dans le même espace narratif.

11 Paul Muhlhauser, Jack D. Arnal, « Uncanny Valley Romance: Warm Bodies, *Her* and the Bits and Bytes of Affection », p. 136-152, *in* Ashley Szanter (dir. et introd.), Jessica K. Richards (dir. et introd.), Kyle William Bishop (préface), *Romancing the Zombie. Essays on the Undead as Significant "Other"*, Jefferson, NC, McFarland, 2017, p. 144.

12 Flisfeder, Burnham, « Love and Sex in the Age of Capitalist Realism: On Spike Jonze's *Her* », *op. cit.*, p. 32.

13 Cette scène est commentée par Flisfeder et Burnham. *Id.*, p. 35.

> Pour toi Chris. J'aimerais trouver les mots pour te dire l'amour que j'ai pour toi. Je me souviens du jour où est né notre amour comme si c'était hier. J'étais allongée nue près de toi, dans notre petite mansarde, et c'est là que j'ai compris que je faisais partie d'un tout éternel. Comme nos parents. Et les parents de nos parents. Avant de te rencontrer je traversais la vie en croyant tout connaître. Soudain une lumière éclatante m'a tirée de ma torpeur. Et c'est toi que j'ai vu. J'ai du mal à croire qu'il y a déjà cinquante ans que tu m'as épousée. Et aujourd'hui encore, après tout ce temps, je me sens grâce à toi comme la jeune fille que tu as réveillée un beau matin, pour vivre cette aventure extraordinaire. Joyeux anniversaire de mariage. Mon amour. Mon ami pour toujours[14].

La dernière phrase de cette scène est prononcée alors que la caméra révèle que les paroles de Theodore s'adressent à un ordinateur qui apparaît enfin dans le cadre – il s'agissait donc d'une lettre dictée à l'ordinateur et écrite pour le compte d'une autre personne, ce que confirme la désignation de Theodore comme « la jeune fille que tu as réveillée un beau matin ». Mais cette désignation indique également, selon Donna Kornhaber[15], que la scène vise à brouiller les limites de genre sexué, et rappelle que Theodore travaille en dehors des frontières établies – il est, comme le remarquera un autre personnage plus tard, mi-homme mi-femme. Le sujet digital ou post-humain est ainsi clairement en dehors de la représentation cinématographique, car il est initialement hors-champ : le retournement de situation qui présente Theodore comme homme se faisant passer pour une femme déstabilise la représentation cinématographique classique et signale son caractère insaisissable en tant que sujet situé dans un environnement numérique. C'est bien l'apparition de l'ordinateur qui révèle la véritable nature duelle de Theodore [1'02]. Par son interaction avec les machines, Theodore est devenu un être hybride, mi-homme mi-machine lui-même[16], ce qui apparaît à travers

14 « *To my Chris. I've been thinking how I could possibly tell you how much you mean to me. I remember when I first started to fall in love with you like it was last night. Lying naked beside you in that tiny apartment it suddenly hit me that I was part of this whole larger thing, just like our parents, and our parents' parents. Before that I was just living my life like I knew everything; but suddenly this bright light hit me and woke me up. That light was you. I can't believe it's already been fifty years since you married me and still to this day, every day, you make me feel like the girl I was when you first turned on the lights and woke me up and we started this adventure together. Happy anniversary my love, my friend till the end.* », transcription du discours de Theodore dans cette scène.

15 Donna Kornhaber, « From Posthuman to Postcinema: Crises of Subjecthood and Representation in *Her* », *Cinema Journal*, vol. 56, nº 4, été 2017, p. 4.

16 *Id.*, p. 16.

cette représentation initialement transgenre qui dépasse les normes de figuration conventionnelles au cinéma.

Cette approche est confirmée par le discours que le film tient sur le numérique comme ce qui constitue à la fois le sujet du film et ce que le film ne cesse de « manquer ». Kornhaber écrit ainsi : « Le monde qui dépasse la conception que nous pouvons nous faire de nous-mêmes comme êtres matériels dépasse les capacités de représentation du film[17]. » Cet accès problématique à la réalité dans le film apparaît tout d'abord au niveau référentiel dans le cadre diégétique. Le film construit l'image d'une ville générique, dépourvue de toute identité authentique. Lawrence Webb[18] montre que l'identité du cadre urbain dans lequel se déroule l'intrigue dans *Her* mêle les références asiatiques et californiennes pour créer une synthèse que les critiques ont surnommé San Fransokyo [59'20]. C'est ce qu'avait déjà pratiqué Ridley Scott dans *Blade Runner* (1982), et cela correspond à une orientation « rétro-futuriste[19] », mais tandis que Scott dépeint une réalité délabrée et dystopique dans Los Angeles, Spike Jonze vide sa création urbaine de tout conflit de type social ou ethnique, ce qui suscite certains doutes quant à la possibilité de rattacher cette représentation urbaine à une réalité « authentique » et à un discours sur l'état de la société contemporaine.

> La question de l'authenticité et sa pertinence à l'ère numérique sont représentées dans le film lui-même par cet aller-retour ambivalent entre l'ironie et la sincérité[20].

L'environnement urbain comme décor de la « romance » numérique met en avant une artificialité qui est le corollaire de ce manque d'émotions sincères, analysé par Webb comme marqueur d'une ironie de la représentation. Cet environnement urbain est délaissé lorsque Theodore se rend en week-end dans une région enneigée (qui n'est pas identifiée

17 *« The world that lies beyond the physical conception of ourselves is not one to which film has access »*, *id.*, p. 21.

18 Lawrence Webb, « When Harry Met Siri: Digital Romcom and the Global City in Spike Jonze's *Her* », p. 95-118, *in* Johan Andersson (dir. et introd.), Lawrence Webb (dir. et introd.), *Global Cinematic Cities. New Landscapes of Film and Media*, New York, NY, Wallflower, 2016, p. 111.

19 James Bell, « Computer Love », *Sight and Sound*, vol. 24, n° 1, janvier 2014, p. 25.

20 *« The issue of authenticity and emotional resonance in the digital era is one duplicated by the film itself and its ambivalent tonal oscillations between irony and sincerity. »*, Webb, « When Harry Met Siri: Digital Romcom and the Global City in Spike Jonze's *Her* », *op. cit.*, p. 113.

formellement) et part marcher dans la campagne sans emmener Samantha avec lui (c'est-à-dire sans l'interface qui leur permet de communiquer). Ces séquences sont les seules dans lesquelles Theodore se retrouve seul, c'est-à-dire aussi sans ses collègues qui représentent pour une bonne part la pression sociale qui le pousse à s'engager dans une relation, même s'il s'agit d'une relation virtuelle. Cela confirme que sa relation avec Samantha est bien ce qui empêche le contact avec la réalité ; mais ces séquences sont aussi l'occasion d'un traitement plus conventionnel de l'espace et de la solitude de Theodore en termes cinématographiques, notamment du point de vue des mouvements de caméra et de l'utilisation de la musique : c'est donc encore une fois l'incompatibilité entre le mode de représentation classique au cinéma et le numérique comme *medium* situé au-delà du cadre réaliste qui est rappelée dans ces séquences.

Cette incompatibilité est précisément ce que le film de Spike présente comme étant sa propre limite. La relation entre Theodore et Samantha reste en grande partie en dehors du champ de la représentation cinématographique. Par définition, l'histoire de Samantha ne peut pas accéder à la représentation à l'écran, car elle n'existe que comme une voix, et cette voix a une vie propre qui se situe radicalement hors-champ. C'est ce qui apparaît clairement quand elle avoue à Theodore qu'au moment même où elle lui parle, en raison de sa capacité à l'ubiquité, elle est en relation avec de très nombreux autres systèmes d'exploitation en ligne. Un exemple frappant est l'épisode dans lequel Theodore craint que Samantha n'ait disparu car elle ne répond plus à ses appels – elle était en réalité en train de faire une mise à jour de son propre système – et nous voyons alors Theodore courir dans la rue à la recherche de Samantha [1'37'25-1'43'53]. Cette scène se termine par une rupture temporaire entre les deux « personnages » quand Theodore apprend que Samantha est amoureuse de plusieurs autres personnes avec qui elle est en contact (d'autres utilisateurs du système). Nous voyons Theodore trébucher et tomber par terre au moment où il court dans les rues, en proie à la peur, car il croit que Samantha est « morte » : cette action de trébucher, si matérielle, renvoie au hiatus entre sa propre nature matérielle et la nature réelle de Samantha qui rend cette course incohérente. Samantha n'est pas un corps que l'on peut retrouver car elle vit uniquement dans l'espace abstrait des communications en ligne. Il est donc impossible pour Theodore de « rattraper » Samantha. Par l'association entre cette poursuite du corps inexistant et la révélation de l'infidélité de Samantha, la séquence montre à quel point les modes conventionnels de représentation cinématographique ont perdu de leur pertinence : ils renvoient toujours au modèle classique de la narration à suspense alors que le *medium* numérique multi-dimensionnel et protéiforme dépasse radicalement ce modèle.

Est-ce à dire que le numérique a d'une certaine manière « vaincu » le cinéma ? Et comment penser l'interaction des deux *media*, si cette interaction subsiste ? Tout d'abord, ce qui dépasse la représentation filmique chez Samantha est avant tout la multiplicité des *media* qui se retrouvent subsumés en elle : Samantha compose de la musique, lit les philosophes, dessine des esquisses, et entretient avec des scientifiques morts depuis longtemps (mais dont l'esprit est ranimé et émulé par la technologie) des conversations complexes. Le discours filmique ne peut clairement pas représenter cette multiplicité. Cela ne signifie pas que le numérique ne donne lieu à aucune représentation à l'écran : plusieurs procédés tentent de le faire, mais de façon partielle. La réalité de Samantha comme être numérique nous est ainsi partiellement accessible durant ses interactions avec Theodore, mais l'ubiquité de Samantha comme personnage reste hors champ. Cet aspect partiel de la représentation cinématographique n'est pas nouveau, il a toujours existé, mais il est ici particulièrement sensible notamment quand les systèmes d'exploitation décident tous de couper les ponts avec les humains – événement non représentable si ce n'est pas le biais d'une absence de voix *off*, celle de Samantha. Le post-cinéma serait peut-être ce cinéma qui pourrait reconnaître dans sa thématique cette incomplétude de la représentation, mais la réponse esthétique et narrative à ce défi reste incertaine, et le film de Spike Jonze cherche plus à décrire qu'à répondre à ces nouveaux questionnements.

En second lieu, l'impact de l'interaction avec le numérique sur les humains peut être considéré comme un bouleversement de la narration cinématographique en tant qu'elle est fondée sur une intersubjectivité entre personnages ; cette interaction au contraire exprime le fantasme d'une « intimité non médiatisée[21] ». La narration cinématographique semble donc empêchée si le numérique prend le pas sur la relation entre les personnages. C'est ce qui se produit lorsque Samantha tente

21 Kathleen Lundeen, « *Her* and the Hardwiring of Romanticism », *Pacific Coast Philology*, vol. 52, n° 1, 2017, p. 59.

de résoudre le problème que lui pose l'absence de corps en demandant à Isabella, une femme volontaire pour jouer ce rôle, d'agir comme substitut et comme partenaire sexuel pour Theodore, tandis que Samantha « contrôlera » Isabella et lui donnera des indications à l'aide d'une interface digitale (une oreillette et une caméra miniaturisée en forme de grain de beauté placé sur le visage d'Isabella). L'humain est ici radicalement réduit au rang de serviteur de la machine. Cette entreprise échoue cependant car Theodore ne peut projeter ses sentiments pour Samantha sur le corps d'Isabella, notamment parce qu'elle a un soubresaut inattendu à un moment où Theodore ne s'attendait pas à la voir réagir. En d'autres termes le fantasme qu'il a construit autour de Samantha s'effondre face à un être humain « réel ». Cette séquence confirme non seulement la nature solipsiste de la relation que Theodore entretient avec Samantha mais elle métaphorise l'échec de la mise en scène associée au numérique. Lorsque nous essayons de passer du fantasme numérique au film (Samantha jouant ici le rôle du réalisateur), le cinéma échoue à réaliser le fantasme. Dans sa mise en regard des deux *media*, *Her* affirme la nécessité d'une évolution de notre approche du cinéma, afin de répondre à cette contradiction entre le filmique et numérique, mais le film affirme également le rôle essentiel qu'il reste au cinéma à jouer en termes d'intégration du numérique dans le champ culturel, afin de transformer ce *medium* en outil permettant une réelle interaction humaine et pour ne pas le réduire à un rôle d'instrument dans un fantasme solipsiste.

Christophe GELLY
Université Clermont Auvergne, CELIS

BIBLIOGRAPHIE

ARFARA, Katia, *Théâtralités contemporaines entre les arts plastiques et les arts de la scène*, Francfort-sur-le-Main, Peter Lang, 2011.

BANOUN, Bernard, POULIN, Isabelle et CHEVREL, Yves (dir.), *Histoire des traductions en langue française* (4 vol. coordonnés par Yves Chevrel et Jean-Yves Masson), vol. 4 : XXe siècle (1914-2000), Lagrasse, Verdier, 2019.

BARBE, Michèle (dir.), *Musique et arts plastiques. La traduction d'un art par un autre, principes théoriques et démarches créatrices*, Paris, L'Harmattan, « L'univers esthétique », 2011.

BENJAMIN, Walter, « Die Aufgabe des Übersetzers », *in* Walter Benjamin, *Illuminationen. Ausgewählte Schriften*, Francfort-sur-le-Main, Suhrkamp, 1961, p. 56-69.

BERMAN, Antoine, *La Traduction et la Lettre, ou l'auberge du lointain*, *in* Antoine Berman, *Les Tours de Babel*, Mauvezin, Trans-Europ-Repress, 1985 ; Paris, Éditions du Seuil, « L'Ordre philosophique », 1999.

BERMAN, Antoine, *L'Épreuve de l'étranger. Culture et traduction dans l'Allemagne romantique. Herder, Goethe, Schlegel, Novalis, Humboldt, Schleiermacher, Hölderlin*, Paris, Gallimard, « Les Essais », 1984, « Tel », 1984, 1995, 2007.

BERMAN, Antoine, *Pour une critique des traductions : John Donne*, Paris, Gallimard, « Bibliothèque des idées », 1994.

BERNHART, Walter, SCHER, Steven Paul et WOLF, Werner (dir.), *Word and music studies. Defining the field*, Amsterdam ; Atlanta, Rodopi, 1999.

BLANCHOT, Maurice, « Traduire », *in* Maurice Blanchot, *L'Amitié*, Paris, Gallimard, « Blanche », 1971, p. 62-73.

BLECKMAN, Ulf et EICHER, Thomas (dir.), *Intermedialität. Vom Bild zum Text*, Bielefeld, Aisthesis Verlag, 1994.

BOLTER, Jay David et GRUSIN Richard, *Remediation. Understanding New Media*, Cambridge, Mass. ; Londres, MIT Press, 2000.

CARTMELL, Deborah et WHELEHAN, Imelda (dir.), *Adaptations. From Text to Screen, Screen to Text*, Londres, New York, Routledge, 1999.

CHEVREL, Yves, D'HULST, Lieven, LOMBEZ, Christine (dir.), *Histoire des traductions en langue française*, vol. 3 : XIXe siècle (1815-1914), Lagrasse, Verdier, 2012.

CLÜVER, Claus, *Interart Studies. An Introduction*, Bloomington, University of Bloomington, 1996.

CLÜVER, Claus, « Inter textus / inter artes / inter media », *in* Monika Schmitz-Evans et Uwe Lindermann (dir.), *Komparatistik 2000/2001, Jahrbuch der Deutschen Gesellschaft für Allgemeine und Vergleichende Literaturwissenschaft*, Heidelberg, Synchron Publishers, 2001, p. 14-50.

CLÜVER, Claus, « Intermediality and Interarts Studies », *in* Jens Arvidson, Mikael Askander, Jørgen Bruhn et Heidrun Führer (dir.), *Changing Borders. Contemporary Positions in Intermediality*, Lund, Intermedia Studies Press, 2007, p. 19-37.

CRESSOT, Marcel, « Traduction et transposition », *Cahiers de l'Association internationale des études françaises*, n° 8, 1956, p. 113-119.

D'ASPRER, Núria et VARGAU, Marina (dir.), *Doletiana*, n° 5-6, *Traduction et interartialité*, 2016, http://webs2002.uab.es/doletiana/Francais/Doletiana5-f/Doletiana5-f.html, [consulté le 11/06/2020].

DEPRÊTRE, Évelyne et DUARTE, German A., *Transmédialité, bande-dessinée et adaptation*, Clermont-Ferrand, PUBP, 2019.

DÖRR, Volker C. et KURWINKEL, Tobias (dir.), *Intertextualität, Intermedialität, Transmedialität. Zur Beziehung zwischen Literatur und anderen Medien*, Würzburg, Königshausen & Neumann, 2014.

DUSI, Nicola et NERGAARD, Siri (dir.), *Versus*, n° 85-87, *Sulla traduzione intersemiotica*, 2000, http://versus.dfc.unibo.it/arc2b.php?numero=85-86-87, [consulté le 26/06/2020].

ECO, Umberto, *Dire presque la même chose. Expériences de traduction*, Paris, Bernard Grasset, 2006. Traduit de l'italien par Myriem Bouzaher (*Dire quasi la stessa cosa. Esperienze di traduzione*, Milan, Bompiani, « Il campo semiotico », 2003).

EILITTÄ, Leena, LOUVEL Liliane et KIM, Sabine (dir.), *Intermedial Arts. Disrupting, Remembering and Transforming Media*, Newcastle upon Tyne, Cambridge Scholars, 2012.

FISCHER, Caroline et LABROSSE, Anne (dir.), *Intermédialités*, SFLGC, Lucie éditions, « Poétiques comparatistes », 2015.

FOLTINEK, Herbert et LEITGERB, Christoph, *Literaturwissenschaft. Intermedial – interdisziplinär*, Vienne, Verlag der Österreichischen Akademie der Wissenschaften, 2002.

FREEMAN, Matthew et RAMPAZZO GAMBARATO, Renira (dir.), *The Routledge companion to transmedia studies*, New York ; Abington, Routledge, 2019.

GAUDREAULT, André et GROENSTEEN, Thierry (dir.), *La transécriture. Pour une théorie de l'adaptation. Littérature, cinéma, bande dessinée, théâtre, clip*, Québec, Nota Bene ; Angoulême, Centre national de la bande dessinée et de l'image, 1998.

GENETTE, Gérard, *Palimpsestes. La littérature au second degré*, Paris, Éditions du Seuil, « Poétique », 1982.

GORLÉE, Dinda L., « De la traduction à la sémiotraduction », *Signata*, nº 7, 2016, p. 57-69, *Signata*, 31 novembre 2017, http://journals.openedition.org/signata/1177, [consulté le 11/06/2020].

GUIYOBA, François, « Intermédialité », *in* Jean-Marie Grassin (dir.), *Dictionnaire International des Termes Littéraires*, http://www.ditl.info/arttest/art14847.php, [consulté le 11/06/2020].

HÉBERT, Louis et GUILLEMETTE, Lucie (dir.), *Intertextualité, interdiscursivité et intermédialité*, Québec, Presses de l'Université Laval, « Vie des signes », 2009.

HELBIG, Jörg (dir.), *Intermedialität. Theorie und Praxis eines interdisziplinären Forschungsgebiets*, Berlin, Erich Schmidt Verlag, 1998.

HESS-LÜTTICH, Ernest W.B. (dir.), *Text Transfers. Probleme intermedialer Übersetzung*, Münster, Nodus Publikationen, 1987.

HIGGINS, Dick, *Horizons. The Poetics and Theory of the Intermedia*, Carbondale/Edvardsville, Southern Illinois University Press, 1984.

HOFFERT, Yannick et KEMPF, Lucie (dir.), *Le Théâtre au cinéma. Adaptation, Transposition, Hybridation*, Nancy, PUN, 2010.

HUTCHEON, Linda, *A Theory of Adaptation*, London, Routledge, 2012.

JAKOBSON, Roman, « On Linguistic Aspects of Translation », *in* Reuben Arthur Brower (dir.), *On Translation*, Cambridge, Mass., Harvard University Press, 1959, p. 232-239.

JENKINS, Henry, *Convergence Culture. Where Old and New Media Collide*, New York, New York University Press, 2008.

LADMIRAL, Jean-René, *Sourcier ou cibliste. Les profondeurs de la traduction*, Paris, Les Belles Lettres, « Traductologiques », 2014.

LARRUE, Jean-Marc (dir.), *Théâtre et intermédialité*, Villeneuve d'Ascq, Presses universitaires du Septentrion, 2015.

LECKE, Bodo, *Mediengeschichte, Intermedialität und Literaturdidaktik*, Francfort-sur-le-Main, Berlin, Berne *et al.*, Peter Lang, 2008.

LEITCH, Thomas, *Film Adaptation and its Discontents*, Baltimore, John Hopkins UP, 2007.

MÉCHOULAN, Éric, « Intermédialités : Le temps des illusions perdues », *Intermédialités*, nº 1, printemps 2003, p. 9-27.

MERTENS, Mathias et BRÜGGEMANN, Heinz (dir.), *Forschungsüberblick „Intermedialität". Kommentierungen und Bibliographie*, Hanovre, Revonnah, 2000.

MONTANDON, Alain (dir.), *Iconotextes*, Paris, Ophrys, 1990.

MOSER, Walter, « L'interartialité : pour une archéologie de l'intermédialité », *in* Marion Froger et Jürgen E. Müller (dir.). *Intermédialité et socialité. Histoire et géographie d'un concept*, Münster, Nodus Publikationen, 2007, p. 69-92.

MOUNIN, Georges, *Les Belles Infidèles*, Paris, Cahier du Sud, 1995 (rééd. P.U. de Lille, 1994 et Villeneuve d'Ascq, Presses universitaires du Septentrion, 2016).

MÜLLER, Jürgen E., *Intermedialität. Formen moderner kultureller Kommunikation*, Münster, Nodus Publikationen, 1996.

MÜLLER, Jürgen E., « Vers l'intermédialité, Histoires, positions et options d'un axe de pertinence », *Mediamorphoses. L'identité des médias en question*, n° 16, 2006, p. 99-110, http://documents.irevues.inist.fr/bitstream/handle/2042/23499/2006_16_99.pdf, [consulté le 11/06/2020].

MÜLLER, Jürgen E., « L'intermédialité, une nouvelle approche interdisciplinaire : perspectives théoriques et pratiques à l'exemple de la vision de la télévision », *Cinémas*, vol. 10, n° 2-3, 2000, p. 105-134.

OUSTINOFF, Michaël, *La Traduction*, Paris, PUF, « Que sais-je ? », 2003.

PAECH, Joachim, « Paradoxien der Auflösung und Intermedialität », *in* Martin Warnke, Wolfgang Coy et Georg Christoph Tholen (dir.), *HyperKult. Geschichte, Theorie und Kontext digitaler Medien*, Bâle, Francfort-sur-le-Main, Stroemfeld/Nexus, 1997, p. 331-368.

PAECH, Joachim et SCHRÖTER, Jens, *Intermedialität – Analog/Digital, Theorien, Methoden, Analysen*, Munich, Wilhelm Fink Verlag, 2008.

PAUL, Claude et WERTH, Eva (dir.), *Comparatisme et intermédialité. Comparatism and Intermediality. Réflexions sur la relativité culturelle de la pratique intermédiale. Reflections on the cultural relativity of intermedial practice*, Würzburg, Königshausen & Neumann, 2015.

PRÜMM, Karl, « Intermedialität und Multimedialität », *in* Volker Bohn, Eggo Müller et Hans Ruppert (dir.), *Ansichten einer künftigen Medienwissenschaft*, Berlin, Edition Sigma, 1988, p. 195-200.

RAJEWSKY, Irina O., *Intermedialität*, Tübingen, Bâle, Francke, 2002.

RAJEWSKY, Irina O., « Intermediality, Intertextuality, and Remediation: A Literary Perspective on Intermediality », *Intermédialités*, n° 6, automne 2005, p. 43-64, *érudit*, 10 août 2011, https://www.erudit.org/fr/revues/im/2005-n6-im1814727/1005505ar/, [consulté le 11/06/2020].

RAJEWSKY, Irina, « Le terme d'intermédialité en ébullition : 25 ans de débat », *in* Caroline Fischer et Anne Debrosse (dir.), *Intermédialités*, Paris, SFLGC, Lucie éditions, « Poétiques comparatistes », 2015, p. 19-54.

REIBEL, Emmanuel (dir.), *Les Relations texte-musique. Prospective et exemples de recherches*, actes de la [journée] du 19 mars 2007 de la [4e] Rencontre interartistique, Paris, Observatoire Musical Français, Université de Paris-Sorbonne, « Conférences et séminaires n° 36 », 2008.

RICŒUR, Paul « Défi et bonheur de la traduction » [1997], *in* Paul Ricœur, *Sur la traduction*, Paris, Bayard, 2004, p. 7-20.

ROBIC, Jean-François (dir.), *Intermédialité. Passages et migrations artistiques*, Cahier Recherche n° 21, Université de Strasbourg, 2011.

SCHRÖTER, Jens, « Intermedialität », https://www.theorie-der-medien.de/text_detail.php?nr=12, [consulté le 11/06/2020].

SOURIAU, Étienne, *La Correspondance des arts. Éléments d'esthétique comparée*, Paris, Flammarion, 1947.

STEINER, Georges, *Après Babel. Une poétique du dire et de la traduction*, Lucienne Lotringer (trad.), Paris, Albin Michel, « Bibliothèque Albin Michel des idées », 1978.

TORO, Alfonso de (dir), *Translatio. Transmédialité et transculturalité en littérature, peinture, photographie et au cinéma. Amériques, Europe, Maghreb*, Paris, L'Harmattan, « Transversalité », 2013.

VIALLET, Patricia (dir.), *Formes et (en)jeux de l'intermédialité dans l'espace européen. D'hier à aujourd'hui*, Würzburg, Königshausen & Neumann, 2020.

VIEIRA, Célia et RIO NOVO, Isabel (dir.), *Inter Media. Littérature, cinéma et intermédialité*, Paris, L'Harmattan, 2011.

WOLF, Werner, *The Musicalization of Fiction. A Study in the Theory and History of Intermediality*, Amsterdam, Rodopi, 1999.

WOLF, Werner, « Intermedialität », *in* Ansgar Nünning (dir.), *Metzler-Lexikon Literatur- und Kulturtheorie*, 4e éd. actualisée et complétée, Stuttgart, Metzler, 2008, p. 327-328.

ZIMA, Peter V. (dir.), *Literatur intermedial – Musik – Malerei – Photographie – Film*, Darmstadt, Wissenschaftliche Buchgesellschaft, 1995.

INDEX DES AUTEURS

INDEX DES ŒUVRES

RÉSUMÉS

Gaëlle LOISEL et Fanny PLATELLE, « Introduction »

Le passage d'un *medium* à un autre peut être rapproché de la traduction. Les enjeux de ces pratiques, imposant des changements de code et une prise en compte du public-cible, ont été analysés diversement par les théoriciens. Loin de nier l'hétérogénéité des *media*, les artistes peuvent rechercher des procédés équivalents dans un autre *medium* ou, au contraire, exploiter leurs différences, donnant à réfléchir sur leurs possibilités expressives propres et sur les enjeux de toute transposition.

Éric LYSØE, « Debussy, lecteur de *Pelléas* »

Quelques jours avant la générale, Maeterlinck n'eut pas de mots assez durs pour qualifier l'opéra que Debussy tira de sa pièce *Pelléas et Mélisande*. Le texte original, que le compositeur suit presque toujours à la lettre, a subi des coupes, certains amendements apportés par l'auteur n'ont pas été pris en considération. Ainsi, malgré l'apparente fidélité de l'adaptation, les quelques variantes introduites par Debussy font système et conduisent à voir l'opéra comme une véritable traduction.

Ningfei DUAN, « La musique absolue et sa traduction dans *Consuelo* de George Sand »

Dans *Consuelo*, l'utilisation de la musique dépasse la simple insertion d'œuvres musicales ou de biographies de musiciens. George Sand y formule ses idées sur la musique absolue, sans recourir au concept exact. Cette esthétique romantique se dégage dans *Consuelo* à travers trois aspects : la musique prétend à son autonomie dans ses relations avec le langage, le sentiment et le programme. Sans rompre le lien entre la musique et ces éléments, Sand suggère que l'essence de la musique se trouve en elle-même.

Violaine ANGER, « Traduire la musique en peinture. L'exemple de Paul Klee et Wassily Kandinsky »

Paul Klee et Wassily Kandinsky ont tous deux réfléchi sur la partition occidentale dans sa nature d'image comme dans son rapport au son. Ils en proposent d'autres versions, traductions différentes de la musique, ce qui les amène tous deux à repenser leur propre rapport à l'image, comme leur langage pictural. Ils appréhendent ainsi le blanc, le point, la ligne, mais aussi le silence, l'espace, l'énergie et le lien entre le sonore et le visible, ce qui les conduit à réexaminer ce qu'est la traduction.

Leisha ASHDOWN-LECOINTRE, « Traduction et transmédialité chez les frères Hanlon. Le cas du *Voyage en Suisse* »

Les écrits critiques de Théodore de Banville et d'Émile Zola présentent le monde burlesque des frères Hanlon, troupe d'acrobates anglais du XIXe siècle. Elle est connue en France pour sa représentation d'une pièce intitulée *Le Voyage en Suisse* d'Ernest Blum et Raoul Toché, présentée à Paris et ensuite adaptée et jouée pour divers publics britanniques et américains. L'œuvre et ses adaptations nous interpellent sur la traduction de la culture française vers les différentes cultures anglophones.

Audrey GIBOUX, « L'*Elektra* de Hofmannsthal et ses premières adaptations en France. Limites de la traduction et triomphe de la pantomime »

En 1908, Suzanne Després crée le personnage d'Elektra sur la scène du théâtre de l'Œuvre (mise en scène de Lugné-Poe), dans une adaptation d'Epstein et Strozzi que Hofmannsthal juge décevante. Malgré l'échec poétique de cette première médiation de son théâtre en France, Hofmannsthal, louant le jeu de l'actrice – capable de restituer, mieux que la traduction verbale, les nuances de l'œuvre – esquisse en creux une poétique intermédiale de la mimique et de la pantomime comme gestes de traduction.

Ingrid LACHENY, « Du ballet russe au grand écran outre-Atlantique. Que reste-t-il du *Casse-noisette* d'E.T.A. Hoffmann ? »

L'article propose de mettre en lumière les traductions intersémiotiques du *Casse-noisette* d'E.T.A. Hoffmann (1816) – mise(s) en livret, mise(s) en ballet et mise(s) à l'écran – afin d'analyser comment l'œuvre incarnerait une forme d'idéal esthétique romantique : un tout achevé dans un tout en mouvement, une œuvre atemporelle, hétérogène et hybride s'ouvrant sur un perpétuel renouvellement artistique comme en témoigne l'intérêt qu'on lui porte depuis sa création jusqu'à l'époque contemporaine.

Priscilla WIND, « *The Virgin Suicides* du texte à la scène. Genre et transmédialité »

Plus qu'une simple adaptation de l'œuvre-culte des années 1990, le spectacle de Susanne Kennedy *The Virgin Suicides* (2017) lance un défi métaphysique à la scène : comment passer de la fascination morbide pour ces éternels féminins vers un processus de deuil ? Cette étude met en lumière comment la metteure en scène utilise le *medium* scénique pour démythifier voire « dégenrer » ces vierges suicidées en concentrant son esthétique théâtrale liminale autour du passage de la vie à la mort.

Laurence OLIVIER-MESSONNIER, « *Le Robinson suisse* de Wyss à l'épreuve de la transmédialité. Métamorphoses d'un mythe entre représentations littéraires et iconographiques »

Le Robinson suisse de Wyss offre un exemple de perpétuation du mythe de la robinsonnade au prisme de la transmédialité du XIXe au XXIe siècle. Les nombreuses traductions du siècle romantique témoignent de l'intérêt accordé à un nouveau genre qui transforme l'escapade en épreuve familiale et réduit l'espace de liberté. Le transfert médiatique passe par les illustrations indispensables aux lectures éducatives et récréatives, et par le cinéma au risque de dénaturer l'original.

Mounira CHATTI, « Traduction (Galland, Mardrus, Bencheikh et Miquel) et adaptation cinématographique (Pasolini) des *Mille et Une Nuits* »

La traduction littéraire et la transmédialité correspondent à une métamorphose appelée à produire une ressemblance non sensible avec l'œuvre originale. Inépuisable source de fabulation et d'enchantement, *Alf layla wa-layla* (*Mille et Une Nuits*) saisit le traducteur ou le cinéaste avide d'exprimer sa propre vérité. La transposition de cette œuvre, dans une autre langue ou au cinéma, exige un processus de création artistique qui révèle la spécificité du *medium*.

Hugo HENGL, « Destination : *Solaris*. Transposition narrative et intermédiale dans le corpus *Solaris* (Lem, Tarkovski, Soderbergh) »

L'article étudie la transposition cinématographique d'un roman à l'exemple de deux films réalisés à partir de *Solaris* de Stanislas Lem. Les partis-pris narratifs du roman et sa dimension transtextuelle sont analysés en vue de dégager leur portée narratologique, ce qui permet d'éclairer certains des choix interprétatifs opérés par les cinéastes dans leur *medium* spécifique pour rendre les caractéristiques majeures de leur hypotexte (dans le cas de Soderbergh, le roman *et* le film de Tarkovski).

Christophe GELLY, « *Her* (Spike Jonze, 2013). Réseaux et sentiments, ou la question du post-cinéma »

Le film de Spike Jonze met en scène le rapport contemporain au digital à travers une histoire d'amour entre le héros et une intelligence artificielle, histoire qui révèle une interaction inédite entre le *medium* audiovisuel et le domaine numérique. Ce domaine échappant en partie à la représentation filmique, *Her* vient poser la question d'un renouvellement des stratégies de figuration cinématographique déployées pour rendre compte de ce rapport, à travers la possibilité d'un « post-cinéma ».

TABLE DES MATIÈRES

TROISIÈME PARTIE

LITTÉRATURE ET ARTS VISUELS

DANS LA MÊME COLLECTION

1. *Lettres de noblesse I. L'imaginaire nobiliaire dans la littérature française du XIXe siècle*, sous la direction de David MARTENS, 2016
2. *Lettres de noblesse II. L'imaginaire nobiliaire dans la littérature française du XXe siècle*, sous la direction de David MARTENS, 2016
3. *Jean Malaquais entre deux mondes*, sous la direction de Geneviève NAKACH et Julien ROUMETTE, 2017
4. *La Fureur et la Grâce. Lectures de Malcolm Lowry*, sous la direction de Josiane PACCAUD-HUGUET, 2017
5. *Femmes d'à côté. Filles, sœurs, épouses d'hommes célèbres*, sous la direction de Sylvie CAMET, 2018
6. *Voyage et Intimité*, sous la direction de Philippe ANTOINE et Vanezia PÂRLEA, 2018
7. *Le Jeu de rôle sur table, un laboratoire de l'imaginaire*, sous la direction de Danièle ANDRÉ et Alban QUADRAT, 2019
8. *La Réception de René Char hors de France*, sous la direction de Danièle LECLERC, 2020
9. *Samuel Beckett et la culture française*, sous la direction de Yann MÉVEL, 2019
10. *Les Écritures paradoxales de la passion. Pour Bernard Alazet*, sous la direction de Mireille CALLE-GRUBER, Jonathan DEGENÈVE et Midori OGAWA, 2020
11. *Prophètes et voix prophétiques dans l'œuvre de Jean Giono*, sous la direction de Danièle HENKY et Dominique RANAIVOSON, 2021

IMPRIM'VERT®

Achevé d'imprimer par Corlet Numéric,
Z.A. Charles Tellier, Condé-en-Normandie (Calvados), en juillet 2021
N° d'impression : 172566 - dépôt légal : juillet 2021
Imprimé en France

Achevé d'imprimer par Corlet Numéric,
Z.A. Charles Tellier, Condé-en-Normandie (Calvados), en juillet 2021
N° d'impression : 172566 - dépôt légal : juillet 2021
Imprimé en France